書物の文化史

メディアの変遷と知の枠組み

加藤好郎・木島史雄・山本 昭 編

丸善出版

まえがき

　この本は、単なる「書籍史」を超えて、広く書物と人間の関わりをとらえることを目指しています。ここで言う関わりには、書くことや、読むことはもちろんのこと、書物をもつことや、プロデュースすることなども含まれます。つまり書物と人間の関わりのあらゆる面を考えてみようというわけです。書物には誰が読んでも間違いなく引き出せる「何か」が記されていると思っていませんか。本当にそうでしょうか？　同じテクストでも、机の上において一字一句見逃さないように、ときには傍線を引いたりしながら読むときと、寝転がって挿絵入りの本を読むときでは、私たち読む人間の気持ちが違ってきます。図書館の本か自分の本かによっても書物に対する気持ちは変わってきます。まして出版社がどういう人に読んでもらおうとしてつくったのかというようなことは、さらに大きな影響を与えます。本文はまったく同じでも、注釈や索引が付いていたりすれば、全文を流れるものとして読む気持ちは少し弱まります。一方で挿絵があれば、登場人物のしぐさや景色が思い浮かべやすくなります。書物を執筆者が書いた文字を載せる決まりきったものと考えるのをやめると、書物を取り巻くさまざまな状況や、与えた影響などが見えてきます。この本では、普段書物と向き合うときにまず関心の対象となる本文内容ではなく、その文字を載せる書物という容れ物に目を向けてみようというわけです。

　これまでにも書物を研究する学問として「書誌学」や「版本学」などという学問分野があり、そこでは書物の姿や伝来について研究が行われ、多くの業績が積み上げられてきました。また文学・歴史・思想などの人文学は、書物に記されている内容を研究してきました。しかし両者の交流はそれほど深いものとなっていない部分がありました。例えば文学は、誰が読むかということ、つまり読者が替わると受け取られ方が変わってきます。平安時代の文章を読みなれた人が読むときと、古文を習い始めたばかりの中学生が読むときとでは、読み取る深さやスピードが変わってきます。小説などでは特に、読むスピードはその作品の評価に

大きく関わります。辞書を引いてやっと読むような読み方だと、ドキドキするような疾走感のある小説は台無しになってしまいます。どんなに心ときめく恋愛小説でも、試験に出題されることが頭に浮かぶと急に読む気がなくなったりするものです。小説自体の文字並びは同じでも、読者が楽しみながら読めるかどうかで、評価も変わってきます。思想の分野では、コトバや文字を用いること自体に長く関心がもたれてきました。考えたことを1本の流れの形でしか表現できない「文章」、それで記すと、人間の考えはすべて1本の線の形に押し込められてしまいます。人間の心の働きに表面的なモノとその裏で意識されずに動いている部分とがあるというようなことを考え始めると、考えたことを表現するのに文章だけでは物足りないと感じられるようになります。このように見てくると、文学や思想は純粋に、もしくは抽象的に存在しているのではなく、それが載せられている書物・媒体・メディアや、どのようにどのようなものとして読まれるのかという「読まれ方」や、誰が読んだのかという「読者」に深く関わっていることがわかってきます。とすると、これまでの人文学は、総じて内容が盛られる器、つまり書物の形や読まれ方への関心が弱すぎたのではないでしょうか。いっぽうの書物史の方も、人間の知的な営みを載せるものという意識が薄く、すでにあるものとして書物を追いかけることに終始してしまっていた、つまり書物という形式のもつ意味や制約などを考えることに熱心さが足りなかったかもしれません。人文学の精度を高めるためには、内容を載せる書物・媒体・メディアを考察することが不可欠です。また書物史研究はもっと学問全体に向けて根源的問いを発してよいように思われます。この本は、人文学と書物史両者をつなぐことを目指しています。少なくとも、両者をつなぐことによってどんなに多くのことが見えてくるかということを明らかにしようと試みています。この本を「書物史」ではなく、「書物の文化史」と名付けたのは以上のような理由からです。

　この本は、日本語で、活字形式の文字配列で、横書きに記される冊子体のソフトカバー、A5判、挿図多数という体裁をとっています。これらの諸要素は、現代日本人にとってなじみのものです。逆に、これらの諸条件が少しでも変わると、突然書物は接しにくいものとなってしまいます。縦書きはまだしも、文字が聯綿体の草がなで記されていたりすれば、読める人の数はずっと減ってしまうでしょう。挿図がなければ、胡蝶装というのがどんな装丁なのかを理解することはきわめて難しくなります。また電子書籍化すれば携行に便利になります。このよ

うに、現代日本に流通している書籍について考えただけでこれほど違いが大きいのであれば、外国の書籍や、あるいは数百年をさかのぼる書籍の場合には、その読まれ方の違いは、ずいぶん大きいはずです。しかしながら私たちは、その違いに十分関心をもっていたとは言えません。

　例えば巻物の形の書物（巻子本）に記されている内容は、本文文字情報は同じであっても、現代のページ番号付き冊子本とは違う読まれ方をしていました。読まれ方が違えば、引き出されるものも異なります。そして引き出されるものが異なるということは、つまり内容が異なることにほかなりません。書物の形式は、実に内容にも深く関わる要素なのです。二次元平面に線状に配置される文章は、流れとして読まれるように設定されています。このような形の書物が多いことからすれば、現代人の物事の理解は、1本の流れのような情報なのかもしれません。それが、リンクを使って縦横に読む場所を切り替えることができるハイパーテクストになれば、もはや文章は流れでなくなり、物事の理解も仕組みも変わってきます。小説は初めから順に読み進めるものであるのに対し、作業マニュアルは、目次や索引で検索して該当箇所だけを拾い読みするようにつくられています。とすると、巻子本時代に生きた人々の頭脳は、巻子本形式であったでしょうし、未来の知識人の思考はハイパーテクスト的になってくるでしょう。『源氏物語』を読むのに、ハイパーテクスト化して新たな楽しみが現れる可能性ももちろんありますが、少なくとも過去の人々が『源氏物語』をどのように楽しんだのかということを知るためには、巻子本という書物の形式がどんな特徴をもっていてどのように読まねばならないものであったのかを知っておかなくてはなりません。あるいは『源氏物語』は当初、書物なのではなく、紫式部が定子に向かって読み上げた音声であったかもしれません。絵巻を見ながら音声として聞く「源氏物語」がどんなものであったのか、受け取る側にどんなに楽しいものであったのかということは、現代の活字本冊子体文学全集本しか知らない者には、想像もできないのです。単語の区切りのなかった西洋中世写本を読む人々の頭の中は、我々に比べて音声的要素が強かったに違いありません。世界には表意文字も表音文字もあり、縦書きも横書きもあります。それらの記述形式の違いは、それを用いる人々の頭の構造に深く関わっていたのです。縦書きを読む人間の頭の中は縦書き的になり、表意文字をもたない人間の頭の中は自然と音声中心的になるでしょう。よく言われるように、人間の思考は使用言語に左右されるだけではなく、考えたことを形にとどめておく、その表記形式にも人の頭は支配されるのです。とすれ

ば、世界中の人々が、考えたことをどのように書き記してきたか、それをどんな形で世の中に送り出してきたのかを知ることは、人類の思考の仕組みを知ることにつながるのです。

　そこでこの本では、まず世界のさまざまな書物の形式を紹介します。つまり空間的な視点です。また歴史をさかのぼって、過去に用いられていた書物の形式にも目を向けています。つまりこれは時間的な視点です。もちろん世界は広く、歴史は長いので、この本だけで、世界の思考の仕組みのすべてを、書物の形式に照らして理解することはできません。しかしその空間的・時間的な違いが人の思考に与えてきた影響の大きさについては、それを理解するきっかけになるでしょう。

　この本の構成は目次でご覧いただくとおりですが、その分量配分について少し説明しておきます。この入門的教科書にあっては、総ページ数が限られているため、「書物の文化史」を考えることが比較的容易な部分に関しては、記述を簡略にしてあります。すなわち西洋部分と日本部分です。西洋部分は書物の文化史あるいは読書の文化史の発祥の地で、すでにかなりの書籍が刊行されています。参考文献や紹介図書などを参考に、いっそうの知識や考え方を身に着けてもらうことは比較的容易であると考えます。また日本部分に関しては、書誌学的研究が多く蓄積されていて、こちらも容易に業績に接することが可能です。そして何にもまして日本にいる私たちは、日本の古書籍の実物に接することができるという利点があります。図書館に入って、巻子本や和綴じ本を実際に手に取ってみてください。そうすれば、この本に記されている内容と重ね合わせて、ずいぶん多くのことを実感できるでしょう。さらに日本部分に記載されるほとんどの書籍は、愛知県西尾市の「古書ミュージアム」岩瀬文庫に展示されており、そこではさまざまな書籍を、複製ではありますが実際に手に取ることができます。日本部分についての記述は少なめですが、実物（あるいはレプリカ）を手にしてくだされば、日本の書物がもつ仕組みについてはおおむね了解していただけると考えています。

　いっぽう、記述を厚くしたのは、エジプト・メソポタミア、中国・朝鮮、近現代の部分です。エジプト・メソポタミアの書物は、私たちが知る書物から形や用いられ方の点でかけ離れるところが大きく、それは私たちに、人間の知的活動の仕組みのバリエーションを示してくれます。私たちが書籍について当たり前だと思っている固定観念を取り払ってくれるでしょう。中国と朝鮮は、私たちにとっ

て隣国でありながら日本の書物史とは異なる歴史を歩んできています。中国の書物の特質の一つはその歴史の長さと、種類の豊富さにあります。朝鮮の諸本は、隣接しながらも日本と大きく異なる歴史をもっています。両者は、過去の日本人のみならず、現代の我々のもつ書物のイメージを決定付けてきたと言えるかもしれません。中国と朝鮮の部分を読むことによって、ここでも私たちのもつ書物観を再確認できると考えています。最後に近・現代部分です。私たちと書物に対する考え方で異なっていた過去の人々が、現代の私たちのように考えるようになるその経過は、21世紀日本人の考え方の癖を確認するうえで大変重要です。さらに近年、コンピュータや電子媒体の発達に伴って、これまで「資料」と呼ばれてきたものを、「情報資源」と言い換えることが多くなってきています。これは、これまで書物だけを扱ってきていた「書物史」を、文字のみから画像音声へ、紙のみからアナログ・デジタルの各種メディアへ、有形のモノから無形のものへと広げていこうという考え方にのっとるものです。この本では、音声、映像、電子媒体までも歴史の中で連続的にとらえて、人間の知的営みをさらに広い視野から理解することができます。これら重点を置いて記述した部分は、この本のもつ大きな特色です。

　何を目的にどういうきっかけで書物が出現したのか、書物はどのような機能を果たしてきたのか、モノとしての書物の特性が、人間の知的活動の枠組みにどのような影響を与えたのか、この本を通して考えていただければと考えています。

2018年3月

編　者

執筆者一覧

【編　　者】

加藤　好郎　愛知大学文学部人文社会学科　　　　　　　　　　　　〔6章3・4，コラム7〕

木島　史雄　愛知大学現代中国学部現代中国学科　　　　　　　　　〔1章1・2，2章，6章1，
　　　　　　　　　　　　　　　　　　　　　　　　　　　　　　　コラム10〕

山本　　昭　愛知大学文学部人文社会学科　　　　　　　　　　　　〔5章2〜4，
　　　　　　　　　　　　　　　　　　　　　　　　　　　　　　　コラム4・5・15〜18〕

【執　筆　者】(五十音順)

大石　　薫　株式会社朗文堂 サラマ・プレス倶楽部　　　　　　　　〔コラム13〕

磯部　祐子　富山大学人文学部人文学科　　　　　　　　　　　　　〔コラム2〕

梅垣　敦紀　愛知大学国際コミュニケーション学部英語学科　　　　〔コラム21〕

大川　四郎　愛知大学法学部法学科　　　　　　　　　　　　　　　〔4章1・2〕

神谷　　智　愛知大学文学部人文社会学科　　　　　　　　　　　　〔6章2〕

川成　　洋　法政大学名誉教授　　　　　　　　　　　　　　　　　〔4章3〕

近藤　暁夫　愛知大学文学部人文社会学科　　　　　　　　　　　　〔コラム22〕

塩山　正純　愛知大学国際コミュニケーション学部英語学科　　　　〔5章1，コラム11，14〕

下野　正俊　愛知大学文学部人文社会学科　　　　　　　　　　　　〔コラム8〕

鈴木　規夫　愛知大学国際コミュニケーション学部国際教養学科　　〔コラム6〕

田澤　恵子　古代オリエント博物館　　　　　　　　　　　　　　　〔3章1〕

冨村　　圭　愛知大学経営学部会計ファイナンス学科　　　　　　　〔コラム19〕

中田　一郎　中央大学名誉教授　　　　　　　　　　　　　　　　　〔3章2〕

藤田　隆則　京都市立芸術大学日本伝統音楽研究センター　　　　　〔コラム20〕

藤本　幸夫　富山大学名誉教授 麗澤大学客員教授　　　　　　　　　〔1章4〕

松尾　肇子　東海学園大学人文学部　　　　　　　　　　　　　　　〔1章3，コラム1〕

森本　淳生　京都大学人文科学研究所　　　　　　　　　　　　　　〔コラム9〕

横山　俊夫　京都大学名誉教授 静岡文化芸術大学学長　　　　　　　〔コラム4〕

吉田　玲子　株式会社あるむ　　　　　　　　　　　　　　　　　　〔コラム12〕

【資料提供】

西尾市岩瀬文庫　　　　　　　　　　　　　　　　　　　　　　　　〔2章〕

目　　次

第2章　日本の書物史

第3章　オリエントの書物史

第5章　近代・現代のメディア史

第6章　知っておきたい書物の雑学

第 1 章

東洋の書物史

1　文字の発生から紙の発明まで：中国の書物史Ⅰ

● 漢字はいつコミュニケーションの道具となったか（著者と読者の関係）
　　──甲骨文字という記号

　「文字」は、どのように定義できるであろう
か。一般には、「言語単位との対応」「線的に配
列」「視覚的記号体系」などが条件とされるこ
とが多いようである[*1]。いっぽう機能に着目す
れば、文字には、メッセージの「保存」と「伝
達」という働きがある。しばらく、漢字がこの
二つの機能をどのようにもつようになったのか
を考えてみたい。

　中国では古来、漢字の発明者として蒼頡の名
が語り継がれてきた[*2]。彼は鳥獣の足跡をみて
漢字を思いついたという。ところが現今では、
これを非科学的時代の単なる英雄伝説として無
視する傾向が強い[*3]。しかしはたして蒼頡の伝
説を簡単に無視してよいものか、私には疑わし

図 1-1　甲骨の拓本

---

* 1　「音素のような言語単位に対応し、線的に配列されてその言語を表すための、視覚的記号
　　　体系」（『ブリタニカ国際百科事典』）
* 2　「黄帝之史倉頡、見鳥獣蹄迒迹之、知分理之相別異也、初造書契。」（『説文解字』十五篇上）
* 3　「文字是在社会的長期実践中逐歩産生・形成的、不可能由一人独創。」（『辞源』）

く思われる。もちろん甲骨文字の字形が、金文（後述）を経て竹簡や紙に記され、現在私がここで書き記している文字に発展してきたこと、つまり甲骨文字が現在の漢字の祖先であることは否定できない。しかし、それと甲骨文が当時どのような機能を担っていたかとは別の問題としてとらえる必要があるように思われる。

　まず甲骨文字を考古学的に確認しておこう。甲骨文字は俗に言う「占い」に関わって記された文字であり、商（殷）の王が神からの告知を受けて、それを判読した際に刻まれた。まず貞人という職の役人が神に問いをたて、獣骨もしくは亀の腹甲に熱源を押しあてる。すると、熱源の周りにひび割れが生じるが、それが神からの告知である。そして王がその割れ目を解読して判断を下す。王の判定が正しかったかどうかにも注意が払われ、対応する事態が発生すればそれも記録された。この行為には、神と王と貞人、そして獣骨と熱源とひび割れがあれば十分であり、「文字」は必ずしも必要ではない。しかし現実には、このような行為に対して甲骨文字が使用されたのである。では甲骨文には、実際何が記されているのであろうか。記事は、すべての甲骨文字記録で完全にそろうわけではないが、大きく三つの部分からなる。貞辞／占辞／験辞である。それぞれの内容は、

・貞辞＝貞人から神への質問内容
・占辞＝王による神の告知の判定
・験辞＝王の示した判定に対応する実際の事象

である。この三つの部分は刻字のありさまからして一気に刻されたと推測される。つまり三つがそろっている甲骨文の場合、王の示した判定に対応する事象が発生してから占い内容にさかのぼって刻されたわけである。また、験辞が記されているものを分析してみると、王の判定はすべて的中している。験辞をもつ甲骨は、王の判定の正しさを記すことにその目的があったと考えられる。

　ではこの甲骨文はどのような機能を担っていたのであろうか。甲骨文の作成に関わるのは、神、王、貞人である。甲骨中に記された貞人ごとに刻み方の癖が見出されることから、実際に甲骨文を刻んだのは、貞人であろうと推測されている。では読者は誰であろうか。読者も貞人なのではないか。大量の甲骨は文書庫に収蔵されていたと推測されるが、どれだけの人々がこれを閲覧したであろうか。最も可能性が高いのは、貞人という職能者が独占的に甲骨を管理し、作成も閲読も彼らだけという状況である。すなわち、甲骨文は貞人という閉じた集団の中でのみ有効性をもつコミュニケーション手段であったのではないか。とすれば貞人の数が何人であるにせよ、これは特定少数の人々のみが共有するものであ

り、仲間内の私的な記号であったということになる。つまり甲骨文は少人数集団内での閉じた記号体系であったと考えて矛盾はない。とすればこれは例えばアルバイトのシフト表に張られたイラストシールと何ら変わるところがない。文字の機能のうち、データの保存という部分に関しては、甲骨文はすでにそれを満たしているが、（不特定多数の）他者とのコミュニケーションという機能に関しては、あるいは不十分であったかもしれない。そして創始者については、貞人という閉じた集団内の誰か一人がその記号の決まりを作成したということは十分考えられることであり、その一人が、蒼頡であったとすれば、蒼頡が漢字を発明したという表現は間違いではなかろう。文化英雄伝説よりも発展・熟成に目を向けることの方が重要であるという考えに異論はないが、創始者は特定の個人であって何ら差し支えはない。

金文から竹簡・石刻へ　では漢字がコミュニケーションの道具となったのはいつのことであったろうか。いな、それに先だって、どういう条件を満たせばよいのかということを考えておかなくてはならない。それは、「直接面識をもたない者同士が何の直接的打ち合わせもなしにコミュニケーションをとることが可能であること」と規定してよかろう。不特定多数の間のコミュニケーションということである。具体的にこの条件を満たしたのは、竹簡、帛書に記されるようになってからであると考えられるが、その前段階の金文にも目を向けておきたい。

金文　金文とは、商から周の時代を中心に制作された青銅器の表面に凹みで表現された文字である。これは青銅器の完成後に彫り込まれたものではなく、青銅器鋳造の時点で鋳型への操作によってつくり出された文字である。内容は、所有者を表示するだけの短いものから、かなりの長文のものまであるが、趣旨はほとんどの場合、王から領地、官職などをもらったことを記念してその青銅器がつくられたことを子孫に伝え、大切にするよう指示するところにある。これら青銅器は酒器や烹炊器などの形態をとっているが、実際は祖先をまつる際の祭器であったと推測される。したがってここに記されている文字は、作成者は領地、官職の拝受者であり、読者は彼らの子孫ということになる。世代を隔てて直接顔を合わせる機会はもたなかったにせよ、作成者と読者は同一の集団に所属していた。とすれば、これらの文字は、集団としての記憶の手段ではあっても、不特定多数の人々とのコミュニケーションの手段と言うことはできない。しかし、同職集団内に閉じていた場合よりもいくらか開かれる可能性はあったと言えよう。

竹簡という書籍媒体　次に竹簡、木牘の機能について考えてみよう。竹簡は中国

各地から出土している。時代的には戦国時代から漢時代にかけてのものが中心である。竹簡の用途には大きく二つある。一つは書籍であり、一つは文書である。書籍とは不特定多数の読者へ向けて記された文字群であり、文書は発給者と受領者が決まっている、つまりは特定の読者へ向けて作成された文字群である。先に記した甲骨文から金文への展開の流れに沿って言えば、文書という機能は既存のものである。竹簡について注目すべきは、不特定多数へ向けて作成された書籍としての機能である。しかし少し子細に考えを巡らせてみればわかることだが、実はこの区分にも曖昧な領域が存在する。『論語』は現在は確固とした境界をもち、この文字群が『論語』

図 1-2　銀雀山漢墓竹簡

であるという揺るがない領域をもつ「書籍」であるが、当初はそうではなかった。『論語』の主人公である孔子は、自ら筆を執って著作するということをしなかった。『論語』には多くの場合、いつどこで誰に向かって発せられた言葉というようなストーリーが記されている。つまり、彼の言行に立ち会った弟子もしくは孫弟子たちが整理して成立したのが『論語』である。その『論語』では、篇章名が冒頭の数文字をもって示されている。「学而時習之」で始まる第一章は、「学而」と命名された。これは、孔子並びに整理者に「著作」という意識が希薄であったことを示している。また本文も、対話の記事が中心であり、孔子が著述者として完成原稿を書き下ろしたものでないことはここにも明らかである。このような状況にあって、『論語』を書籍と呼ぶことは可能であろうか。孔子の原稿を整理した弟子や孫弟子たちは、書籍として不特定多数の人々へ向けてこの文字群を発表することを意識していなかったのではないか。自分の記憶のため、もしくは閉じた集団内での伝承のために作成されたと考えられる。そのような状況から始まった「論語」ではあったが、時間の経過とともに不特定多数の人々へ開かれていったと考えられる。いっぽう、先秦諸子百家と呼ばれる思想家たちの文章のなかには、はっきりと「著作」の意思の感じられるものがある。その代表例が『老子』である。『老子』では、いつどこで誰に向かって発せられた言葉というようなストーリー書きなしにいきなり抽象的な文言が展開する。けだし不特定多数へ向けての「著作」として成立したためであろう。またそれを反映してか、現実

の竹簡の出土例も、書籍の体裁をとるものとして『老子』は他書に比して抜群に多い。漢字を用いた表記システムが、この時代、つまり「論語」と『老子』のころおいに不特定多数へのコミュニケーション手段としての特性を完全に獲得したとみてよい。中国書籍史上の最初の大転換点と言うことができる。

　なお付言しておけば、奈良平城京から出土する多くの「木簡」は、荷札などの木札もしくは簡単な文書であり、書籍は含まれていない。日本にあっては木簡という形態での書籍作成は行われていなかったと推測される。

石刻という媒体　上記のような書籍史上の転換が竹簡によって行われたことは疑いない。しかし書籍を巡る状況は、竹簡以外の媒体にも当然のことながら共通していた。不特定多数の読者へ向けて作成された文書としては石刻をあげることができる。公開性をもつ石刻の代表は秦の始皇帝による泰山刻石である。これは始皇帝による天下統一を神に報告し、お墨付きをもらったことを不特定多数の人々へ向けて宣言したものである。ここには仲間内での閉じた記号体系という要素はまったくない。また墓碑という個人の業績を記した石刻も墓前にたてられたものであり、公開性を強くもっている。そして公開性が最も顕著なのは石経と呼ばれる石刻である。石経とは五経を中心とする経書、すなわち最重要の中国古典を石に彫ったもので、首都洛陽の太学の門前にたてられた。建立後は、多数の見学者が訪れたことが記録されている。その目的は、政府認定の精度の高いテクストを人々に知らせることにあったと思われる。石経は、ことさらに一般への公開を意図して作成された文字記録媒体であった。

●知の編成

文献の拡張　続いて文献の拡張の観点から書籍を考察することにしよう。先にも記したように、竹簡という媒体が導入され、文字が不特定多数の読者を想定して記されるようになると、世に存在する文献の量が飛躍的に増大した。それに伴って大きな問題が発生した。戦国時代のことである。その問題とは、思想統制上の問題と、物理的な収蔵・管理の問題である。両者は不可分の関係にあり、最終的には文献群のコントロールという問題につながっていく。

著述者の拡大と焚書　まず思想統制上の問題を見ておこう。竹簡の導入に伴って、戦国時代には多くの著作がなされるようになった。中国史上、思想が最もバラエティーに富み、活気を呈していた時代である。文献の著述者が拡大し、いわゆる諸子百家の時代が到来したのである。しかしこのことは、為政者にとって不

都合な思想の誕生をも意味する。秦の始皇帝は商鞅、李斯らの法家思想を国の基本方針として採用したが、先行する儒家思想はこの方針に対してきわめて有害なものであった。官僚による民衆の強権的一元支配を目指す法家思想に対し、血縁による階層秩序と祖先祭の礼法を主張する儒家は、秦による中国支配を阻害する要因でしかなかった。儒家以外の思想も、同様に、秦にとって不都合なものである。また法家の思想書自体も、文献として公開すればそこに解釈の揺れが生じ、官僚による専権的解釈を損なう可能性がある。このような状況にあって、最も効果的で単純な対応策は、書籍を削減することである。そして端的にこの手法を採用したのが秦の焚書・坑儒である。そこでは文献を民衆の手から奪い取ることが計画された。しかしいっぽうで農学、医学などの、技術に関する書籍は存在を許された。秦はさらに徹底して人々の識字能力を奪う愚民政策をも行おうとした。メディア自体のコントロールだけでなく、リテラシーにまで目を向けたその見識は、方策として優れたものである。ただ焚書という問題解決法は、結果的には、成功しなかった。秦王朝の短命にその理由はあるとさしあたっては言えるが、ことは単純ではなく、焚書というような急激で徹底した情報管理政策が時流と合致しなかったために王朝の短命を招いたという側面も指摘できよう。いずれにしても泰山刻石にせよ、焚書にせよ、秦という王朝は、中国の文献の歴史の上で転換点にたっていたと考えられる。

書籍量の物理的増大　甲骨文から金石文へと文字を載せる媒体は変化してきたが、竹簡という媒体の導入に伴って書籍の量も大きく変わった。その直接的な原因は、媒体作成の経費削減によると考えられるが、さらに本質的には、小集団内でのやりとりから、不特定多数へのメッセージの伝達という機能を文字文献が担うことになったことにある。文献の増大への要請が、竹簡という媒体の発明をうながしたとも言うことができよう。これはいずれが原因か結果かということではなく、機能の変化と媒体の変化が並行的に協動的に進行したのである。

　さて経費が軽減して容易に書籍を作成できるようになった結果、世に存在する書籍の量が増大した。後漢初めの宮廷図書館には、1万3,269巻の書籍の収蔵が記録されている。竹簡では長さ30センチメートル、幅1センチメートル弱の竹札1本におおよそ30前後の文字が記されている。『老子』の文字数は、章番号なしの本文だけであればおおむね5,050字であるから、木簡170本ほどの分量となる。『老子』の場合は、全体がほぼ半分に徳経と道経、すなわち上巻と下巻に分けられているから、物理的形態としては、85本ほどを綴ったすだれ状のも

の2巻の形をなしていたことになる。書籍によって1巻きの長さはいろいろあるにせよ、このような竹札の巻物が1万3,269巻も存在したのである。文韻郁郁たること誠に喜ばしいことではあるが、現実的には大きな問題がここに生じることとなった。収蔵・整理の問題である。

書籍群のコントローラー　上記の1万3,269巻という数字は『漢書』芸文志という文献に記されているものである。その量はかなり膨大であり、漫然と配架して個人が把握できる分量ではない。さらにその内容ということになれば、地域、学派系統、時間の先後などのさまざまな切り口に対応しなければならず、とうてい個人のよくなしうる事柄ではない。このような状況に直面して、文献を合理的かつ効果的にコントロールするための手法がいくつか考案された。以下に述べるものがその代表である。

　　・グレード分け（経書）　　　　＝I型コントローラー
　　・分類と解題（目録学＋学術史）＝II型コントローラー
　　・ダイジェスト型百科事典（類書）＝III型コントローラー

　III型コントローラーについては紙の発明以後のことであるので後の類書の項にゆずる。

グレード分け（経書）＝I型コントローラー　これは文献に重要度のランク付けをして、文献世界のエッセンスの所在を明らかにする手法である。

　時代はだいぶ下るが、唐時代に確立する図書分類法では文献を大きく経部・史部・子部・集部の四つに分類する。このうち後の三者は現在の学問分野との間に

　　・史＝歴史
　　・子＝思想
　　・集＝文学

という対応がある。歴史、思想、文学は、しばらく前までの大学の文学部の基本構成である史学科、哲学科、文学科に対応しており、人文学の大きな枠組みとして普遍性をもつものであると考えられる。さらに現今の自然科学、科学技術も子＝思想に組み込まれており、人文学のみならず、学術全体の枠組みとしても沿用可能である。すなわち人文学だけではなく、この三つの分野で学術全体を覆うといってもよい。とすれば、冒頭におかれた「経部」とはいかなる分類であろうか。

　まずその内部を分析しておこう。前漢時代に五経博士の制度が制定されたが、その五経とは、易・書・詩・礼・春秋であった。当時のテクストが実際にどのようなものであったのかについては議論があるが、おおまかに文献名と内容を記せば、

- 易　―『周易』―占い＋宇宙論
- 書　―『尚書』―古代帝王の演説集・政治学
- 詩　―『毛詩』―歌謡曲集・文学
- 礼　―『儀礼』―儀礼作法
- 春秋―『春秋』―歴史

となる。一見して明らかなように、五経の中には、現在の学術分類で言えば自然学、政治学、文学、歴史などさまざまな分野にわたる内容が記されている。とすれば、この経部という分類は、史部・子部・集部のように、内容に従って立てられた分類ではないことは明らかである。

　次にこの五経というグループ成立の歴史的経過を見ておこう。この文献群は孔子が主宰していた就職予備校の科目に起源をもっている。当初は五経ではなく詩・書・礼・楽の四つであった。このうち詩・書・礼は五経にそのまま移行所属した。「楽」は音楽であり、あるいは礼とともに文献ではなく実践練習であったとも言う。少なくとも「楽」は後世に文献の形では残存しなかった。さてこのような起源をもつことは何を意味するか。それは孔子による教科書としての採択であり、孔子が儒学の祖であり、儒学が国の運営基本方針となれば、孔子が選定したこれらの文献は、いわば憲法にも似た立場に立つことになる。すなわち一般の書籍とは一線を画して、重要な高い価値をもつ文献と認識されたのである。

　先に見たように、経部に所属する文献群は内容によるだけでは、そのまとまりを説明できない。また歴史的にみれば儒学社会において別格の扱いを受けてきた。この二つのことからわかるのは、経部に所属する文献群が、「書物の中の書物」として、高い評価を与えられ、いわば諸他の文献に冠絶するエッセンスの地位を与えられてきたことが了解される。経部書は、儒学社会における、基本にして最重要の書物群と認識されていたのである。文献群全体を扱うのが困難な場合には、とりあえずは経部書だけに視線を向けておけば間違いはない。つまり「経書の選定」は、文献に重要度のランク付け（グレード分け）をして、エッセンスの所在を明らかにするという手法による文献コントロールの手法であった。竹簡の普及による文献の増大に対する対処法の第一である。

分類と解題（目録学）＝Ⅱ型コントローラー　　これは書物を内容によって分類した目録を作成し、解題を付すことである。これは、「目録学」と呼ばれる東洋独特の学術と学術史の考察に基づいている。成果物は各種「書目」と「解題」であり、具体的に名を挙げれば、書目としては「芸文志」「経籍志」があり、内容解

説の解題としては「四庫全書提要」などがある。これらは同時に図書分類学でもあり、そこでは通時的な視点から学派の歴史や傾向などの記述も含まれていて、その具体的な成果には、「経典釈文序録」などがある。

　さて、1万3,269巻の書籍を目前にして、人々が最初に思いつく方法はそれらを内容に従って分類・配置することであろう。現在でも図書館と名の付く機関が例外なくこの手法を採用していることは、この手法が書籍を容易に把握し、効率的に運用するためにきわめて有効な手法であることを証している。また後世からみれば、書籍をいかなる分類にしているかということを通して、当時の学術の状況を知ることができる。ここに言う状況とは、いかなる学術分野が成立存在していたのかということと同時に、どの分野がどれだけの勢力と関心を集めていたのかということを指す。

　現在知られる最古の文献分類は、前漢の末に劉向という人物が宮廷図書館の蔵書を整理・作成した『七略』である。この分類は、後漢時代の班固によって著された『漢書』芸文志に引き継がれた。前漢末に初めて図書分類が出現したということは、この時期に宮廷図書館での書籍収蔵に何らかの対策が必要となったことを示していると考えられる。なぜならば、先にも記したように、書籍を内容に従って分類するという手法は、比較的容易に発案される事柄であり、この時期までそれが存在しなかったことは、そもそも必要がなかったからであると考えられるからである。

　以下では、『漢書』芸文志の記事を少し詳しく検討してみよう。ここには、文献に関わる歴史記事と、宮廷図書館の分類毎の所蔵書籍数＋蔵書リストが記録されている。『七略』は冒頭に「序」として「輯略」を置き、分類項目として「六芸略」「諸子略」「詩賦略」「兵書略」「数術略」「方技略」の六つを立てている。それぞれの下部分類ならびに書籍数も記しておく。

・六芸略（易、書、詩、礼、楽、春秋、論語、孝経、小学）
　　　　9種、著録図書103家、3,121篇
・諸子略（儒、道、陰陽、法、名、墨、縦横、雑、農、小説）
　　　　10種、著録図書189家、4,324篇
・詩賦略（屈原賦之属、陸賈賦之属、孫卿賦之属、雑賦、歌詩）
　　　　5種、著録図書106家、1万318篇
・兵書略（兵権謀、兵形勢、兵陰陽、兵技巧）
　　　　4種、著録図書53家、790篇

・数術略（天文、暦譜、五行、蓍亀、雑占、形法）

　　　　6種、著録図書190家、2,528巻

・方技略（医経、経方、房中、神僊）

　　　　4種、著録図書36家、868巻

合計：6略、38種、596家、1万3,269巻

六大分類の内容を確認しておけば、

・六芸略―最重要グレード古典

・諸子略―思想

・詩賦略―文学

・兵書略―軍事

・数術略―天文・占い

・方技略―医術

となる。現代の図書分類と比べて異なる点は、

1. 「最重要グレード古典」が内容による分類とは別枠で設定されていること

2. 実用技術である軍事・天文・医術の比重が大きいこと

3. 歴史がまだ一分野をなしていないこと

などがあげられる。本章では、書籍の分類が行われるようになったところまでで記述をとどめ、分類法の変遷については、詳しくは次節に譲ることとする。

　　　　　　　　　　　　　　　　　　　　　　　　　　　　　［木島史雄］

【実物と出会える場所】

・甲骨：中華民国中央研究院歴史語言研究所博物館（台北）、中国国家博物館（北京）

・金文：泉屋博古館（京都）、白鶴美術館（神戸）、中国国家博物館（北京）、上海博物館（上海）、故宮博物院（台北）、中華民国中央研究院歴史語言研究所博物館（台北）

・竹簡・木牘：中国国家博物館（北京）、上海博物館（上海）、銀雀山漢墓竹簡博物館（山東省臨沂）、中華民国中央研究院歴史語言研究所博物館（台北）

【写真を見られる書籍】

・甲骨・金文・竹簡・木牘とも

『書道全集・中国』第一・二巻、平凡社、1958年

『中国書道全集　殷・周・秦・漢』平凡社、1988年

『木簡・竹簡・帛書』（中国法書選10）二玄社、1990年

『殷・周』（ヴィジュアル書芸術全集　第1巻）雄山閣、1992年

『書の宇宙』第1・2・3巻、二玄社、1996年

『図説　漢字の歴史』大修館書店、1989年

2 紙の普及と抄本の時代：中国の書物史 II

●紙の普及とその影響

　甲骨や竹簡と違って、紙の発明については歴史書に記述があり、発明者、年代、材料まで、詳しく記されている。すなわち、西暦 105（元興元）年、蔡倫が樹皮・麻クズ・破れた魚網などを材料として実用に耐える紙を製造し、これを和帝に献上したと、『後漢書』に記されているのである（巻七十八宦者列伝「蔡倫伝」）。同じ歴史記述といっても、文字を発明した蒼頡の場合と違って、これはもはや文化英雄の伝説ではない。同時代の事件を記録する環境が整ってきていたことに加え、やはり紙の発明の重要性が、当時の人にも認識されていたのであろう。一方で紙発明の功績を蔡倫に占有させることに反対する意見もある。蔡倫に 200 年以上先立つ前漢時代の「紙」が、中国西域地域で考古学的に発見されているからである。以下のものである。

- ・ロプ・ノール紙：B.C.74 ～ 49 新彊省楼蘭
- ・覇橋紙：B.C.141 ～ 87 陝西省西安市覇橋前漢墓
- ・放馬灘紙：B.C.180 ～ 141 甘粛省天水市北道区放馬灘前漢墓

　写真を見る限り、確かに「紙」に類するもののようである。しかし書物の文化史としては、この「発明者探し」に深入りしないことにしよう。この本の目的は、「紙」がメディアとしてどのように利用され、それが人間の知的活動にどう影響したかという点にあるからである。紙普及の影響は大きく 3 点あげることができる。

- ・文字支持体の制作費低減と文献の拡大
- ・書籍紙面の 1 次元直線から 2 次元平面への展開
- ・メディアと情報の分離の一層の促進

　それぞれのありさまを見てみよう。

●文字支持体の制作費低減と文献の拡大

洛陽の紙価　竹簡の発明によって文字支持体の制作費低減が起きたことは先にみたとおりであるが、紙の発明でも同様のことが起きた。単純な製作の省力化だけでなくその発明は、蔡倫という役人が関与したことからすれば、ある程度組織的に紙の製造が行われるようになっていたであろうことが推測される。しかしその

普及の程度は限界もあったようで、紙の供給に関して「洛陽の紙価を高める」ということわざが知られる。晋時代の文学作家である左思が著した「三都賦」という作品が優れていると評判になり、「豪貴の家、競ひて相ひ傳寫し、洛陽　之れが爲に紙貴し。」（『晋書』巻九十二、文苑伝）という状況になったというのである。紙を買ったのは庶民ではなく豪族・貴族であり、1 文学作品の人気で首都洛陽の紙の値段が上がったというのであるから、紙の流通量に限界があったことも明らかである。またこの現象は、メディアが、それに載せる情報と分離し始めていることも示している。未使用のニュートラルなメディアを入手して、情報は伝写するわけである。竹簡の供給、利用のされ方はあまり明らかではないが、紙の場合はそれがいくらか見えるのである。

文献参与者の拡大　さてメディアの供給が低廉に行われるようになると、当然のことながら書籍量はいっそう増大した。そして書籍量の増大は単純な量の問題だけではなく、文献参与者の拡大にもつながる。文献参与者とは、著述者と読者のことをさす。まずは著述者の拡大から見て行こう。簡単に言えば、紙の普及によって、著作物を著すことが広く行われるようになったということができる。歴史書を例にその有様を見てみよう。中国で、単なる事実記録でなく、歴史観と編纂の意思をもった歴史書は司馬遷の『史記』が最初であるが、これは太史公という地位にあった司馬遷が決死の思いで著した通史であった。またそれに続く『漢書』も前漢時代の歴史を記す唯一の歴史書であるといってよい。しかしあたかも紙の発明と重なる後漢時代に関しては、幾種類もの歴史書が著された。まとめて「七家後漢書」（謝承、薛瑩、司馬彪、華嶠、謝沈、袁山松、張璠、失氏名）と称される。つまり一つの時代について多くの歴史家が記録を残すようになった。決死の思いでなくとも、また国家の役人としての仕事でなくとも、歴史書が記されるようになったのである。これは視点・歴史観の複数化をも意味するとともに、書籍分類の上で、歴史書が 4 大分類の一つ（『隋書』経籍志など）となるまでに、勢力を増してゆくこととなった。今少し具体的に見てみよう。

　現存する中国最初の書籍目録である「漢書」芸文志はおおむね紀元ころの宮廷図書館の蔵書目録であるが、そこでは書籍は以下のように 6 大分類されていた。

・六芸略―最重要グレード古典
・諸子略―思想
・詩賦略―文学
・兵書略―軍事

・数術略―天文・占い

・方技略―医術

　ここでは歴史書が分類として立てられておらず、歴史関係の経書である『春秋』の付録扱いであった。ところが西晋時代の書籍目録である「中經新簿」では、書籍は以下のように4大分類されることになった。

・甲：六藝、小學

・乙：思想、技術、諸子、兵書、術數

・丙：歴史、地理

・丁：文學、圖賛、汲冢書

　すなわち、軍事・天文・占い・医術がグレードダウンし、歴史書が大分類に昇格したのである。この流れはこの後定着し、漢籍分類の基本的な枠組みとなって、以後1,500年以上も続くことになる。その確定に決定的な役割を果たしたのが初唐に編纂された宮廷所蔵図書目録『隋書』經籍志であり、そこでは、経・史・子・集の四大分類となり、「中經新簿」からさらに進んで歴史書は第二の地位を獲得することになった。文学書に関しても同様の著述者の拡大が起こった。歴史書と同じく、古く文学作品は、国家施策の一環として記されることが多かった。都の繁盛ぶりを記録する両都賦、上林賦などがその代表である。しかし後漢の終わりになると、文学者個人が自らの思いを詩などに著すことが増える。建安七子と称される文学者たちなどはその代表である。そして先に「洛陽の紙価」のことわざで見たように、作品は伝写されて広まっていった。そして文学作品の広範な普及は、文学表現の新たな傾向も生み出した。文学作品の「作者」は、当然「読者」でもある。そしてすでに読んだ先行作品を意識もする。そうすれば先行作品とのつながりを意識した表現が多用され、高い評価を受けることにもなる。紙の普及のあとその傾向が高まり、続く魏晋南北朝時代には、先行作品での語彙の使われ方を強く意識した「典故」という表現技法が広まっていく。さらに作品制作者と先行作品だけでなく、典故という仕組みが成立するためには、製作者と読者の双方が、文献知識を共有していることが必要である。「誰それのあの作品にあるような」などという表現が成り立つためには、その「誰それのあの作品」を読者も理解していることが前提となる。つまり文学作品が多くの読者に共有されていて初めて可能となる文学表現技法であり、それは紙の普及によって達成されたのである。具体的には、全集の成立と普及にそれを見ることができる。実は全集にも二通りがあり、一つは個人著作全集であり、今一つは優秀な作品を選び

出したアンソロジーである。中国最初の個人全集は、後漢時代の人・蔡邕の「蔡中郎集」であるとされ、そのあと急速に個人全集の編集が増加する。有名作家の文学作品に接することがきわめて容易になったのである。またアンソロジーの代表として『文選』をあげることができる。これは梁の皇太子・蕭統が編纂した名作アンソロジーで、現在まで多くの読者をもっている。この傾向を一方で支えたのが後述する「類書」という仕組みであった。このような先行作品へのアクセスが確保された後、文学は急速に典故重視の華麗煩瑣なものになり、四六駢儷体というスタイルに収斂していくことになる。この傾向は、あまりにも煩瑣として後世非難されることにもなる。

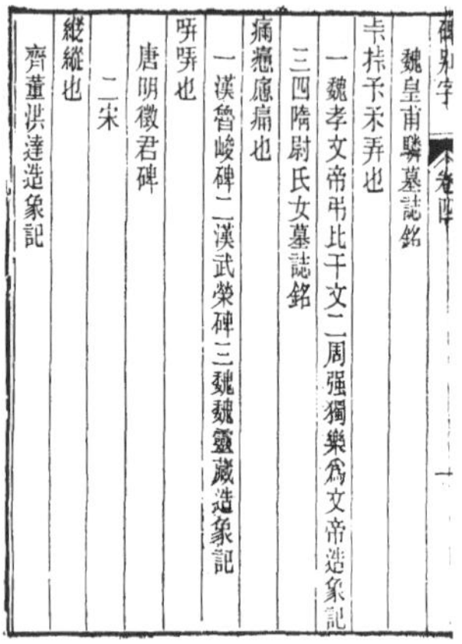
碑別字 卷四
魏皇甫驎墓誌銘
一魏孝文帝弔比干文二周強獨樂爲文帝造象記
三四隋尉氏女墓誌銘
一漢曾峻碑二漢武榮碑三魏魏靈藏造象記
唐明徵君碑
二宋
齊董洪達造象記

図 1-3　異体字の解説本

個人蔵書と異体字　書籍制作経費の低廉化によって、従来宮廷など公的機関が中心であった書物収蔵が、個人レベルに拡大していった。魏晋南北朝期の伝記資料には、豊富な蔵書をもつ人士がいたことが記されている。個人蔵書の出現は、随時・随処にそれらを閲読することが可能になったことを意味する。書籍記載の情報自体は変わらないとしても、その情報にアクセスする容易さは変化したのであり、とすればその情報の読まれ方、すなわち情報がもつ意味合いも変わったということができよう。また著作や写抄の容易化によって世に書籍写本があふれるようになった。しかしそれらの写本を統一的にコントロールする仕組みは存在していない。かつては太学の門前に石経がたてられ、文字字体やテクストの揺れなどに基準を提示していた。しかし一元的なコントロールがないままの膨大な写本の産出は、写本間での大きな齟齬を生み出すこととなった。その一例が異体字である。統一国家の不在は標準字体の不在を意味する。したがって写抄者の筆に任せられた写本文字は、略字、偽字などが横行することとなった。文字字体統一のためのいくつかの書籍も著作されたが、それらとて写抄によって頒布すれば、元来の文字の基準は揺らいでしまう。結局のところ、この異体字の問題は、同じ字体の文字を大量に産出する印刷の発生まで解決はかなわなかった。

類書　次いで類書の成立とその編纂目的を見てみよう。前節で二つの書籍管理コントローラーについて確認したが、「類書」は、第三の書籍管理コントローラーである。すなわち類書の機能は、

・文献の断片化と引用
・世界の構造化

である。著述の爆発的な増大によって、従来の方式では書籍の管理が困難になってきた。いくら内容によって分類し、重要度によってグレード分けを行っても、一つずつの著作という枠組みを保持したままではもはや情報の管理が困難になったのである。そこで、著作という枠組みを解体し、記事を断片化し、内容にしたがって分類しなおすものとして「類書」は発生した。まず記事の断片化に着目しよう。

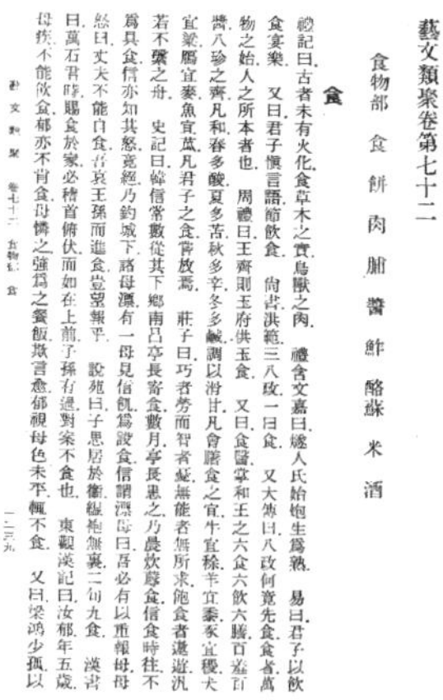
藝文類聚卷第七十二
食物部　食　餅　肉　脯　醬　鮓　酪蘇　米　酒
食
禮記曰、古者未有火化、食草木之實、鳥獸之肉。　禮含文嘉曰、燧人氏始鉋生爲熟。　易曰、君子以飲食宴樂。　又曰、君子愼言語、節飲食。　尙書洪範、三八政、一曰食。　又大傳曰、八政何先、食者萬物之始、人之所本者也。　周禮曰、王齊則玉府供玉食。　又曰、食醫掌和王之六食六飲六膳百羞百醬八珍之齊、凡和、春多酸、夏多苦、秋多辛、冬多鹹、調以滑甘、凡會膳食之宜、牛宜稌、羊宜黍、豕宜稷、犬宜粱、鴈宜麥、魚宜苽、凡君子之食恒放焉。　莊子曰、巧者勞而智者憂、無能者無所求、飽食者遨遊、汎若不繫之舟。　史記曰、韓信常數從其下鄉南昌亭長寄食、數月、亭長患之、乃晨炊蓐食、信食時往、不爲具食、信亦知其怒、竟絕、乃釣城下、諸母漂、有一母見信飢、爲設食、信謂漂母曰、吾必有以重報母、母怒曰、丈夫不能自食、吾哀王孫而進食、豈望報乎。　說苑曰、子思居於衞、縕袍無裏、二旬九食。　漢書曰、萬石君晬、賜食於家、必稽首俯伏而食、如在上前、子孫有過、對案不食也。　東觀漢記曰、汝郁年五歲、母疾、不能飲食、郁亦不肯食、母憐之、強爲之餐飯、欺言愈、郁視母色未平、輒不食。　又曰、梁鴻少孤、以
藝文類聚　卷七十二　食物部　食　一二三九

図 1-4 『芸文類聚』

文献の断片化と引用　類書が引用・提示する先行文献は、もともとの文章・作品の一部分であることが多い。代表的類書である『芸文類聚（げいもんるいじゅう）』食物部、酒の部分が引用する文献を見てみよう。【詩】以下の諸ジャンル引用はおおむね一つの作品全体を引用しているが、その前の部分の引用は、先行文献のほんの一部を提示しているに過ぎない。「毛詩」として引かれる「爲此春酒、以介眉壽」は、『毛詩』國風／豳風／七月という 289 文字からなる詩の一節を取り出したものであり、季節ごとの記述全体を受けて初めて正しい意味をもつはずのものであるが、ここでは、きわめて断片的な引用がなされるのみである。もちろん当時の知識人たちは、「爲此春酒。以介眉壽。」という断章を見ればそれが『毛詩』國風／豳風／七月という詩の中の一節であり、どのような文章の流れの中で用いられているのかということは容易に想起できたであろう。しかしながら経書、正史のような基本の書籍を別とすれば、例えば「酒」の項目で引用されている「干寳晉紀」などでは、それほど簡単に前後の文脈を想起できたとは思われない。同様に「史記」として引かれる文章は、『史記』・秦本紀のものであり、「漢書」として引かれる文章は、『漢書』・禮樂志・郊祀歌・景星十二の文章である。しかしながら『芸文類聚』は、文脈を断ち切り、わずかな該当部分前後の文章を提示するにとどめる。もとより類書は歴史物語集ではなく、語彙もしくは事象の用例データベースであり、このこと自体を非難することは適切ではない。また先にも記したように、当時の知識人にとっては、歴史物語は既知のものであり、ただ語彙の所在を提示することだけで、その語彙の担っていた意味を想起することも可能であったと思われる。しかしながらそれらの事情を勘案してもなお、断片的な引用を行うことを可とする精神性

は、類書に大いに独自な性格であると思われる。

世界の構造化　『芸文類聚』は以下の大分類47部から構成されている。

　　天部／歳時部／地部／州部／郡部／山部／水部／符命部／帝王部／后妃部／
　　儲宮部／人部／禮部／樂部／職官部／封爵部／治政部／刑法部／雜文部／武
　　部／軍器部／居處部／産業部／衣冠部／儀飾部／服飾部／舟車部／食物部／
　　雜器物部／巧藝部／方術部／内典部／靈異部／火部／藥香草部／草部／寶玉
　　部／百穀部／布帛部／果部／木部／鳥部／獸部／鱗介部／蟲豸部／祥瑞部／
　　災異部

　「天」から「災異」までの47分類で世界を網羅的に記述し尽くそうとしているのである。そして大分類は、さらに小分類に分かれる。例えば食物部は、「食」「餅」「肉」「脯」「醬」「鮓」「酪蘇」「米」「酒」に分かれる。

　すなわち『芸文類聚』は、世界を一つながりのモノとしてではなく、分割可能な諸部分の集積として把握している。世の中のモノ・コトは47の分類項目のどれか一つに所属すると考えている。例えば、「禮の規定に則って／季節の祭で／天を祭る際に／宮殿内で／皇帝が／身につける衣服」は、現実の場面では、先の大分類で言えば、天部／歳時部／帝王部／儲宮部／禮部／樂部／衣冠部／儀飾部／服飾部などと必ずや何らかの関わりをもつ。しかしながら『芸文類聚』は、それらの重層的に関係しているさまざまな要素をそのままでとらえるのではなく、「天」「歳時」「帝王」「儲宮」「禮」「樂」「衣冠」「儀飾」「服飾」に分割して提示している。また上記分節化のところで記した小分類のなかは、文章のジャンル・形態によって分かれた記述がなされる。例えば『芸文類聚』食物部、酒の部分は、以下のような八つの文学ジャンルに分けて表示されている。

　　　【文】【詩】【賦】【頌】【引】【戒】【啓】【書】

　そしてこれらのジャンル分けの下部に、「酒」に関する実際の文献記事が並べられる。すなわち、酒に関する先行の文献・文章は、三段階の階層の中に収録されている。例えば三国時代・魏の劉伶がつくった「酒德頌」は、

　　　『芸文類聚』―食物―酒―頌

という構造の中に組み込まれている。『芸文類聚』は100巻47大分類で世界全体を記述しようと試みているわけであるが、そこには階層構造がもち込まれているのである。この階層を設定するにあたって重視されているのは、「網羅」と「重複なし」という二つの要素である。注目すべきは、「網羅」と「重複なし」を基本として、一つ階層構造に世界を取り込み、世界の諸要素を位置づけようとし

ている所にある。これは『七略』「漢書芸文志」以来の、書物を構造的に分類把握しようとする視点を世界全体に適用したものと言ってもよい。その点で類書は、時人の世界認識について、その具体的なデータとともに、あるいはそれ以上に、時人の世界認識の仕組み・構造を語る書物であるということができる。紙の普及によって文献量が爆発的に増大し、それを処理するために類書が発明されたのであるが、その際に、世界を分節化し、その断片の蓄積として理解しようという思考が顕著になったということができる。まさにメディアの変化が人間の知的営みを変貌させたといってよい。

1次元直線から2次元平面へ　ここまで、紙の普及に関わる諸現象を述べたが、続いて紙自体の特性、すなわちその2次元性に関わる諸現象を見ていこう。

　先に蔡倫以前の「紙」として紹介したものには、文字ではなく地図が記されていた。すなわち紙に求められていたのは、平面図像を載せる媒体という点にあったように思われる。もちろん2次元平面には文字も記すことは可能である。しかし、竹簡は文字の連なりを1次元的につまりは線状に配列するだけで、2次元平面の情報を載せることができなかった。さらにここで注目しなければならないのは、2次元平面を用いて線形1次元情報にさまざまな属性を付与しそれらを見やすく提示できるかどうかということなのである。わかりやすい例をあげよう。経書では通例、経書原文は大きな文字で記され、注釈は双行注＝割注の形で記される。すなわち、経書の原文であるか注釈であるかは、文字の大きさ＝1行枠の中の行数で提示される（図1-5）。つまり紙では、2種類の文字の塊を、混同することなく提示できるのである。いっぽう竹簡の場合は、その幅がおおむね1センチメートルであるから、それをさらに半分に割って文字を2行記すことはできない。原文レベルの文字塊と注釈レベルの文字塊を竹簡では明示的に並行提示できないのに対し、紙の場合には、1行枠の幅を少し広げることによって可能になる。すなわち紙では階層もしくは構造をもった文字列を提示できるのである。人間の頭の中は、ここは経原文、ここは注釈という風に構造的に文字が流れているが、竹簡ではそれをそのまま記載することができなかった。それが紙になると構造的思考を保存・提示す

図1-5　双行注

ることが可能になるのである。このような構造化は、インデント（字頭下げ）や空行の利用によってさらに複雑なものまで可能になる。あるいは文章形式の記述だけでなく、箇条書きのような記載も可能になる。インデントや箇条書きという仕組みの導入によって、文字塊は時間に無理やり沿わされた「流れ」であることから解放され、構造をもった建築的なものになりうるのである。実際のところ紙の2次元性のもつ意味は、地図のようなもともと2次元の情報を載せることができるということ以上に、文字塊と思考を構造化することができるという点にある。これは人間の思考と、メディアとの関係に着目した場合、きわめて重要なポイントとなる。紙のような2次元平面を手に入れることにより、流れと構造の双方を表現・保存することが可能になったのである。

　このような構造化は、さまざまな工夫によってさらに加速されていく。それが巻子本から冊子本への変化である。

●装丁の変遷

　発明されたばかりの紙の書籍は、先行する竹簡の形式をそのまま踏襲し、巻物であった。紙面の左端に軸木を取り付け、それを芯にして紙を巻いていき、右端、すなわち紙面の冒頭には保護のための厚紙と押え竹と紐がつく。このスタイルの書籍を「巻子本」と呼ぶ。読む際には紐をほどき、表紙を逆に芯代わりにして右端から巻いていき、適宜左から展開し、右に巻き取っていく。基本的に竹簡の場合と同様であるが、紙は薄くかさばらないため、巻子一巻に載せられる文字の量は竹簡に比べて格段に多い。また前段で記したように、巻子自体の数も爆発的に増大している。このような状況下で下記のような困った事態が発生することになった。

・収納の不効率

・書名確認の困難

・巻末が読みにくさ

・書物内の場所の指定不能

まず最初の問題であるが、現在我々がなじんでいる直方体スタイルの書籍では、書物を書棚に立てることで非常に効率よく文字情報を収納できるのに対し、巻子本では効率よく書物を配架できない。要するに、文字量の割に収納場所が大きく必要なのである。二つ目の問題。現在通行の背表紙をもつスタイルでは、書籍のタイトルは常に容易に知られる。つまり書棚に並べた際に捜す書籍を速やかに確

実に取り出すことができる。しかし巻子本では、書名を確認するためには寝かしてある巻子を立てなければならず極めて不便である。第三の問題。巻子の終わりを読むためには、巻頭から繰り広げていかなければならない。その手間も大変であるが、それを繰り返せば巻頭部分は痛みも激しい。巻子本の巻末には、現在の書籍の奥付にあたる書写データ（筆者、年号など）が多く記されるが、その確認に大変手間がかかるのである。そして最後の「書物内の場所を指定できない」という点であるが、これが実はきわめて重大な問題であった。現在の書籍では、本文中のある部分をマークをしたい場合には、しおりを挟んだり付箋を貼ったりする。小説のような一本の流れをもつ文章であればしおりだけで十分であるが、辞書やマニュアルのような書籍の場合には、一つの著作を初めから読み進めるわけではない。目次や索引を用いて見たい部分を探すことになる。とすれば書籍の中の場所を指定する仕組みが必要となる。現在の書籍にはページ番号が必ず付されていて、かなり正確に書籍中の文章の場所を指定することができる。しかし巻子本にあってはページの概念が成立しないので、目次や索引が有効ではない。これは逆に考えるべきであろう。書物を構造物として読むことは、巻子本時代には要求されていなかったのであろう。しかし先に類書の項で検討したように、書物は構造化されていく。巻子本も構造化された構築物である冊子本に姿を変えていく。

冊子本　冊子本が出現した要因は、単純に巻子本の困難点を解決するためであったろう。収納・管理の問題と構造化の問題である。具体的な方策としては、巻子本を一定の幅で山と谷に折る「折本」が出現した。これはすでに巻子本として存在する書籍を折りたたむことで容易に改造することができる。このあといくつかの装丁が出現したが、最終的には紙の片面だけに文字を載せ、文字面を外にして折り、紙の両端を糸で綴じる形式の、いわゆる線装冊子本が完成する。冊子本への移行によって、収納・管理の問題と構造化の問題はほぼ解決された。その普及のありさまは印刷以後になるので後章に譲る。冊子本は、書籍が頁単位で構成されて構造化がなされるとともに、さらに頁番号が付与されて、辞書やマニュアルなどの目的にも適合することとなった。

●紙普及に関わる書物の文化史

　紙普及に関わる諸現象を、書物の文化史という視点から確認しておこう。紙普及のもたらす書物文化への影響、その第一は、書籍制作経費の低廉化であった。

これによって書籍の数が増大し、著作者層が拡大した。著作物に関して国家のコントロールはもはや効かない。それに対応する形で読者層も拡大した。著作・閲読の双方の拡大は、文化の担い手が拡大したことを意味する。竹簡時代に書物文化の主な担い手は王と役人であった。すなわち古代専制国家の運用者たちであった。ところが著作・閲読の双方の拡大によって書物文化の主な担い手が貴族へ移った。個人文集をもち『文選』を閲読したのは、その貴族たちであった。貴族は書物文化を担うとともに、社会の担い手ともなった。社会の担い手の変化をもって時代区分をするとすれば、紙の普及によって、世は中世になったのである。

　今一つの紙普及の文化史的影響は、構造的著作の成立である。2次元平面メディアの発明によって書籍は、構造をもつことが可能になった。本文と注釈の区別、箇条書きなど、文字塊に構造が設定されるようになった。これによって書籍は、人間の知的営みとの相応性を高め、より使いやすい記録・表現媒体となった。さらにこの流れの進行に重なる事態として、類書というきわめて構造的な書籍が発生したことも注目される。人間の思考と、書籍の構造化という視点は、書物の文化史、とりわけ知的営為を記録するメディアとしての書籍を捉える際に欠かすことができない重要ポイントである。　　　　　　　　　　　　　［木島史雄］

3 印刷以後：中国の書物史Ⅲ

●印刷の始まりと展開

　印刷は大量に複製をつくる技術である。初期の印刷であっても筆鈔に比べれば数百倍のコピーをつくることができた。それは伝達能力の拡大を意味する。実際には印本（印刷された本）一冊を鈔写することによってさらに多くの副本を生んだのである。

印刷の開始　中国における印刷は、諸説あるものの、遅くとも初唐（7世紀）のころには始まっていたと推定されている。年代がわかる中国における最古の印刷物は868年の「金剛経」で、敦煌で発見された。版画式の製版印刷である。ただしこれは数紙を継いだ短い巻物であり、冊子の形態をとってはいない。信者は死者の追善供養のために、あるいは布教のために、仏典や仏画を印刷し配布した。つまり刷ることは供養の行為なのであり、情報媒体としてどれほど意識されていたかはわからない。それでも初期の印刷を推進したのが仏教であることは疑いのないところであろう。そして納経のように美しい楷書ときらびやかな装丁とで飾られた一点ものではないという点で、印刷物は為政者のものではなかったことを示している。

　同じころ、暦や医書、占いの本、辞書や白居易の詩なども印刷されていたことが記録されている。暦や雑占などは実用性が高く、需要があったことは容易に理解される。これらは1枚から数枚の印刷物で済むものも多かっただろう。それに対して『唐韻』や『玉篇』といった辞書は書物である。これらの刊行の背景には中国独自の事情である科挙の試験がある。科挙は隋に始まり清末まで続いた官吏登用試験で、貴族に生まれなくても能力次第で政界に入り高い地位に登ることを可能にする人材選抜システムである。そしてこれが実際にその力を発揮し始めたのが、白居易（772-846）らが活躍した中唐という時代だった。辞書は、その科挙の試験科目の一つである律詩の作成に用いるために会場にもち込み可とされていたので、人々はせっせと鈔写し、写本を売る商売も成り立っていた。早くに印刷されたのも当然なのである。辞書は素早く検索できるために折経装だった。この形は拾い読みが容易で、たためば冊子状になり携帯にも便利である。やがて紙を継がず谷折り箇所を糊でとめた冊子の形を生み出していく。巻数丁数（ページ）が版心に打れ、匡郭（枠）の外側に張り出した耳格と呼ばれる部分に篇名

などが刻されて、さらに検索の便が図られた。一方、白居易は唐代きっての有名詩人であるが、同時に、数次にわたる科挙の各段階の試験をいずれも一度で突破した試験の天才であり、彼の詩は挙業書（受験参考書）としての需要も多かったと考えられる。辞書といい詩集といい、唐代に書物の印刷を必要としたのは科挙に応じようとする人々だった。文字を生み出し洗練したのは権力の中心にいた人々だったが、印刷を生み出し推進したのは、権力を直接行使する力をもたない人々だったと言えるだろう。とは言え、唐代では実際には鈔本の方がまだ圧倒的に優勢だった。

印本の本格的開始　科挙が試験である以上、出題対象である経書には定本の策定が必要である。印刷以前には石に刻することが行われたが、為政者にとっては多額の費用が必要であり、一方利用者にとっても太学の門前に建立されたそれを見るために足を運ばねばならないという問題があった。これに対して国家が出版物として刊行すれば、石経よりも廉価に済み、統制も同時に行うことができる。読者も足を運ぶ必要がない。この新しい企画は馮道という人物によってなされた。彼は四川の地にめまぐるしく興亡した四つの王朝の宰相を務めた人物で、彼とともにあったこの刊行事業は、三つの王朝の滅亡を見た末に完成した。実際には国子監（国立学校）の教官がその任にあたったので「監本九経」と呼ばれるこの印本は、大臣たちに下賜されただけでなく、販売にも付された。

　馮道が活躍した五代十国と称される分裂の時代に終止符を打った宋においてもまずは国子監が主要な印行を担った。北宋では 140 種程度の書物が出版されている。経部の諸書に加えて十七史や勅命による『資治通鑑』などの歴史書、宋四大書と総称される勅撰の類書、辞書、諸家の思想や医学・農学、『文選』や唐の著名詩人の別集などの文学の書物、仏教では一切経など。しかしながら北宋滅亡の際にはまた多くの書物が失われたため南宋政府は各地に残された書物による刊行を急ぎ、郡斎本と総称される、各地の官庁（郡斎）や学校での出版も盛んに行われた（図1-6）。

　これら官刻本には権威を具現化する役割が期待され、版型や文字が大振りであったり紙が上質であったりと立派であったから、当然高価だった。

図1-6　『景定建康志』「書版」

またそのほとんどは官僚や学校に頒布されるものであったから、概して入手にも資格が必要とされた。つまり不特定多数の読者は想定されておらず、その特権をもたない者は鈔写するしかなかった。国家による出版事業は、政治に関与する志をもつ人物に対して為政者の権威を示すしかけの一つだとも言えよう。北宋になって印刷に付される書籍の種類は格段に増えたものの爆発的に広まらなかった背景には、印本の多くがなお官制メディアにとどまっていたことが考えられる。

　なお限界はあったにしても印刷は多量の情報を速く伝播する最新のメディアであり、人々の意識を変えていった。言葉に資本あるいは商品の影を与えることとなったのである。まず情報拡散の容易さという点では、北宋中期には官報が印刷物に変わったほか、ある（多くは政治的）意図をもって時事性の強い文章を出版することも行われた。また、馮道と同僚だった和凝という人物は、自分の詩文集百巻を、自ら版下を書き数百部印刷して人に贈ったという。彼に限らず個人の著作を世に問うことは当然に要請のあるところであり、著作を筆鈔で伝写することは印刷が普及しても絶えることなく行われたが、人々に自分を知らしめるのに印刷以上の伝達力をもつ媒体はなかった。それどころか、印本にしなければ散佚してしまうという危惧すら抱くようになる。ただし北宋において同時代の詩文集を官刻することは、少なくとも著者生前にあっては考えられなかった。北宋の蘇軾（1037-1101）や南宋の陸游（1125-1210）は生前から文名高かったが、生前に一部印行していた文集を死後に完結したのは息子や孫たちである。彼らのように子孫が先祖を、あるいは弟子が師を顕彰するためにその著作を出版することはまま行われた。ただし印刷には費用がかかる。版木や紙などの購入費用、字を刻み、刷り、製本する一連の工程に携わる職人の人件費、ときには序文への謝礼など、刊行にはかなりの出費を覚悟しなければならず、誰でも出版できるというものではなかった。寄付を呼びかけたことや、出版のために尽力してくれた人への謝辞が序文に書かれていることもある。それらは自費出版としてその家で印行するだけでなく、地方官として赴任した先で、あるいはそうした関係者を頼って、各地の官庁や学校で出版してもらうことも多かった。こうした書籍は贈与を建て前としつつ実際には販売することもよく行われた。こうして印刷により大量の著作物が流通するようになると、誰もがそこから材料を集められるようになった。紙の発明は「典故」を成立させ推進したが、宋代の印刷は、複数の他者の句を集めて作品を作る「集句」、他者の言葉を取り入れて再構成する「点鉄成金」、他者の作品の構想を借りる「換骨奪胎」などの技法を成立させた。背景には情報が誰

にでも開かれたことがあるが、それは並行して著作物の所有権という概念を形成していくことになる。

編集　大量の情報が流通するようになると、編集に工夫がなされ、一冊の書物にさまざまな情報を集約統合する新しい形が生まれた。印刷によって従来にない多量の情報が流通するようになったのを受けて、インターネットの世界における「まとめ」ページよろしく、特定の方針のもと情報集約がはかられたのである。「譜録」はその一つのスタイルで、古器物のような学術的なものから茶や酒などの趣味的なものまでさまざまな対象を、文章あるいは図とともに集めて分類した、リストやカタログの類である。図録を伴うものも少なくなく、版面に融通がきく整版の特質を生かして図版を入れることができたことも、こうしたものの編纂を推進したのであろう。また編年による歴史書『資治通鑑』が編まれたことが象徴しているように、宋代にはさまざまな物事を歴史的に把握しようとする傾向が見られ、ほかの分野においても時間軸に沿って整理統合が行われた。孔子老子から当代まで著名人の年譜が編纂され、個人の作品を制作年代順に編集した詩文集も盛んに出版された。もちろん類書型インデックスの便利さも捨てがたく、文体や主題によって分類した詩文集も編まれている。有名詩人の場合には両様の書籍が編まれ、例えば杜甫には王十朋『王状元集百家注編年杜陵詩史』と徐宅『集千家注分類杜工部詩』とがあるという具合である。この杜甫の2種類の詩集は、その書名に明らかなように、先行する多数の注釈を作品ごとに集めて載せた集注本である。1篇の書物で従来の解釈が見渡せるきわめて便利なこのスタイルは、詩集だけなく歴史書や経書にも見られる。経書は注釈を重ねていくことで一つの世界を構築するが、従来、書物としては経と注と疏とは別々に完結していた。しかし宋末には経文の下に注を、さらに注の下に疏を合わせて一箇所に印刷する合刻本が現れた。単注本や単疏本が現在では稀な古書となっている事実は、この、当該ページだけで必要な情報が得られるスタイルの優位性を物語っている。

　もう一つの工夫として、元では挿絵を伴う書籍が多数見られるようになる。日用類書（民間向けの百科事典）には図や絵が盛り込まれている。また、福建で刊行された「全相平話」を書名に冠する一連の小説は全頁上段に挿絵があり、文章も知識人のものである文言文ではなく、官話（役人の口語）をもとにした白話文を用いている。講談や芝居などの本も出版されたようである。しかしながら多数発行されたであろう、こうした芸能関係の俗本はたびたび発禁に処されて詳細は不明である。

ちなみに著作への規制は鈔本の時代にもあったが、伝達力の大きい印刷物は為政者にとってはさらに警戒を要するものだった。宋代でも、実態はともかく、建て前としては届け出が必要であり、国子監による検閲も行われていた。周辺諸国への流出を禁じる議論があり、政治的意図をもった文書や政争に敗れた人物の著作、思想的に危険とみなされた著作などは禁書とされた。版木の破棄を命じられたのである。

定本　官報が一枚刷りの印刷に付されることとなった際、「版本がひとたび誤れば、誤りは甚だしい」という反対に対して「一字として誤りのないようにさせればよいではないか」と押し切ったという記録がある（『続資治通鑑』天聖二年）。複製技術である印刷がはらむ不安は早くに認識されていたのである。これは速報性の高い官報の話（明末には機動性を生かして木活字による官報も印刷された）だが、原稿がなければ何であれ印刷することはできない。版下となる最終稿すなわち定本は、鈔本とは桁違いの影響力を文献世界に発揮することになる。しかしながら定本の作成にはさまざまな問題が存在し、それに対してさまざまな対応がとられた。古典と同時代文献とに分けてその様子を見てみよう。

　古典における本文校訂は歴代行われてきた。文化的統治を重視した北宋では、宮廷の蔵書を充実させ、滅ぼされた国の知識人をも集めて大規模な文献の整理・校勘および目録作成にあたらせ、その成果は出版に付された。南宋においては各地の役所や学校にも拡大する。これら官刻本は定本をつくるために諸本を集め、その間の語句や文字の異同を調査し、正しい文字を校定した。その校勘作業にあたった学者が校記を単行することも行われた。毛居正『六経正誤』、余靖『漢書刊誤』、洪興祖『楚辞補注』「考異一巻」など、経書だけでなく歴史書や文学作品にまで校勘の対象が拡大している。印刷の実用化に伴ってその重要性が強く認識されたのだろう、彼らは校勘の理論化へと進み始めた。例えば岳珂の著書とされる『九経三伝沿革例』では、「書本」の項目に従来の版本を略述して校勘に用いた 23 本を列記し、「字画」では文字が混乱した歴史的背景を述べ、以下「注文」「音釈」「句読」「脱簡」「考異」に分けて実例と原則とを示し、いずれも根拠を求め慎重な態度をとるべきだとした。彭叔夏の『文苑英華弁証』では、問題の特徴を「用字」「用韻」「事証」以下 20 類に分け、さらに文字を改める場合改めない場合の下位項目を立て具体例をあげて示している。このように宋代の校勘学は、善本を求め、それを基準として「実字是正（根拠があってこそ文字を改める）」を原則とする。基本的には版本の原状を保存する宋代の校勘スタイルは、書物そ

のものを研究の対象として諸本を捜索し善本を決定する版本学とともに清代の周叔弢らに引き継がれた。一方、清代には文字学や音韻学が発展し、版本学や目録学などもそれぞれに専門的になった。そこでそれらの成果を理論的根拠として「考証」判断し、積極的に誤りを改訂する態度をとる顧炎武らが出て、両派は対立した。さらに近代にいたっては、飛躍的に発展した考古学の知見を運用することも行われた。文字を離れては成立し得ない書籍というメディアにおいて、ことに古典において、今そこに表記されている文字をどこまで批判的に読むことが許されるのか、実証と考証の関係はいかにあるべきなのかなど、校勘作業と校勘学とは相互に作用しながら進められてきたのである。

　次に、同時代文献、特に文学作品が出版される場合を考えよう。作者は作品を手書きする。それらは親族や友人など作者の関係者のもとに残されることも多く、関係者が編纂して家刻したり郡斎で出版したりすることは行われたものの、そのまま作品が散佚してしまうことも少なくなかった。著名作家であれば書店がそれらをまとめて出版することもあり、その際には書店の判断によって文字や編成が決定され、他人の作品が混入したまま印行されてしまうこともあった。しかしながらいったん印本ができると、それは「正しい」テキストとして流通してしまう。北宋の蘇軾が不敬の罪によって獄につながれた筆禍事件では、蘇軾自身はあずかり知らない坊刻本『銭塘集』が物証とされた。蘇軾がつくった政治批判の文章は出版によって伝播した、蘇軾がそうさせたのだと非難されたのである。事件後、刊行されている自分の著作はすべて版木を壊したいと彼は述べている。もっとも、さらにのちに政争によって蘇軾らの一党が罪に問われると、累が及ぶのを恐れた書房は自ら版木を焼却したという。こうした状況を前にして、作者は自身で定稿を確定し保存することに自覚的になった。若いころの作品を焼き捨てた陳師道や陸游、改稿を繰り返した欧陽脩や韓駒、期間を定めて一集ずつ自編し続けた楊万里など、理由や立場考え方はさまざまでも、自らの作品が後世に伝えられるであろうことを期待し前提とした文学者たちの苦心する姿が宋代の筆記には多数記録されている。しかしながら、作者自身によって定本が確定したとしても、それがそのまま印刷に付されるとは限らない。政治状況や人間関係のもつれなど、情況次第では作者の意思に沿わない書物が刊行されることもあった。さらに皮肉なことに、印本の流通が草稿の価値を高める事態も起こり、自分が目にした手稿では文字が異なっていたと記す筆記も多いのである。

　テキストへの不信は、草稿の価値を高めたり、よりよいテキストを求めて校勘

学や版本学を発展させたりもした。しかし「正しい」テキストを策定することは果たして可能なのだろうか。作者が筆を下ろした瞬間から印刷に付されるまで、私たちが目にする文字はさまざまなレベルでの不安定性を含んでいることを忘れてはならないだろう。

【写真を見られる書籍・Web サイト】
静嘉堂文庫所蔵宋元版図録
全相平話：国立国会図書館デジタルアーカイブ
単疏本：国立故宮博物院：
　https://www.npm.gov.tw/ja/article.aspx/article.aspx?sno=04001063

●民間出版の隆盛

　営利を目的とする民間（書坊）の出版物は坊刻本と称される。挙業書や実用書は印刷の初めからその主要部門だったが、教養・娯楽書などにも拡大した。その背景には詩社と呼ばれる同好の集まりや書会と呼ばれる芝居台本などの作家組織が結成されるなどの各種文芸の発展が考えられる。書店のなかには、企画編集・印刷・製本・流通・販売など現在では分業されている工程を一手にきりまわす者もいた。南宋の都の臨安の、書店の並ぶ棚北大街に店を構えていた陳起は、中下層の知識人たちの信頼を得て、その原稿をしゃれた小集にして次々と出版してもうけた。もちろん江湖の知識人たちも得がたい好機を手にしたわけである。このシリーズは宋末における中晩唐詩の流行を決定的にするほどに影響力をもった。こうした坊刻本は商品である。買い手に身分や役職は不要で、代金を払いさえすればよい。もちろん文字が読めることが前提であり、科挙の実施はそれを推進した一大要因であるといってよいだろう。科挙は、理念としては良民であれば誰に対しても開かれていたから、読書人口の拡大をもたらした。とはいえ、一般向けの印本が有力な商品になるのは明になってからである。

　明代になると官立私立の学校を中心に教育ネットワークが構築され、識字層はさらに拡大し、商人にも識字能力は必須となった。漢字を覚えるための学習教材から詩文の精華集まで、あるいは女性を対象とした女訓書など、多種多様な教材が編纂され刊行された。このような購読者の増加と活発になった経済活動とを背景に、出版が最盛期を迎えるのは明代後半である。

　では書物はどのようにつくられ売られたのだろうか。書物が活発に刊行され始めた明の弘治年間（1488 ～ 1505）から嘉靖年間（1522 ～ 1566）の前半にかけ

てはパイロット印刷的に少部数の銅活字本が集中的に出版されている。その後、嘉靖年間後半から万暦年間（1573 〜 1620）にかけて書物の商品化は最盛期に達し、さまざまな企画と販売戦略が練られた。ジャンルでは白話小説が急成長した。娯楽のための俗文学が大量に生み出されるという情況はそれまでには考えにくいことである。そもそも従来の正統的な価値観では、虚構の文学の地位は低く、まして白話で書かれた俗文学は、執筆することはもちろん、表向きには読んではならないものだった。清の小説『紅楼夢』には、こっそり手に入れた芝居の本を夢中になって読む若い主人公と、それを責める美しい恋人とが登場する。当然、小説などは刊行するにしてもペンネームを用いたものだった。しかし著述や出版で生計を立てることができる時代になると状況は変わった。科挙及第に手の届かない知識人の中からは自ら営利出版に乗り出す出版文化人が現れ、活躍した。明末の馮夢龍（ふうぼうりょう）は、『水滸伝』（すいこでん）や『三遂平妖伝』などの長編白話小説や、「三言」（さんげん）と総称される三種類の短編白話小説集などを次々と世に送り出してヒットさせた。余象斗（よしょうと）は福建で俗書を多種大量に出版し小説も書いた。彼らは、本文に批評を書き加えたり評価を示す点を打ったりして自らの見識を示すと同時に、拡大する読者のために読みやすくしたテキストを出版した。毛晋（もうしん）が自分の蔵書から印行した多くの古典文献は校勘が精確、印刷も美しいことで高く評価されたし、多数の書物を編纂した陳継儒（ちんけいじゅ）は自分の蔵書から選んだ書物をまとめて叢書『秘笈』（ひきゅう）シリーズとして刊行した際に自分の編著書もその一部として出版している。このように、書商に協力して共同出版する者もいれば、積極的に知識人との交遊を求め、序文や評点（本文の枠外や行間への書き込みや傍点など）を付けてもらって出版物の価値を高めようとする書商もいて、持ちつ持たれつの関係が見られる。

　商品としての書物には廉価版から豪華版までさまざまなものがあった。大量に速く安く出版するために、フォントには細い横線と太い縦線の組み合わせの明朝体（当時は匠体字と呼んだ）が生み出され、糸でかがるだけで完成する線装が普及した。豪華版には上等の紙を用い凝った装丁のもの、宋版などに倣った古雅な文字、朱墨から五色までの多色刷りなど、さまざまな差別化がはかられたが、その最たるものは絵入本だろう。絵を印刷に付す歴史は長く、敦煌で発見された「金剛経」にも扉絵に釈迦説法図が付されている。宋から元へと坊刻本が増えていく間には、巻頭に各種の図を付した経書など、あるいは挿絵を用いた譜録類や日用類書などが次々と出版されていたが、明代ではさらに、フォトブックのように絵と詩を組み合わせた詩集、歴代の有名人の肖像に賛をそえた書物などの上品

なものから、妓女をその肖像とともにランキングした書物、商品広告を兼ねた譜録、当地の観光案内的版画集など、あらゆる方面の書物に図像が挿入された。「全相平話」同様に上図下文の小説もあったが、明の芝居や小説には、ライトノベルのように、折々に一葉の、すなわち画面の大きな精刻の版画が好んで挿入された。人気のイラストレーターならぬ版画家は絵に署名を添えている。こうした書物の価格は安くはなかったが、知識人や商人たちに好まれた。絵は本来画工（職業画家、挿絵職人）が担当したが、文人画家にも原画を提供する者が出た。さらに刊刻を担当する刻工にも特化が起こった。人気を博した文人画家陳洪綬の場合、刻工も黄君倩・子立父子や項南洲といった特定の職人と組んでいる。現在では万暦年間の版画は歴代最高と評価されている。しかしながら、このように新しい本を企画するのは手間ひまのかかることであったから、一度使った版木を売買したり、ほかの本と組み合わせて新たな叢書に使い回したりすることも行われた。当然のことながら、営利出版が隆盛を極めるようになると出版業者同士の争いも激しくなった。宋ではまだ自分の作品への権利意識は薄いが、明には強く意識された。無断出版（著作権侵害）のみならず、翻刻（いわゆる海賊版、版権侵害）するものも出現し、「坊禁（書籍業界の禁令）」が定められた。それでもなくなることはなく、翻刻禁止の事前警告や役所に出版登録したうえで告訴し処罰を請うこともあった。

　では、できあがった冊子はどのように売られたのだろうか。明の万暦年間の都市には書店街が形成され各種の専門店もあった。古い習慣のまま寺廟などに立つ定期市には書物を並べる一角もあったし、現在のオンデマンド出版のように、本を携えて客を訪ねては注文をとって一定の部数に達すると再版して届けることも行われた。江南地方では張り巡らされた水路を利用して「書船」という移動書店が回った。蔵書家も現れた。宋ではまだ鈔写して自家に備えることが少なくなかったが、明には購入によって収集することが一般的になった。経済力があれば書店の協力を得て蔵書することは容易になったから、蔵書量を誇るだけではなくその内容が問題とされた。特に宋元版に代表される印刷初期の書物はその稀少性とあいまって高額となり、それらを所有していることが蔵書家のステータスとなっていく。なお流通の最終段階として、廃棄された本は古紙業者によって回収され、再び紙へとリサイクルされた。

　その早期には定本を定め正統を提示しようとした印刷は、明末には多様な読者の要求に答えて多様かつ大量の書物を送り出した。もちろん広い中国のどの地域

でも同じように書物を手にとることができたわけではないだろう。しかしビラやポスターなどの印刷物を通じて広がる為政者に関するうわさ話や批判、宝巻や善書などの宗教的道徳教育の冊子、健康志向や趣味に応える書物、あるいは譜匠が作成する家譜（家の世系の記録）など、各種各様の印刷物は、上層の知識人に閉じられていた文字の世界、情報を、より多くの人々に開放し、社会の価値観や有様そのものまで変えようとしていたと言えるだろう。

●文献世界を把握する

　印本の急増によって文献世界は膨張を続け、その全体を把握することは困難になった。それはコントローラーの重要性がいよいよ増したことを意味する。

語彙辞書　文献世界を見渡すことのできる方法としてつくられたものの一つに辞書がある。印刷の初めから辞書が親しい関係にあったことはすでに述べた。詩文の作成には、韻字（韻母の発音）によって文字が分類配列された音引き辞書である韻書が使用された。この機械的だが知識人には親しいスタイルは印本の成長とともにさまざまに応用され、元には、姓を韻によって配列し著名人の略伝や婚姻関係などを載せた一種の人名辞典である『排韻増広氏族大全』や、従来の辞書における語義の定義のほか用例をも広く集録した『古今韻会挙要』のような、韻引き類書とも言える書物が用いられた。これと表裏をなすように、類書の分門に従いながら、実際には語彙を提示することに眼目がある『古今合璧事類備要』や『詩学大成』などの詩文作成用類書も流行した。こうした辞書の特徴は、編者による定義や解説が一切なされないことである。すなわち先行文献の用例だけが並べられ読者に示される。語彙辞書の集大成として影響力が大きい『佩文韻府』を例に確認してみよう。

　『佩文韻府』は清の康熙帝の命により編纂された。体例は元・陰時夫『韻府群玉』にならい、経史子集の四部の書物から選出した2字3字4字の熟語を、末尾の字の韻によって配列し、さらにその出典を注記する。平水韻にしたがって毎韻一巻とし全106巻。作詩の際には押韻がまず問題となるので、韻は往時にあっては必ず覚えるべきものであったから、末尾字の韻による配列は検索に便利だった。各文字の構成は次のようになっている。

　　東、德紅切、春方也。漢書少陽在―方―動也、從日在木中會意也。禮記大明生於―。又姓陶潛、聖賢羣輔錄舜友―不訾。

　　韻藻 南東、詩、――其畝、李孝先詩、余其歸老分沂之――、邵寶詩、楚帆

連日阻――。**自東**、詩、我來――又自西――。
（中略）**有文者東**、漢書、尹翁歸傳田延年爲河東
守行縣至平陽召故吏令――――有武者西閼數十人
翁歸獨中立曰翁歸文武兼備唯所施設。

增 震東、易、――方也。漢書、震在於東方爲春
爲木。朱子、――兌西。（中略）

對語 渭北江東、日下天東、（中略）牀上下屋西東、
三島外五湖東、（中略） 摘句 力障百川東光升必自
東。（以下略）

図1-7　『佩文韻府』
（©國學大師）

　初めに韻字「東」の発音が反切（漢字による発音の
指示）「德紅切」によって示され、その下には、「漢
書」や「礼記」など先行文献における語義の定義が集
められている。次に「韻藻」として2字、3字、4字
の順に語彙が示されるが、これは編纂時に参照した
『韻府群玉』および明・凌稚隆『五車韻瑞』に見える
語彙である。それぞれの語彙の下には先行文献の用例が、出典とともに示されて
いる。この繰り返しで3字句、4字句と進み、4字句の最後に「有文者東」とこ
の語彙を含む『漢書』の文章が置かれている。さらに「増」として『佩文韻府』
編纂時に増補した語彙が「震東」以下、同様に示される。末尾に「対語」として
末字に「東」字を置く2字句3字句の例句が、「摘句」には同様に5字句7字句
が並べられる。

　語彙の下に示された先行文献の書名と用例とは、膨大な文献世界から選りすぐ
られたものである。ある言葉がどの古典文献のどのような行文の間に置かれてい
るか、言葉の価値はそこに求められると考えられている。ただしその文脈をたど
ることはできない。またここに収録された先行文献は詩詞文から選ばれており、
通俗小説をはじめとする俗文学は含まれない。中国の文献世界があくまでも経書
を中心とするものであり、知識人のものであることを主張していると考えられる。

文献総全集　類書や語彙辞書といったダイジェスト形式に対して、複数の書物・
著作を本文をまるごと特定の方針に基づいてセットとして編集刊行する「叢書」
は、印刷の本格化とともに始まる。その初めとされる13世紀初、宋・兪鼎孫、
兪経の『儒学警悟』40巻は、『石林燕語弁』以下、宋代の制度や人物の話題を載
せる書物が全部で6種類集められて、各書の書名と巻数を残すと同時に、叢書

としての書名と巻数とをもっている。さらによく知られるのはこれに 70 年遅れる宋・左圭『百川学海』177 巻で、陸羽の『茶経』以下飲食や園芸、書画詩文など、その名のとおり 100 種の書物を 10 集に分けて収録し、叢書の祖とされる。明に至ると叢書の刊行はいよいよ盛んとなり、先に述べた陳継儒は経史子集のすべてにわたる叢書を出版した。経書など類を決めて専門的に集めたもの、古書や古書の佚文を集めて刊刻したもの、人物や地縁血縁によるものなど、編集方針のはっきりしたものも多く、読者は関心に沿う叢書を見つけることで効率的に情報を得ることができる。こうした叢書の、近代以前における最大のものが、清の乾隆帝の勅命による「四庫全書」である。

「四庫全書」は中国古典の総枠を提示することを目指したもので、そのほかの叢書とは一線を画している。このために設置された四庫全書館には全国各地から書物が集められ、その中から約 3,500 種が選出された。一方でこのとき禁書と認定されたものも約 3,000 種にのぼる。小説類は収録されず、反清の立場をとった人々の著作や低俗な小説戯曲、あやしげな占いの本などは禁書に入れられた。すなわち古典文献として尊重するに足る書物の選抜が行われたのである。

著録されることとなった総数 17 万巻余の書物はすべて鈔録されたうえで経史子集の 4 部に分類され、それぞれに緑、紅、藍、灰の表紙を付け、各書物の前に「書前提要」と呼ばれる解題を付し 7 部筆写された。そして紫禁城内の文淵閣に正本を収蔵し、副本 3 部は三つの離宮すなわち奉天（瀋陽市）の文溯閣、北京円明園の文源閣、熱河（承徳市）の文津閣に収められた。さらに江南の三大都市、揚州に文匯閣、鎮江に文宗閣、杭州に文瀾閣を建ててそれぞれ副本 1 部を収蔵し、これらは一般の閲覧が許された。加えて、四庫全書に収録された書物は「著録」、収録されず名目だけとどめた書物は「存目」とし、紀昀（1724-1805）が執筆した解題『四庫全書総目提要』200 巻が編まれた。また「存目」と撰者の伝記を除くなどした『四庫全書簡明目録』20 巻も別に編まれた。それ自体が巨大な文献全集であり、さらに古典文献の枠組みとその中における各書物の位置とを提要によって示した一つの有機的な文献として「四庫全書」はある。これは清の皇帝が認める古典世界をつくり出し、かつ皇帝がその中心にあってコントロールしようという意図を、紫禁城を中心に、空間的にさえ具現化した事業とみなすことができる。ただし、あまりにも巨大な文献総全集であり、印行することはできなかった。それでも清朝知識人の頭の中には皇帝を中心とする文献世界が植え付けられた。清朝に明末のような華々しい出版の展開が見られないの

は、この中に閉じ込められたためかもしれない。なお、これに類する次の文献総全集の出版は中華民国になってからのことで、商務印書館が写真印刷によって経史子集の320種あまりを『四部叢刊』として刊行し、続編、三編と続刊した。またこれに対して中華書局が活字印刷によって刊行した『四部備要』も約350種の文献総全集である。しかしそれらはいずれも四庫全書の規模には及ばない。

印刷に関わる文化史　印刷の発明による書物をめぐる文化の変化を概観しておきたい。第一に、書籍は世の中に大量に出回る商品となった。科挙に応じる教養を有する読書人が、都市でも地方社会においても、著作者としても読者としても、その中心ではある。ただし書籍の流通は、科挙を志向しない文人を生み、その周縁にある識字層は拡大を続け、女性を含む民衆を巻き込んで経書世界からはみ出す大量の文献を生み出した。人はものを書く時、政治的、社会的な文章であるか否かを問わず、印刷する（もしくはされる）ことを念頭に執筆し編集せざるを得なくなった。第二に、書籍に記録媒体としての精確さを追求し、定本という概念を生み出し、校勘学や考証学、版本学などの学問が発展した。一方で表現媒体として、著作者は自分の著作物を確定保存することに自覚的に努力するようになり、権利意識を持つようになった。しかし、著作物は、世に出れば読者のものである。読者からすれば、出版物によってもたらされる多量の情報から自分に必要なことを選び取り或いは整理する必要性は増すばかりである。一つのフレーズに情報集約する方法として集注や合刻が生れ、一つの書物に情報を再編成する方法として辞書や譜録などが編まれた。叢書を読めば関連情報を得ることができる。膨れ上がった文献世界をいかにコントロールするかは、政治に関与する人々にとっても困難な課題となった。その一つの解決が「四庫全書」による皇帝のための中国古典世界の枠組みづくりに示されたのだとすれば、皇帝がいなくなった近代以後の中国はどのような解決を目指すことになったのだろう。製版印刷から活版印刷へと、メディアも交替していったのである。　　　　　　　　［松尾肇子］

【写真を見られる Web サイト】
日用類書：http://www.ic.daito.ac.jp/~oukodou/kosyo/kosyo-97.html
套印本：http://www.ic.daito.ac.jp/~oukodou/kosyo/kosyo-3.html
小説の絵：http://www.ic.daito.ac.jp/~oukodou/kosyo/kosyo-72.html
4色の四庫全書の装丁：故宮博物院：
　　https://www.npm.gov.tw/ja/article.aspx?sno=04001076
四庫提要：全國漢籍データベース四庫提要：
　　http://kanji.zinbun.kyoto-u.ac.jp/db-machine/ShikoTeiyo/

4　朝鮮出版文化の始まりとその展開：朝鮮の書物史

●古代三国（前57〜686）と統一新羅（677〜935）

　朝鮮は東アジアにおいて中国の深い文化的影響下に、中国に次いで高い文化の華を咲かせた国である。すでに紀元前108年に前漢武帝によって朝鮮に楽浪郡などの四郡が置かれ、漢文化の影響下にあった。楽浪郡の中心があった平壌（ピョンヤン）からは漢文化と同質の遺物が出土しており、紀元前45年ごろ写の竹簡『論語』の一部も近年発見されている。その後紀元前37年ごろにこの地にツングース系の民族が住み着き、高句麗を建てた。ほぼ同じころ朝鮮半島南部の西側に百済、東側に新羅が建国した。この内高句麗は陸続きの中国北方から、百済は海を隔てて中国南方から影響を受け、新羅は文化的には後進国であった。高句麗には372年に前秦の順道によって、百済には384年に東晋からそれぞれに仏教が伝えられ、新羅では伝来に諸説があるが、528年に仏教が公認された。仏教伝来とは単なる思想の伝来のみを意味するのではなく、石刻・木彫・鋳造・建築・製紙・製墨・絵画・絵の具等々の文化複合の伝来を意味する。これら三国では儒教や漢学を古くから受容したが、その中でも高句麗が楽浪の文化を継承して最も早くから栄え、五経や『史記』『前後漢書』『玉篇』『字林』『文選』などが読まれ、国史『留記』『新集』が編纂されている。百済も文化が栄え、552年（あるいは538年）に日本に仏教を伝え、日本から王仁博士が招かれるなど、最も関係が深かった。375年には国史『書記』が編纂されているが、『日本書紀』との書名の類似が指摘されている。新羅は唐の力を借りてほかの二国を滅ぼして677年に朝鮮半島を統一する（統一新羅）や、積極的に唐文化を取り入れ、682年には「国学」を設け、五経や『文選』が学ばれた。唐へ留学生を多く送り、文物の受容に努めた。崔致遠は唐の科挙に登第して文名を馳せ、僧義湘は華厳宗を修めて重んじられるなど、活躍した者も多かった。新羅は儒・仏・道経を受け入れたが、とりわけ仏教が盛んであった。日本は留学僧を送り、新羅の仏典などの文物が多くもたらされ、その一部は正倉院に伝存する。

　洋の東西を問わず、古代文物で現在にも伝わるのは、ほとんど宗教関係である。日本の奈良時代の古写経は2,000点を超えるというが、ほぼ同時代の統一新羅時代の古写経は、せいぜい10点以内である。日本に多く伝わる奈良時代の仏典のなかに、古代朝鮮の写経が混在する可能性については昔から言われていた

が、その証拠が探し出せな
かった。近年山本信吉氏は
正倉院所蔵『大方広仏華厳
経』が新羅写経であること
を指摘され、さらにその後
小林芳規博士等によって東
大寺所蔵の僚巻『大方広仏
華厳経』残巻が、新羅伝来

図1-8 『無垢浄光大陀羅尼経』

物であることが確認された。というのは、その本文の右傍に角筆によって、新羅
語の助詞「叱」（の）・「良」（で）などが書き込まれているからである。大谷大学
所蔵『判比量論』も新羅経である可能性がある。また新羅僧撰述仏典は、現在本
国ではほとんど伝わらないが、日本では奈良から鎌倉時代にかけて写本で伝えら
れ、中には江戸時代になって出版されたものもある。

　木版印刷は隋から唐初に始まったと言われるが、中国の年代の確実な現存書は
大英図書館所蔵『金剛般若波羅蜜経』（868）であり、日本の「百万塔陀羅尼」
（770）が最も古いとされてきた。ところが1966年に新羅の古都慶州仏国寺の釈
迦塔から木版『無垢浄光大陀羅尼経』（図1-8）が発見された。仏国寺は751年
創建で、そのときには納塔されていたはずなので、8世紀前半の刷り物とみなし
え、世界で最も古い現存木版印刷物となっている。しかし最近塔内から同時に発
見されていた文書が解読され、同経が高麗時代の1038年に納塔された可能性が
生じている。

●高麗時代（918～1392）

　新羅を滅ぼした高麗王朝は開城に都した。宋の諸制度に倣って国を整え、儒教
によって国を治め、958（光宗9）年には科挙を実施した。しかし前代に引き続
き仏教は盛んであり、国王が深く帰依し、法会を設けたり、寺院に土地を寄進し
たため、それが高麗滅亡の遠因の一つとなった。14世紀初には朱子学がもたら
され、次第に勢力を増していく。

　高麗は宋ときわめて親密な関係にあり、宋帝から『太平御覧』『文苑英華』『冊
府元亀』など大部な書をしばしば賜り、また蘇軾（1036-1101）が高麗人の旺盛
な書籍購入を制限せんとして上奏したことがあるほどで、宮廷の書庫は善本で満
ちていた。1091（宣宗8）年には宋から佚存書を求められるほどであった。

しかし高麗は対外的には多くの困難を経なければならなかった。契丹（遼）は1011（顕宗2）年に首都開城に攻め入り、高麗は1022（顕宗13）年に遼に降った。高麗は宋と遼の間で微妙な舵取りを迫られた。さらに1231（高宗18）年からはモンゴルの侵略が始まり、その後は元に服属して王室は元の皇室と姻戚関係を結ぶこととなり、元との関係はきわめて密接なものになった。

　高麗の中国書蒐集意欲は強かった。1027（顕宗18）年には江南の商人が597巻を献上し、また1314（忠粛王元）年6月には江南から書籍1万800巻を購入している。さらに同年7月には元からかつて宋の秘閣にあった書籍1万7,000巻4,371冊を賜っている。高麗王朝の多量の宋版は朝鮮王朝に伝えられたはずであるが、今日宋版は皆無に等しい状況である。

　高麗時代には官版や寺利版等が多く出版されていたはずであるが、その書名の伝わることも少なく、また高麗版の伝存も稀である。高麗の出版物として有名なのは、「大蔵経」である。宋は983（太宗太平興国8）年に初めて木版で「大蔵経」を刻成したが、これが開宝勅版「大蔵経」と言われるもので、直後の989（成宗8）年に高麗に賜っている。その後幾度も下賜されている。また遼は自国の書を海外へもたらすものは死罪としていたが、高麗だけは別格であった。高麗は1062（文宗16）年に刊行間もない「契丹大蔵経」を得たが、その後幾度も与えられている。高麗は1011（顕宗2）年契丹の侵略時、仏力によってその退散を願って「大蔵経」の刊行をはかり、開宝勅版を底本として1087（宣宗4）年に完成させたと考えられる。ところがこの版木はモンゴル軍の侵略とともに焼き払われ、今回もモンゴル軍の退散を念じて、前回の「大蔵経」（初雕、図1-9）を底本にして、契丹大蔵経を校訂に用いつつ刻版を開始し、15年をかけて1251（高宗38）年に完成した（再雕）。開宝勅版および初雕本はほとんど散逸したため、世界の仏教研究はこの再雕本によって進められてきた。しかしこの開宝勅版は南方に伝わった仏典で、日本には北方の唐代長安から直接もたらされた大蔵経が写本で伝わっている。日本伝本の方が古くかつ正統であるとして、現在日本古写本の発掘と研究が進められている。また高麗の王子で仏教に帰依し、朝鮮天台宗の開祖となった大覚国師義天（1055-1101）が、宋・遼や国内で集めた仏典の注釈書を集大成した「教蔵」（続蔵経）（1091？-1101）がある。義天は日本にも書を寄せて、日本僧の注釈書を求めている。『新編諸宗教蔵総録』3巻がその目録で、1,010部4,857巻が収録されているが、実際にどれだけ出版されたかわからない。初雕本は残本が韓国よりはるかに多く日本に伝わり、また再雕本は日本

からしばしば朝鮮に要請したこともあって、増上寺・高野山やその他に完本あるいは残本が伝わるが、本国にはかえって完本は伝存しない。教蔵も若干日本に伝わるが、日本での写本や重刊本がある。日本に高麗大蔵経が多く伝わることは、室町時代の両国交渉の頻繁さを物語る。

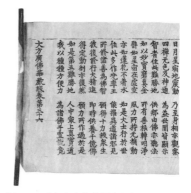

図1-9 『大方広仏華厳経』巻36（初雕）

ところで高麗の出版文化として特筆すべきものに、金属活字印刷がある。そもそも活字印刷の濫觴は中国にある。宋人沈括『夢渓筆談』に、畢昇なる人物が慶暦年間（1041～1048）に「膠泥活字」をつくり、鉄板の上に敷き詰めて印刷したという。「膠泥」が何を指すのか明らかではないが、粘土のようなものと考えられている。その後元人王禎はその著『農書』（1313）で陶活字・錫活字・木活字について触れ、自身がつくらせた6万あまりの木活字で1か月足らずで『旌徳県志』百部を完成したと記している。高麗の文人李奎報『東国李相国集』後集巻十一によれば、『古今詳定礼文』50巻28部を江華島で鋳字を用いて印刷したという。「鋳字」とは、「鋳造した文字」、すなわち金属活字を意味する。

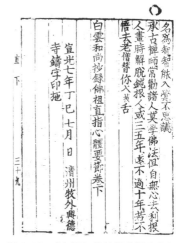

図1-10 『白雲和尚抄録仏祖直指心体要節』巻下（1377）

その印刷時期は、高麗がモンゴル軍の侵略によって江華島に遷都した1232年から、李奎報の没年1241年の間にあると考えられる。本書は伝存しないが、1972年にパリにあるフランス国立図書館から、巻末に「宣光七年丁巳七月　日　清州牧外興徳／寺鋳字印施」なる刊記のある『白雲和尚抄録仏祖直指心体要節』巻下（図1-10）の1冊が見つかった。この刊記によって、1377（宣光7）年7月に忠清道清州牧の外にある興徳寺で鋳字、すなわち金属活字で印出されたことがわかる。これは現存世界最古の金属活字印刷物で、ドイツのグーテンベルクの印刷よりも70年あまり先んじる。さらに高麗時代木版本の後刷と見られる『南明泉和尚頌証道歌』巻末の1239（高宗26）

図1-11　高麗銅活字（表・裏・下側面）

年刊語には、本書の失伝を恐れて鋳字本を重彫したとある。この木版本には活字本の特徴である、文字間にやや広い間隔があり、また文字が歪むことなどが見受けられる。おそらく底本となった金属活字本は1200年前後に出版されたと推量される。そして驚くべきことに、最近この活字本に用いられた銅活字（図1-11）が、高麗の首都開城から発見されている。高麗の金属活字が高麗において考案されたのか、否やについては判然としない。しかし宋本や元本が多量に高麗に蓄積されていたことからすれば、中国の影響を受けた可能性も高いと言えよう。

●朝鮮時代（1392〜1910）

　高麗を滅ぼして朝鮮王朝が興ったが、朱子学を国是として、仏教を重んじなかった。前代に引き続き科挙体制を堅持し、朱子学に基づいた儒教国家を樹立するために諸制度を整備した。他方儒学興隆と官僚養成のために、国初から四部の書や朱子学に基づく書籍の出版に努めた。七代王である世祖（在位1455-1468）までは、国王は仏教を信奉し、政府から仏書を刊行することもあったが、その後はなくなった。寺刹は都邑から追われ、郊外や深山に移った。しかも座禅を中心とする禅宗になった。寺刹は高麗時代のように、国や官僚からの援助を受けられなくなり、経済的基盤を大きく失った。しかし民間には仏教信者は多く、それらによって支えられた。

　さて朝鮮の印刷形態は、大きく中央および地方の役所で刊行の官版、寺刹で刊行の寺刹版、個人宅で刊行の私家版、碩学を奉祀した書院版、営利出版の坊刻本に分けられる。印刷方法は、基本的には木版本である。しかししばしば朝鮮は活字印刷の国と言われる。それは官僚の研学や養成に必要な書は中央政府の校書館や奎章閣で刊行されるが、そのほとんどが金属活字印本であり、それらが研究者の目を引くためである。校書館でも多部数を印刷する場合には木版を用い、また地方の役所では木版印刷だけである。金属活字は費用や技術上の問題から、中央政府以外では用いられない。金属活字本は朝鮮で出版された書籍全体から見れば、ほんのわずかである。寺刹版は、高麗時代と違って寺に経済力がないため、信者の寄進で刊行された。そのため仏書の巻末には、刊時・刊地・刊行寺刹名・

寄進者名・刻手名などの記されることが多い。ちなみに朝鮮の刻手の多くは僧侶であり、刻版の賃金を得て寺刹運営の一助としていたようである。自分の所属する寺刹で仏書を版刻する場合には、「功徳刀」などと賃金を受け取らぬこともあった。私家版は、同族が集まって著名な先祖の詩文集や族譜などを刊行するもので、廻状を回して刊行費を募るが、貧族の場合は資金が集まらない。その場合には中心となる人物、多くは宗孫であるが、田畑を売り払っても資金を工面することになる。私家版は先祖の偉業を顕彰し、またほかの氏族に誇るものであり、「孝」の実現でもある。宗族に配布するのが中心であるため、数十部からせいぜい100部程度を印刷する。少部数の印刷には経費が少なく、また日数も少なくてすむため、木活字の使用が多かった。書院版は、碩学が平生研学しまた講学した所によって、子孫や門弟たちが碩学の遺著や儒学関係書・入門書を刊行するものである。坊刻本は書肆の営利出版であるが、その実態は明らかではない。16世紀後半にその萌芽らしきものが確認されるが、購買人口寡少のため振るわず、19世紀になってやっと本格的になる。日本が17世紀前半から隆盛に向かい、婦女子向けの絵入り本や小説類、種々の実用書、浮世絵等がもて囃されたのとは対照的である。

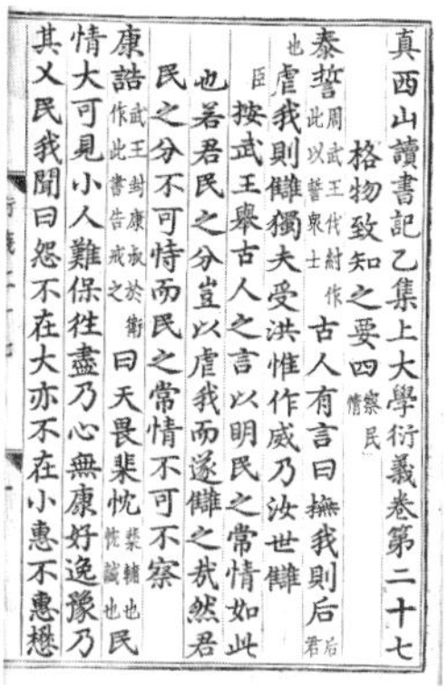
真西山讀書記乙集上大學衍義卷第二十七
格物致知之要四 察民情
泰誓周武王伐紂作此以誓衆士 古人有言曰撫我則后后君
也 虐我則讎獨夫受洪惟作威乃汝世讎
臣按武王舉古人之言以明民之常情如此
也若君民之分豈以虐我而遂讎之哉然君
民之分不可恃而民之常情不可不察
康誥武王封康叔於衛作此書告戒之 曰天畏棐忱棐輔也忱誠也民
情大可見小人難保往盡乃心無康好逸豫乃
其乂民我聞曰怨不在大亦不在小惠不惠懋

図1-12　甲寅字（銅活字）本『真西山読書記乙集上大学衍義』巻27（1434）

朝鮮王朝も高麗時代の伝統を受け継ぎ、中央政府では金属活字印刷が盛んであった。朝鮮王朝に入って最初に鋳造されたのは、1403（太宗3）年に鋳造された癸未字で、この活字で刷られた書の巻末に、太宗が「朝鮮は海外にあって、中国書の至るのは稀である。木版は刓缺（わんけつ）しやすく、その上天下の書をすべて印刷しがたい。私は銅で活字をつくり、書が得られるごとに必ず印刷し、広布しよう。」と述べる「鋳字跋」があり、太宗の決意が述べられている。この祖訓が歴代継承され、国末までに30余種の金属活字が鋳造されている。活字の素材はほとんどが銅で、次に鉄、ほかに鉛・真鍮がある。国初はその字体は中国書から取られ、次第に朝鮮人能筆の字体を取ることになる。これら多種の活字がなぜつくられたか、その理由はすべてについて明らかではないが、例えば字体が悪い、大部の書を経済的に印刷するために小字が必要、などがある。活字によって使用期間の長短がある。そのなかでも1434（世宗16）年に鋳造された甲寅字（図1-12）は

図1-13 駿河銅活字本『羣書治要』（1616）

字体も精緻かつ美麗なため、同じ字体で幾度も鋳造しなおされて450年ほども使い続けられた。朝鮮王朝の印刷技術はきわめて高く、多種の書を次々印刷したが、一書について大体100部までで、その内国王に2部、臣下に80部、ほかは図書館や地方の役所に送った。朝鮮で特徴的なことは、臣下に書を賜ることが制度として国初からあり、また地方に普及させたい書は中央で校正を厳密に施した上、地方の役所に送り、それを覆刻させることによって全国に同一のテキストを普及させたことである。豊臣秀吉が1592〜1597（宣祖25〜30）年にかけて朝鮮に侵略したとき、多くの朝鮮本を略奪し、また朝鮮活字印刷術をもたらしたため、その影響を受けて日本では慶長から寛永にかけて一時的に木活字印刷が盛行した。しかし17世紀前半から次第に購読層が増え、書籍の需要が高まると、活字印刷では需要を充たしえず、多量印刷と後印の可能な以前の木版印刷に回帰した。日本では朝鮮に倣いながらも銅活字鋳造は技術的に困難であるため、木版印刷の延長上にある木活字が用いられた。ただ徳川家康による駿河版活字だけが銅活字で、『大蔵一覧集』『羣書治要』（図1-13）などが印刷されているが、鋳造技術や印刷術は甚だ劣っている。

　以上朝鮮は中国に次ぐ文化国家として出版文化の花を咲かせたが、その対象は官僚や読書人等の支配階級が対象で、庶民を対象とする出版は振わなかった。金属活字印刷はすでに1200年ごろには行われていたようで、1377年刊の現存世界最古の金属活字印刷書が伝存する。朝鮮王朝時中央官庁では30余種の金属活字を鋳造し、きわめて高度な印刷技術を駆使した。朝鮮刊本には中国本を底本としたものが多く、その中には中国逸書や現存本とは系統の異なる版本を保つことがある。また日本には古代から引き続き朝鮮本が伝えられ、特に豊臣秀吉時には多量の朝鮮本がもたらされた。江戸初期には朝鮮本を底本として多くの書が出版されており、日本の学問・学術に多大な影響を与えた。したがって朝鮮本の研究は、中国学や日本学に資す所がきわめて大きいと言える。　　　　　　［藤本幸夫］

漢籍を求めて日本へ

　百済の王仁（和邇吉師）が『論語』と『千字文』とを応神天皇に献上して以来日本にもたらされた漢籍はどれほどあっただろうか。9世紀の『日本国見在書目』には漢籍約1,580部を載せる。その後も遣唐使や修行僧がもち帰った漢籍、書商により輸入された漢籍、また日本国内で伝写されたり刊行されたりした漢籍の数々は、今も全国各地に所蔵されている。その中には経部の『古文孝経』から小説の『遊仙窟』まで各種の貴重な書物が含まれている。日本人自身も早くからそのことに気づいており、江戸時代後期には狩谷棭斎らによる善本の調査研究が進められたし、日本に伝存する漢籍16種を蒐集出版した林述斎の『佚存叢書』は中国へ渡って出版されてもいる。

　遠い日本に佚書が伝わっているとの伝説は中国でも早くからあったが、中国人の訪日調査は明治時代に始まる。駐日公使の随員として来日した楊守敬は、棭斎の弟子にあたる渋江抽斎や森立之らによって編まれた日本伝存漢籍善本の解題目録『経籍訪古志』を見て驚き、彼らの協力を得て多数の漢籍を買い求めた。古書の価格はそのために急騰したという。そして東京において公使の黎庶昌とともに26種を覆刻して『古逸叢書』を出版し、帰国後『日本訪書志』16巻を著した。

　1911年辛亥革命により亡命した羅振玉は、内藤湖南らの協力を得て日本滞在中に唐鈔本や旧鈔本をはじめ貴重書を次々と出版した。また明治35年来司法関係の調査等にたびたび来日した董康は、古典籍の愛好家としても有名である。来日期間には島田翰や内藤湖南、神田喜一郎、狩野直喜、長沢規矩也らの学者、また文求堂主人田中慶太郎らの協力を得て、敦煌文書や小説戯曲を含む孤本・善本を博捜し校勘鈔写に励んだ。その次第と実見した典籍の数々とは彼の日記『書舶庸譚』に詳しい。彼もまた伝本の稀な古典籍を刊行し、京都の小林忠治郎に託して『文館詞林』『劉夢得文集』などのコロタイプ版による覆製も出版した。中華民国では俗文学再評価の機運が高まり、昭和6年には長沢規矩也の編んだ小説目録を見た孫楷第が調査のため来日した。到着した9月18日の夜、柳条湖事件が勃発。多数の留学生が帰国するなか、長沢の全面的な協力を得て2か月間の調査を敢行した孫は『日本東京所見小説書目』を著した。

　近年、中国では佚存書研究を含む域外文献研究と呼ばれる分野が盛んで、日本をはじめ、韓国・ベトナムなど諸外国へも多数の中国人学者が赴いている。そして現代の『古逸叢書』とも言うべき叢書の出版が続いており、日本人が見過ごしていた和刻本の善本が紹介されてもいる。先人に見るとおり、こうした活動は日中の研究者の協力がなくてはできない。書物を愛好する人々のつながりは現在に続いている。

[松尾肇子]

社会的ステータスと蔵書文化：中国と日本

蔵書の歴史は長い。

中国では、木版印刷が開始される以前は、王朝が最大の蒐集家で、隋や唐の朝廷には歴代の書籍が揃えられていた。個人でも財力のある者は、朝廷には及ばぬものの、今日風に言えば、2トン車数台分の蔵書を誇った。そのとばっちりは牛にも及び、「汗牛充棟」という蔵書が多いことを指す成語も生まれた。

宋王朝が建国され、国家が木版印刷を主導すると、知の総体としての書籍のコレクションは、それ自体が教養を示すとみなされ、士大夫という文字文化を担う人々の憧憬となり、現在に到るまで多くのコレクターを誕生させた。

日本でも、豊臣政権に参集した戦国大名らは、地位にふさわしい書籍の蒐集に奔走し、珍しい漢籍や日本の古写本を手に入れようとした。徳川家康、前田綱紀、上杉景勝などの大名家は、家柄を裏打ちするものを、家系図のほかに、蔵書にも求めた。

ところが、明治維新を経て、大名家が旧家となると、それらの書籍の多くは処分され、ついには市場を賑わせる商品と化した。これに眼をつけたのは新興財閥と学者たちで、競うようにして自己の蔵書としていった。狩野亨吉、内藤湖南らの学者、評論家の徳富蘇峰などは、書籍のもつ文化史的役割や資料的価値を重要視して蒐集したのであろうが、中国の士大夫が抱いていた蔵書家たることへの憧憬の念も受け継いでいたと思われる。

これに対して、薩長の武士であった人々や、三菱財閥の岩崎家、三井財閥の三井家、大倉財閥の大倉家などは、江戸時代は士分か商人であって、身分は大名家に及ばなかったが、明治になると、華族となり、夫人も旧大名家から迎えることもあった。地位や名声が高くなれば、文化に対する貢献にも心が赴き、古今東西の書籍や文化財を、時代の覇者として集めることになる。長州出身の鳥居得庵は高山寺伝来の古本を集め、岩崎弥之助らは中国の蔵書家である陸心源のコレクションを購入した。

現在、明治の人々が集めた蔵書は、震災や戦火、経済や社会の変容を受けて散逸したものも少なくないが、今なお、かなりの蔵書が特殊文庫の形で研究利用されるなど、社会に裨益している。同時に、蔵書がもつ社会的ステータスは、物質とは別の価値観、いわばある種の精神的価値として崇められている。前田家の尊経閣文庫、岩崎家の東洋文庫・静嘉堂文庫などの名称を耳にするとき、「さすが名家であればこそ」などと口にするのはその表れでもあろう。

中国大陸の富裕層にも、公共図書館の充実と知識獲得媒体の多様化、一方では、稀覯本の骨董的高騰などによってその数こそ多くはないが、古典籍に眼がない人がいると聞く。それも、かつての蔵書文化に由来するのであろう。　　　　　　［磯部祐子］

日本の書物史

1 日本の書物の始まり

●日本の書物の起源

　稗田阿礼の記憶を太安万侶が文字化して『古事記』が成立したという逸話に明確に記されるように、元来、日本には文字文献は存在せず、漢字の伝来によって、初めて音声や記憶を文字化することが可能になった。その際、漢字の音写機能を用いて大和言葉を記録すれば『古事記』『万葉集』となり、内容情報をそのまま、外来言語である漢文に移し替えれば『日本書紀』となる。漢字伝来以前の音声伝承や記憶を「書物の文化史」として取り上げたいところではあるが、実情としてほとんどデータがない。わずかに残るのは、「古事記成立譚」であり、古墳出土の鉄剣に記されたわずかな金象眼文字である。鉄剣上の文字や金印の文字は、コミュニケーション手段としてよりも器物そのものの権威に依存したものであり、ごく初期の漢字使用は、文法構造に従って論理や情報を保存・伝達するものではなく、一種の象徴的記号であったと考えられる。

●本格的文献の発生

　大陸との交流が盛んになり、あるいは帰化人の来朝によって中国文化が輸入される。文献としては『千字文』や『論語』などが最初に入ったとされる。しかしこれらについても、実物も実態も十分には知りえない。一方、仏教とともに多くの先端技術や仏典も渡来してきた。ここに至って日本の文献文化が本格的に始まった。以下では、日本の書物の文化史を、大きく二つの面から見ていく。紙面文字作成技術と装丁技術である。さらに前者は写本と刊本に分かれる。日本の書

物の文化史は、中国と朝鮮半島の強い影響下で始まったが、その後の移りゆきは、両地域の書物文化を視野に入れつつも、日本独自の発展を遂げてきた。本章でも、書物の文化史として、書物の内容ではなく、それを載せる媒体（＝メディア）に注目する。書物をめぐる知的文化状況の違いや、発信の戦略などは、内容よりも媒体に着

図2-1　西尾市岩瀬文庫の常設展示室

目することで、より鮮明に見えてくるに違いない。そこで本章の記述も、紙面や装丁の図版や写真を中心に記述していくこととする。外来の文献情報を、自分たちに利用しやすいように工夫してきた所に、ある意味、日本の書物文化の特色が見えると言ってもよい。その文化の特色は、紙面や装丁の図版や写真によってより容易に、かつ深く理解可能である。

　以下で紹介する写本、刊本、装丁のほとんどは、「古書の博物館」として知られる、愛知県西尾市岩瀬文庫で展示されている。常設展示室の一画（図2-1）に写真製版による実物大複製を開架しており、自由に手で触れることができる。さらにこの博物館では、古典籍の原本を閲覧室において手に取って見ることも可能だ。文字や判型の大きさ、装丁別の閲読の便不便など実際に体験できることは、書物の文化史理解の上で、裨益（ひえき）すること多大である。本章で掲出する図版の多くは、同館の展示物である。現今、電子情報の流通によって、過去に作成された書籍の多くが、電子書籍として閲覧することが可能になってきた。これは書物の内容の研究にとって大きな利便であるが、書物そのもの、あるいはその読み方や、読まれ方、利用のされ方などを考察するにあたっては、逆に過去の実情を理解しにくい状況となっている。この点に十分留意しなければならない。

2　本を書く：さまざまな写本

　印刷が普及する江戸時代初頭以前、書物は多く写本でつくられた。江戸時代になっても用途に応じて、刊本と平行して多くの写本がつくられた。明治時代以降は写本をつくることはどんどん少なくなり、現在に至っている。

●古典の写本

　古典の場合、ごく希な場合を除き、作者の自筆本・清書本は残っていない。わずかに鎌倉時代の公家・藤原定家の日記『明月記』がほぼ残存して国宝に指定されているのなどが知られるのみである。

　そして原本から転々と書写を重ねてつくられた後世の写本（図2-2）では、ほとんど必ずもとのテクスト（作品の本文）から変化したものになっ

図 2-2　校合の朱筆書き入れが見られる『枕草子』の写本

ている。著者の記した原型へさかのぼるためには、転写の有様を丁寧にたどりながら、テクストを比較検討していかなければならない。このような研究を本文批判、テクスト校訂と呼び、その際に「書誌学」の知見が大いに役立てられる。

　作者が完成させた本文の形にたどり着くためには、単に写本を集め、比較検討するだけでなく、写本そのものの来歴や系統を丁寧に詳しく研究していかなければならない。またその書物がほかの書物に引用されていないか、断片が本文から離れて所蔵されていないかなどのチェック作業も欠かせない。さらに文字が改変されているとき、その作為を行った人物の意図や文化的背景を考えることも重要である。校勘学や本文批判の目的は、乱れていると感じられる文章を単に読みやすくすることではない。能力の低い書写者が、自分の理解できるように、本来彫琢をきわめたものであった原文を、低俗でつまらぬものに変えてしまっている例も少なからずある。原初テクストの復元という作業は、きわめて高度の見識と、論理的で着実な作業が求められるのである。

　古典のテクストは、それをもつことが大きな権威であり、さらにそれを踏まえ

て学問の系統も分かれ、学統もテクストの分岐と一体となって展開していった。古典の研究・教育は、それを家伝来の学問（家学）とする家にほぼ固定していた。家学として古典を伝承している家では、古典の写本を代々受け継ぎ、家に伝来する「本」に、積み上げられた研究業績や講義記録が書き加えていった。その本の所有者こそが、学の継承者と認められた。現在のように、万人がテクストを共有して教育・研究がオープンに進められていたわけではなく、物理的媒体の所有が学問における権威ともリンクしていたのである。学問の存在様態が、現在のように情報の形ではなく、情報を載せるモノの形であったことは、書物の文化史を考える上で重視しなければならないポイントである。

●草稿本・自筆本

　作品が完成に至るまでの、作者の手になる原稿のことを草稿本という。古典類の草稿はほとんど失われたが、江戸時代のものは多少残っている。草稿には書き込みや訂正がしばしばあり、成立過程をうかがう資料として珍重される。現在でもそうであるが、刊本・印刷本は、同一のものが圧倒的に多数存在するために、普及の点で優位であり、それが内容の権威と結びつくことがあった。印刷された本に、理不尽な権威が付与される傾向がある。しかし作品は手書きで書き下ろされ、あるいは作者によって清書されて完成したのである。刊本は、刊行に際して、底本に必ずしも写本中の最善本を選んだわけではない。とりわけ営利出版の場合は、その選択はかなり杜撰であった。しかしこのことはまま閑却され、等し並に写本に対する刊本の優位が信じられる事態が発生した。草稿本・自筆本などのように、普及流布刊本以上に価値の高い写本が存在することに十分留意し、写本の価値を慎重に見極めていかなければならない。

●刊本の転写

　昔は書物が高価だったため手に入らないことが少なからずあり、そのような場合には、読者によって書写された。昔の人々の学問にかけた情熱や苦労がしのばれる。書写することは、必ず本文を読むことでもある。現在では普通に行われる、機械複写や、電子テクストのファイルコピーによって発生する、未読コピーとの違いを考えてみることも、書物の文化史としては興味深いテーマである。

　ところで、「写本」という姿は同じであっても、刊本に収斂する前の雑多ながらも豊富、そしてまれに原著につながる可能性をもった写本と、テクスト入手の

ために刊本から転写された写本の違いにも留意する必要がある。

●写本の絵本

室町時代末～江戸時代中ごろ、奈良
絵本と呼ばれる絵本がたくさんつくら
れた。御伽草子などの物語が彩色の挿
絵入で描かれている。これらは子供向

図2-3　奈良絵本『たいのや姫物語』

けというだけではなく、嫁入り道具の一つでもあった。書物は必ずしも、読み学
ぶためだけのものではない。工芸・装飾としての価値をもつものもあったことは
興味深い。書物の所有は、格好の知的ステイタスシンボルであった。大名家の嫁
入り道具として多くの源氏物語関係写本が作成されている（図2-3）。

●実録写本

江戸時代には、同時代に起こった事件や、豊臣家と徳川家の政争の顛末など
は、原則として出版が許されなかった。しかし、写本にして流布することは割合
自由に行われていた。それらの話題を脚色して読み物風にしたものである実録写
本が残っており、当時の人々が同時代の事件について盛んに知ろうとしていたこ
とがわかる。写本というメディアの、情報管理への抵抗力の高さは、書物の文化
史を考える上で重視すべき事柄である。

●日記・記録

日記や記録などは、昔の人の生活を知る上で欠かせない重要な資料である。ま
た宮廷に仕える公家は、自分自身および
子孫がさまざまな公務や儀式の故実・作
法を知ることができるよう、日記を残す
ことを大切な仕事の一つと考えていた。
公務や儀式を記した日記を伝承する家は、
「日記の家」と呼ばれ、ほかの家とは違う
権威をもっていた。公務や儀式に関わる
データが、概論やマニュアルとしてではな
なく、担当者の日記という形で保存され
ていることは大変興味深い。これらの日

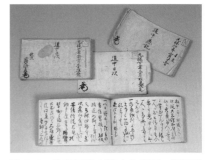

図2-4　武家伝奏を務めた公家・柳原資
廉の日記『関東下向道中記』

記は、個人レベルでのメモ書きではなく、各家が自家の存在意義を懸けて代々受け継ぐ財産であった（図2-4）。

●紙背文書

　昔は紙が貴重だったので、反故（不要になった手紙など使い古しの紙）の裏に文字を書くことがよく行われた。現状では裏面になっている、本来捨てられる運命にあったもとの紙面を紙背文書という。紙背文書によってその写本の成立年代が明らかになったり、それ自体が貴重な研究材料となることもある。

　通常廃棄される文書が偶然によって残ることは、往々にして失われがちな「日常の記録」を保存することになった。日々の生活の中では無用として廃棄されるモノも、時間の経過によってタイムカプセル的な価値をもつこともあるのである。

3 印刷と出版の歴史

●一枚もの木版（整版）による印刷

印刷のはじまり　日本最古の印刷物は、奈良時代、称
徳天皇が恵美押勝の乱の平定を仏に感謝して、法隆寺
など10大寺に奉納した百万塔の中に納められた陀羅
尼経（図2-5）である。印刷物自体に年代の記載はな
いものの、『続日本紀』などの文献によって、770（神
護景雲4）年の完成であることは、ほぼ確実である。
とすればこの「百万塔陀羅尼経」は、「印刷年代が明
確な世界最古の印刷物」と言うことができる。しかし
これはもとより「世界最古の印刷物」であることを意
味するものではない。むしろここで読み取るべきは、
100万部という超大量の印刷が行われたこと、そして

図2-5　百万塔と「無垢浄
光陀羅尼経」

塔の中に納められたこれらの印刷物は、決して「読まれる」ために作成されたも
のではないことである。仏への報謝物という仏典の存在は、読まれること以外の
書物の機能として考察することが必要である。

　なおこの「百万塔陀羅尼経」が木版印刷なのか銅版印刷なのか諸説あって決着
をみない。印刷の初歩段階として木版の方が想像しやすいが、この直前には東大寺
の大仏が銅で鋳造されており、当時の金属加工技術が高かったことも明らかである。

仏典の印刷　平安時代以来の出版は奈良興福寺の春日版、高野山の高野版などの
寺院によるもので、その内容はほとんど仏典ばかりであった。鎌倉時代になる
と、京都・鎌倉の禅宗寺院で五山版と呼ばれる寺院版がつくられた。この五山版
は、それまでの寺院版と異なり、仏教以外の書物も多く含んでいた。これは禅僧
が知的活動全般の享受者、発信者であったことを示している。また五山版には、
宋元時代以来の中国刊本を巧みに復刻したものも多い。翻訳せずに原点をそのま
まリプリントしたことは、少なくとも日本側には、東アジア漢文文化圏の正当な
構成員であることを希求し、自負していたことを示していると考えることができ
る。実際、当時の日中の禅僧の行き来は、現在の学者の国際交流以上に盛んで
あったと言って差し支えない。

　この時代までの印刷は、一紙面を一枚の版木に版画のように彫ってそれを印刷

する「整版」という形式で行われていた。漢字のように文字種が多い東アジアの印刷では、この仕組みの方が主流であった。

●活字の登場

活字の登場　印刷は、火薬・羅針盤とともに中国の三大発明とされ、世界中へと伝わった。活字に関しても、東洋の方が進んでおり、朝鮮は先進国で、13世紀にはすでに金属活字本がつくられている。一方、西洋でも1450年ごろにはドイツのグーテンベルクが活版印刷を考案し、近代の西洋式活版印刷の祖となった。アルファベットは字種が少なく、漢字以上に活版印刷に向いているため、グーテンベルク以後、西洋では活版印刷が急速に発展していくこととなったが、東洋では、西洋ほどの発展を見なかった。

日本への伝来　日本への活字印刷の伝来には二つのルートがある。一つは豊臣秀吉の朝鮮出兵の際に、大量の金属活字を略奪し日本にもたらしたことである。その活字は朝廷に献上され、それを用いて、漢籍や古典が出版され、これは慶長勅版と呼ばれ珍重されている。もう一つは安土桃山時代のイエズス会宣教師によりもち込まれた活字印刷機を使って印刷されたキリシタン版である。しかし、残念なことにキリシタン版は、江戸時代のキリシタン禁制によりその書物の大部分が失われ、現在ではきわめて貴重なものとなっている。

　活字印刷はその後徳川家康が木活字、次いで金属活字を用いて本の出版を行っている。家康の死後この出版事業は途絶えたが、やがて民間でも木活字を用いた出版が行われるようになる。こうした、江戸時代初期の活字印刷を古活字版と呼んでいる。しかし、この木活字は、摩滅しやすいこと、訓点やふりがなを付けることが不便といった理由から次第にすたれ、再び一枚の版木を紙一枚に対して彫り上げる整版印刷が主流となる。

●出版のひろがり

商業出版の時代　寛永年間（1624〜1645）ころに、まず京都で民間の書肆（本屋）による商業出版が本格的に始まり、さらにそれは承応年間（1652〜1655）には江戸、延宝年間（1673〜1681）には大坂でも盛んに行われるようになった。それ以降、江戸時代の出版はこの三都で主に行われるようになった。三都はいずれも幕府の直轄地であり、これは言論を動かす武器となりうる出版を、幕府の管理下に置く必要があったからだと言われている。三都以外では、学校の教科

書として地方の藩校などでも出版が行われた。

さまざまな出版物　さらに享保年間（1716 〜 1736）のころからは色刷り技法が盛んに行われるようになり、江戸時代後期には多色刷りの華麗を極めたものへと発展していく。それらの絵本や浮世絵も、広く社会に受け入れられていった。江戸時代には、文字だけでなく、絵画、チラシなども含めて、実に大量の出版物がつくられ、出版文化が花開いたのである。

活字の復活　江戸時代後期、書写に代わる私的出版物として木活字印刷が再び行われるようになった。これを古活字版と区別して、近世木活字版と呼ぶ。幕末になると、西洋式活字印刷がオランダを通じて再び導入され、幕府、さらには民間へと広がった。そして、明治に入ると、大量の西洋文物の輸入とともに近代的活版印刷が到来し、盛んに行われるようになった。それに伴い次第に木版印刷はすたれていった。

そして現代へ　さて、その後、明治・大正・昭和と隆盛を極めた活版印刷であるが、昭和 50 年代ごろからコンピュータを利用した版面作成技術が進歩・普及し、現在ではほとんどの印刷物はコンピュータ写植という、活字を用いない方法で行われている。この本も例外ではない。そして、さらに、未来に向かい電子図書という、印刷物ではなく電子媒体としての情報が登場している。この現代の印刷革命、これからどのような変化を生み出すのであろうか。

4　書物のつくりとその用途：装丁

　日本の古い書物にはさまざまな形があり、それぞれに長所・短所がある。昔の人は本の用途に応じて、それらを使い分けてきた。書物を検討する際、文字情報の違いに目を奪われがちだが、利用という観点から言えば、装丁は重要な情報源である。

●巻く──巻いてつくる本

巻子本　竹や木の軸に紙を巻きつけたもので、巻子本と言い、1巻と数える。最も古い紙の本の形態と考えられるが、後世までつくられ続けた。この形は、紙発明以前の竹簡にさかのぼると考えられる。日本では竹簡、木簡と言えば、平城宮址などから出土する木札形のものを指すが、中国では竹札や木札を紐でつないで、「書

図2-6　巻子本

籍」として長文を記載できるようにして利用されるのが普通であった。日本では竹簡を利用した書物は存在していなかったようである。

　第1章でも触れたが、巻子本には、閲読、検索、収納などの点で欠点があった。閲読については、巻末部分を開くことが困難だという問題がある。単純に長文を読み進めていっても、いったん巻き戻してしまうと、次回はまた巻きひろげ直さなければならない（図2-6）。現在通行の冊子本が、どのページでもすぐさま開けられるのと比べて、利便性の点で大きく劣っている。とりわけ巻末には、書写者、書写の日付、閲読記録など、その本に関わる最も重要なデータが記されることが多く、それらを知りえないまま巻頭を読み進めなければならないことは大きな欠点である。また巻内の場所を指定しようとする際、冊子本のページにあたる単位がないため、迅速・確実に求める場所に到達することが困難である。大きくは第何紙、細かくは第何行というような指定は可能であるが、それらの数字が明瞭には記載されていない。しかし以上のような巻子本の性格を、単なる欠点としてとらえるのでなく、書物の文化史的に考えてみることも必要であろう。つまり巻子本時代には、書物は「初めから」順次読み進めるものであって、途中か

ら読み始めたり、一部分だけを拾い読みしたりすることが多くなったことを意味しているかもしれない。現在の冊子本や電子書籍は、それと反対に冒頭から読み進めるのではなく、単なる情報の集積として、「利用」されるようになっているということもできる。長編小説と作業マニュアルの違いと表現することもできよう。これは書物の読まれ方という点で、大きなテーマである。

収納についての問題点は、コンパクトに収納できないという物理的面に加えて、書名を把握しがたいということもある。巻子本は棚に寝かせて収納されるが、そうすると棚の手前に立つ人間には、単なる円形の羅列しか見えず、書名を知りえないのである。取り上げて立ててみれば巻の外表紙に書名は記されているが、現在我々が書棚に立って書物の背表紙を眺め渡すように書名を知ることはできない。

このように巻子本という形式は、いくつかの欠点を抱えていた。それを解決するために、以下の装丁が開発されていくのである。ただ付言しておけば、巻子本には、高い権威性という側面もあった。冊子本がマニュアル向きで作業書であるのに対し、奥義や秘伝は巻子本に記されることが多かった。何故なら、巻きとられた状態で途中の1頁が脱落することは物理的にあり得ず、大切な内容を後世に伝えるための保存性に優れる形態だからである。さらには呪術性までも発生し、キツネが化けるときに口にくわえるのは、必ず巻子本であって、冊子本でも電子テクストでもない。

●折る——折ったり、それを糊付けしてつくる本

折本 巻子本を端から一定の幅に折りたたむ
<small>おりほん</small>
ことで登場した本で、1帖と数える。巻子本
の巻き芯や巻紐の部分は取り外すので、折り
たたむと完全な直方体になり、収納や、タイ
トル表示が楽になる。現在でも仏典によく使
われている装丁形式である。また巻子本の欠
点であった、巻末の閲読や検索、場所指定に

図2-7　折本

関しても、容易に行うことができるようになっている。欠点としては、紙の折れ目が擦り切れて破断しやすいこと、慎重に扱わないと長大な一枚紙となって、扱いにくいことなどがある。これらの問題を解決するためにさらに新しい形式が開発されていった（図2-7）。

折帖 紙面（字や絵が画かれた面）を内側に二つ折りにし、端を糊で継いで作成
<small>おりじょう</small>

される。日本では江戸時代初期ごろから始まる比較的新しい装丁である。どこを開いても紙の表の見開きになり、画帖や法帖（書の拓本）に向いているので画帖仕立もしくは法帖仕立とも呼ばれる。この形式では、見開きページの一体性に特に関心が払われている。ページの変わり目がどこに来てもよいというようなテクスト情報ではなく、画面・紙面一見開きの一体性を必要とするものに向く装丁である（図2-8）。

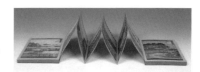

図2-8　折帖

粘葉装（でっちょうそう）　折帖と同様、紙面（字や絵が画かれた面）を内側にして二つ折りにし、折り目部

図2-9　粘葉装

分の裏側にあたる「のど」の部分を糊付けしたもの。初期の中国刊本に用いられた。紙をめくると、一回おきに紙面と空白面が現れる。この装丁も、折帖と同じく、一枚絵のようなものを装丁するのに向く（図2-9）。

旋風葉（せんぷうよう）　折本の背の部分を布や紙で包んだもので、ばらばらになりやすい折本の欠点を補っている。紙の背の部分は糊付けされていないので、開いた本の本紙部分が風に舞い上がるようにもち上がることからこの名が付けられた。

●綴じる──糸で綴じる本

列帖装（れつじょうそう）　紙を何枚か重ねて二つ折りにしたものをいくつか重ね、糸で綴り合わせ、表紙を付けたもの。綴葉装（そう）とも呼ばれる。日本風の装丁で、和歌や物語類に多く用いられた。糸綴じの洋装本の装丁によく似ている。現在でも糸綴じのノートなどに見られる（図2-10）。

袋綴（ふくろとじ）　紙面（字や絵が画かれた面）を外側に向けて二つ折りにした紙（一丁と数える）を重ね、折り目でない方の端をこよりで中綴じし、表紙で綴じたもの。袋

図2-10　列帖装

綴の名称は、白紙面を内側にして、紙が底の抜けた袋状になっているとことから付けられた。現在の原稿用紙を想像するとわかりやすい。紙面が外に向けられるため、擦り切れやすい。その裏返しの効果として、第何番目の紙かを示す葉数が外に向けられた折り目に来るために、紙面の場所を指定しやすいという利点もあ

る。中国では同様の装丁を「線装」と呼ぶが、日本の
ものは表紙が分厚い。近世以降の書籍の大部分はこの
装丁となっている。

大和綴(やまととじ)　縦に四つの穴をあけ、上下二つずつに組み紐
などを通し、結び切りにしたもの。日本風の装飾的な
装丁で、単純な書籍ではなく、記念帖やカタログなど、
特殊な用途に用いられることが多い（図 2-11）。

紙釘装(していそう)　紙を重ねて二〜四つ穴をあけ、太めのこより
を通して端を少し出して切り、飛び出した部分を木槌
で打ってつぶし、釘の頭のようにしてとめる。多くは、
中世の写本の仮綴じや中綴じに用いられた。

図 2-11　大和綴

長帳綴(ながちょうとじ)　紙を横長に二つ折りにしたもの（これを折紙と言い、必ず折り目を下手
前に折る）を重ね、右端を綴じたもの。箇条書きに便利で、帳面類によく用いら
れる。　　　　　　　　　　　　　　　　　　　　　　　　　　　　　　［木島史雄］

（※第 2 章資料提供：西尾市岩瀬文庫）

書物の読まれ方

　書物はどのように読まれるのか——答えは、同版のものでも「百冊百様」である。同じ書物、同じ持ち主でも、読み方は一定しない。それゆえ、「ある時ある本が流布」との説にも注意を要する。また、忘れてならないのは書物の寿命である。「流布」は一時の現象とは限らない。さらに、ある社会で書物一般がどのように意識されているかも無視できない。高い棚に奉って拝まれ、幸福感の源になる場合もある。

　このところ、近世日本の出版や書籍流通の実態解明が進む。しかし書物の読まれ方まではとらえにくい。日記や書簡、伝承などにより、たとえば、「あの書の持ち主は日課として読んだ」などと語られる場合は、膨大な出版点数を考えれば希なことと言ってよい。

　筆者は、19世紀に広まった厚冊の日用礼法百科「節用集」や「大雑書」が果たした役割に興味を覚え、1980年代から、伝存諸本を各地に訪ねている。見えてきたのは、それらが20世紀になっても全国各地の町や村で使われていたことである。江戸期の役方必携の書であったが、その家の主だけのものではなかった。「〝セッチョー〟ヲミテクダサレ」と近隣から頼まれることもあった。同じ版のものでも、残された各冊の〝顔〟が大いに違うことも見えてきた。家宝とて錦で装幀し直したもの、「他家貸出無用」と後表紙に大書したものもある。その後、某家の節用集の下小口に目が留まった。そこには三代にわたる使用歴が、筋状の手沢という〝しわ深い表情〟となって浮かんでいた。

　和本の頁繰りは、普通、版心の下端近くをつまんで進める。したがって下小口のうち背から遠い部分ほど平均して黒くなる。しかし中ほどから背に近いところは、開いて読まれる際にその見開き頁の下端に手が触れても、他の頁の下端には触れない。それゆえ、繰返し使われるうちに使用者が無意識に黒い筋状の痕を下小口に残すことになる。そのような筋のついた頁を開けば、たとえば、書札礼指南や男女相性吉凶占いがあったりする。ただこのような観察は、観察者がどの程度の黒変に注目するかによって左右される。

　そこで試みたのが次のような方法であった——伝存最多の同種版本の選定、各冊下小口の均等条件下撮影、フィルム画像の特定位置をスキャンし、マイクロメートル平方単位の手沢濃度を計量化してデータベースを作成、各冊手沢相の互いの近似度を統計処理して分類……と（横山俊夫他『日用百科型節用集の使われかた』京都大学人文科学研究所調査報告38号、1998参照）。

　析出された読み方の諸類型は、職種、階層、地域の差を越えて多様であったことが見えはじめ、この書物の使われ方とともに、前近代日本社会のありようの再考も迫り始めている。

［横山俊夫］

「ローマ字」と「ローマ字入力」

　ヨーロッパの人に「日本語はどうやって入れるの？」と聞かれ、持っているノートパソコンで入れて見せると驚かれる。普通のキーボードで「k」を打つと「k」が表示されるが、続けて「a」を打つと知らない字に変わる。そして数文字入れたところでスペースキーを押すと文字数は減って複雑な文字が表示される。この、ローマ字→かな→漢字の変換を高速で（普段やっている速度で）やってみせると驚嘆される。

　日本語入力で使うやり方を「ローマ字入力」と呼んでいるが、本来の「ローマ字」とは違うものである。日本語のローマ字化は「訓令式」と「ヘボン式」があり、それぞれに信奉者がいて壮絶な「宗教戦争」を繰り広げている。

　例えば、次のような事例が挙げられる。

　ヘボン式派：「千葉」を「Tiba」と書くのはおかしい。それでは「ティバ」になってしまう。

　訓令式派：「千葉」を「Chiba」と書いたら、アメリカ人には良いが、イタリア人には「キバ＝木場」、フランス人には「シバ＝芝」になってしまう。

　ISO 3602 という国際規格は日本語のローマ字化（Romanization）を定めたものであるが、ここでは訓令式を基本に、ヘボン式、さらに「日本式」の３方式が併記されている。

　しかし、いずれも「表音」であって、かな表記を表すものではない。「情報」は「ジョーホー」と発音するので訓令式では「zhōhō」、ヘボン式では「jôhô」となる。「毛糸」は「ケ・イト」と読めば「keito」、「ケート」と読めば「kēto」「kêto」となる。

　一方ローマ字入力では「情報」は「じょうほう」とかな表記するので「jouhou」「zyouhou」となる。ロシア文字をローマ字で表記するときに用いる翻字（transliteration）と呼ばれるものに近いやり方である。

　長音を表す「ō」などはあまり使われないし、名前をローマ字で書くときにローマ字入力式に書いてしまう人もいる。日本語入力に恩恵をもたらしたローマ字入力は、一方で、訓令式対ヘボン式の混乱にさらに混乱を加えることになった。

　　　　　　　　　　　　　　　　　　　　　　　　　　　　　　　　　　［山本 昭］

カラオケと MMO

　マルチチャンネル録音の普及で、演奏者は全員同時に演奏しなくてもよくなった。

　初めにリズム楽器だけを録音して、その音を聞きながら、別の奏者、歌手が音を加えていく、ということが可能になった。これなら、1人がミスをしても全員が録り直す必要もない。伴奏を先に録音しておいて、忙しい歌手はできあがった伴奏に合わせて歌を録音する、ということが普通になった。唄がない（空の）伴奏（オーケストラ）という中間産品は、業界用語で「カラオケ」と呼ばれた。これは録音スタッフしか聞かないものだったのが、あるとき、それをもち出して素人が歌う伴奏にした。これが「カラオケ」の始まりとされる。

　似たようなものに「MMO：Music Minus One」というものがある。ピアノやバイオリンなどの独奏楽器を習うものにとって、オーケストラと共演して協奏曲を演奏するというのは夢のまた夢である。しかし独奏部ばかりの練習では演奏の構成がうまくできない。そこで、「独奏楽器抜き」「歌手抜き」の伴奏レコードがつくられた。「1人抜けた音楽」ということで「Music Minus One」というブランド名で現在つくられている。協奏曲のみでなく、ピアノ三重奏曲のヴァイオリンのパートがないものなど、各種つくられている。　　　　　　　　　　　　　　　　［山本　昭］

モーツァルトのピアノ協奏曲第26番のMMOレコード。楽譜付き。カデンツァ（協奏曲の楽章の終わりに、独奏者だけで即興演奏をする部分）の前で針が止まる仕組みになっている。カデンツァを奏し終わったら次のトラックに針を進める

第3章

オリエントの書物史

1 記憶と知の継承：エジプトの書物史

● 4つの文字と媒体のコンビネーション──目的と用途

　古代エジプトでは、使用時期は異なるが、4種類の文字が使われていた。ヒエログリフ（聖刻文字）、ヒエラティック（神官文字）、デモティック（民衆文字）、コプティック（コプト文字）である（図3-1）。一番長命なのがヒエログリフで、当時の支配者たちの墓が造営されたアビュドスで出土した資料[*1]から、紀元前34〜33世紀には原エジプト文字と呼ばれる最古の文字が使われていたことがわかっている。それには2種類あり、一つは石製容器や土器にインクで記された王名で、もう一つは、象牙などの固い素材でつくられた名札に刻まれた産地（もしくは生産地）名や品名（内容物名）であった。後者は、おそらく荷札のような役目をもって石製容器や土器に取り付けられていたであろう。この時点で、エジプトには文字を「書く」行為と「刻む」行為が存在しており、それに相応しい媒体が選ばれていたことがわかる。

ヒエログリフ　古代エジプトの場合、基本的に刻む行為はその文字の永遠性を念頭においていたと考えられている。我々がヒエログリフと呼ぶ文字がそれに相当し、原則として、記念碑や供養碑などの石碑、彫像、神殿壁、墓壁、石棺など石や象牙などの硬いものに「刻まれ」、永久に残る文字であった。古代エジプト人は、人を人として成立せしめる要素の一つが「名前」で、それが何らかの理由で消失することはその人間の存在も永遠に消されることであると考えていた。それ

[*1]　Günter Dreyer, *Umm el-Qaab I: das prädynastische Königsgrab U-j und seine frühen Schriftzeugnisse* (AV 86; Mainz 1998).

公式用ヒエラティック（上）とヒエログリフ転写（下）

文学用デモティック（上）とヒエログリフ転写（下）

文学用ヒエラティック（上）とヒエログリフ転写（下）

コプティック

図3-1　古代エジプトで使われた4種類の文字
＊コプティック以外は、Gardiner 1994 pl. II を改変

はすなわち、彼らが望むあの世での復活・再生が果たせないことを意味していた。そのため、刻まれた名前や供物リストなどは、死者が来世でこの世と変わらずに第二の生を生きるために永遠にそこに残るものでなくてはならなかったのである。それは、紀元前2000年紀前半の文学作品『雄弁な農夫の物語』に「……かれが墓に納められ、埋められ（ても）その名前は地上からぬぐい去られることはなく、善のゆえに記憶されるのです。これが神の言葉（＝ヒエログリフのこと）のさだめなのです。」＊2 と記されているとおりである。その意味で、ヒエログリフとそれを刻む石や岩壁などの硬く壊れにくい素材は、文字と媒体のベストコンビネーションを呈していると言えるだろう。

　ちなみに、古代エジプトのヒエログリフは装飾的な性質ももち合わせており、文字として「書かれる」ほかに、象ったもの自身を表す図像として「描かれる」ことや立体的に「彫られる」こともあった。例としては、「供物布」と「供物」があげられる。「供物布」は王らが神々に捧げる供物の中に含まれるが、墓壁画などでは、「布」を意味するヒエログリフがそのまま供物卓の上に描かれていることが珍しくない。また、「供物」を意味する「ヘテプ」という文字が彫り出された供物台が実際に供されている。このような場合、描画や彫刻物は、単純に一

＊2　『古代オリエント集』pp.437-449.

瞬の出来事を切り取った場面や使途を示しているだけでなく、文字と図像が相補的な関係を保ちつつ情報の伝達を行っているのである。

　「コミュニケーション」という観点から考えると、いわゆる現代の我々がもつコミュニケーションの定義「社会生活を営む人間の間で行われる知覚・感情・思考の伝達」*3 や、そこから生まれる「意思の疎通」「相互理解」に相応しい機能をヒエログリフが有していたとは言いがたいところがある。そもそも識字率が低く、書記と呼ばれるエリートによってのみ操作されたのが古代エジプトの文字文化（「彫る／刻む」作業は専門職人が行ったが、彼らが自分たちの彫っているもの、刻んでいるものの意味を理解していたかどうかは別問題）なので、そこに現代のようなコミュニケーション性を問うこと自体に疑問が生じるかもしれないが、ヒエログリフで文字を刻むという行為の目的は、文言作成者の名誉や功績を広く世間に周知すること（公開性）もあるのは確かだが、それが永遠に残ることの方に重点がおかれていたと言えよう。例えば、神殿の周壁は当時の巨大スクリーンであり、多様な階層に属する不特定多数の人々の目に触れる存在であった。そこに刻まれた王たちのプロパガンダは現代のマスコミュニケーションにも通じるところがあり、後代にまで王の偉業を伝える媒体であった。第 20 王朝の王ラメセス 3 世が、第 19 王朝のラメセス 2 世を真似て、実際に自分では行っていない遠征について自分が行ったように刻ませているケース（ルクソール西岸のメディネトハブに造営されたラメセス 3 世葬祭殿）などは、最大の宣伝効果（公開性）と永遠性への希求の両方を満たしていただろう。一方、神殿内部の壁や墓壁、棺などは不特定多数の人々の目に触れることは想定されていないため、その意味では公開性に乏しく、公の記憶の手段としての機能はもち合わせていなかったと考えられる。

　以上のとおり「神の言葉」として神聖な文字であったヒエログリフは、永遠性の追求という特徴を備えており、発信者と受信者の間に意思疎通をはかることや情報の記録・伝達・管理に重点が置かれたものではなかった。

ヒエラティック　一方、インクと筆で文字を記す行為はヒエラティックへとつながった。ヒエログリフとほぼ同時代（紀元前 3000 年以前）に成立したヒエラティックは、石に文字を彫り込むヒエログリフに比べ、文字を記すための時間や労力が軽減される省エネ文字であり、宗教文書、呪術文書、文学、医術書、数学

---

*3 『広辞苑 第五版』pp.1004-1005.

書、書簡、会計簿、出勤簿、裁判記録、物品目録、設計図など、日常生活の非常に多くの場面で用いられた実用的な文字である。書写媒体はパピルス（パピルス草の茎を縦に薄く裂き、横に並べて1枚のシートにする。その上に同じものを直角に向きを変えて重ねて並べ、重石をして脱水・乾燥させたシート）が中心であったが、季節によっては入手が難しいことやもともと高価なものであったために、土器片、石灰岩などの石片、獣骨、獣皮、ミイラを包む亜麻布、木片なども用いられた。これらは、書き間違えた場合や記載情報が不要になった際、上から漆喰を塗り直したり、パピルス片で該当箇所を繕ったりすることで書面を新しくできる（一種の「パリンプセスト」）再利用可能なエコ書写媒体であり、同時に、もち運びのできるハンディタイプの書写媒体であった点も実用的であったと言えよう。ちなみに、このパピルスが「ペーパー（紙）」の語源であることはよく知られている。

　ヒエラティックは、粘土製塑像や採石場、神殿、墓の岩壁などの記述にも用いられており、必要なときにインクさえあればすぐ記述できる利便性と情報伝達の即時性があったと言える。後述するデモティックが登場してからは徐々に使用範囲が狭まり、ギリシャ・ローマ時代には、宗教文書を中心として使用されるようになったが、ヒエラティックは古代エジプトの実務生活の中心をなすものであった。

　このように、実用性が最大の特徴であったヒエラティックは発信者と受信者の間に意思の疎通をもたらし、情報の記録と共有に役立つ文字であったと言える。その意味では一定のコミュニケーション力を有し、公開性も携えていたと言えるであろう。しかしながら、内容によって字体が異なり（書物用、行政用、公用、変体に分類される）*4、また時代や地域による差異も確認されることから、ヒエラティックの使用に際しては、半恒久的で普遍的な記録や情報の保持・管理への意識はそれほど強くなかったのかもしれない。

　ちなみに、古代エジプトで唯一文字を操ることができた書記を養成する施設が設けられており、ここではまず、ヒエラティックで記された文学作品や模範となる書簡および報告書の書き取り、それらの暗記によって文字の習得が行われた。「ケミィト」と呼ばれる教科書も編まれるなど、これらのもともとの目的は書記養成であったが、それを通じて知の継承が行われ、さまざまな情報が過去から当

＊4　『言語学大辞典 別巻 世界文字辞典』pp.156-157.

該時期の人々に伝達されたことは想像に難くない。

　ヒエログリフとヒエラティックの関係については、両者は一つの文字のブロック体と筆記体、もしくは印刷体と手書き体に例えられることがあるように、互いに置換（もしくは転写）できる関係にはあった。しかしながら、しばしば言われるようにヒエログリフからヒエラティックが生み出されたのではなく、両者はそもそも誕生時から用途の異なる2種類の独立した（だが置換／転写できる）文字として存在していたのである。古代エジプトでは、用途においてもしくは目的のために、使用する文字とそれに相応しい書写媒体を使い分けていたのである。

図3-2　ロゼッタストーン
（大英博物館蔵 ©The British Museum Images）

　ちなみに、紀元前2000年紀前半には、ヒエログリフとヒエラティックの中間的な字体である筆記体ヒエログリフ（cursive hieroglyphs）が登場する。通常右から左に向けて記され、『死者の書』のような葬祭文書に用いられた（ただし、葬祭文書自体は、ヒエログリフでも記されている）。

デモティック　紀元前7世紀中ごろには、ヒエラティックからさらに線文字化、字体の簡略化が進んだデモティックが登場する。これは行政、法律、経済に関する文書に用いられた文字で、離婚契約、相続財産の譲渡、神官職や家畜、奴隷の売却記録、土地の賃貸契約や贈与、貸付、不動産売買、国勢調査や裁判記録、新税に関わる書類などの公式記録がデモティックで記された。原則インクで書かれる文字でありながら石に刻まれた場合もあり、ヒエログリフ解読に多いに貢献したロゼッタストーン（図3-2）は、ヒエログリフ、デモティック、ギリシャ文字の三種類の文字で勅令が刻まれている。デモティックの場合、通常はパピルスに記されたが、書類の下書きなど、場合によっては石片、土器片、木材、亜麻布などにも記された。

私的な財産相続や所有権関係の記録に比べて、公的記録があまり確認されていないことから、行政法律文書は一定の期間が過ぎるとリサイクルされていた可能性が指摘される[*5]。この点は、書類の種別ごとに保存期間を決めている現代の事務書類の取り扱いと似た感覚だろうか。デモティックがエジプト語では「セシュエンシャト（"記録書類の文字"の意）」と呼ばれたことからもわかるように、ヒエログリフのような「記憶の手段」ではなく「記録の手段」であったデモティックで記された文書は、実用性と効率性の観点から、内容次第で後世に残されるものと消去されるものが分けられていたと言えるだろう。

　世俗的な実務文書から遅れること数世紀、文学テキストは紀元前4世紀ごろからデモティックでも記されるようになり、それまでヒエラティックで記されていた宗教文書、書付、書簡などもデモティックで書かれるようになった。紀元1〜2世紀ごろにはデモティック文学の最盛期を迎え、近年、調査・発掘が進んでいるファイユーム地域の遺跡[*6]からは、ローマ時代に編纂された文学パピルスのコレクションが発見されている。この時代には、天文学や占星術などの科学系テキストもデモティックで記されるようになった。

　ちなみに、デモティックが登場してからヒエログリフやヒエラティックが用いられなくなったわけではない。記念碑的性格をもつもの、勅令などの公式碑文にはヒエログリフが継続して使われており（上記ロゼッタストーン参照）、神聖さと永遠性への希求は変わっておらず、ヒエラティックも文学テキストや宗教文書に使われていた。時代が変わっても、引き続き目的と用途によって文字と書写媒体が選択されていたのである。

コプティック　エジプトがローマ支配下に入り、キリスト教が信仰されるようになったときに、24のギリシャ文字にデモティック由来のエジプト文字が加えられてつくり出されたのがコプト文字（「コプト」とは、ギリシャ語でエジプトを意味する「アイギュプトス」から派生した用語）である。これは、ヒエログリフ、ヒエラティック、デモティックとは明らかに異なる系統の文字で、音価のみの完全なアルファベットであった。それまでエジプトに存在しなかった宗教の布教を行う上で、土着の文字は不十分かつ不適格であったことは容易に想像できる。おそらく、より正確に発音や意味の伝達（情報・知識の共有化）をはかる必要性に駆られた結果の新文字誕生であったろう。

[*5]　Redford, D. 2000, p.212.
[*6]　テブトゥニスなど。

コプティックは、インクを用いてパピルスや石片、土器片に記されたが、獣皮や板木、所謂「紙」が発明された後は、紙にも記された。多くが冊子体の形に綴られ、パピルスや獣皮がまとめられて背表紙を付けられた近・現代の「書物」に通じる形となった。内容は、聖書を主体とする宗教文書であったことは想像に難くないが、行政・法律・経済に関する文書も存在する。キリスト教の国教化によって異端とされたエジプトの神々を祀る神殿は閉鎖され、神聖なる文字ヒエログリフも紀元4世紀末が現在確認できる最後の使用例となっている。ヒエラティックはそれより前の紀元3世紀が最後で、デモティックは紀元5世紀まで使われていたが、以後、イスラーム時代を迎えるまでコプティックが使用された。アラビア語・アラビア文字が使用されるようになっても、コプティックはコプト教の祈祷書や聖書に使用されており、過去から継承されてきた知と情報を現代の我々に伝達してくれている。

記されることと記されないこと　これまで述べてきたように古代エジプト人は宗教的にも世俗的にも非常に多くの文字資料を遺したが、ピラミッド、パピルス紙、ミイラ、ビールのつくり方については無言を貫いていることに触れておく。ピラミッドとミイラは古代エジプトを象徴する二大モニュメントと言っても過言ではないだろうが、その建立と制作方法について我々が現在知っていることの多くは、ギリシャ人歴史家ヘロドトスの記述に基づいている。パピルス紙の製造についても、門外不出の国家機密であったとされる。ビールについては、給料の一部として労働者に支払われ、各家庭においても常飲されていることが文献資料からも明らかな飲み物（現在のものよりはアルコール度数も低く、ホップも知られていなかったので味もかなり違う）であったのに、そのレシピは確認されていない。代わりに、墓壁画にビールをつくっていると思われる一連の作業の様子が描かれており、それに従って現代の研究者たちは古代エジプトビールの再現を試みたりしている。

　一方で、記されてはいるものの、明らかに公開（読み手）を意識していない文字資料があることにも触れなければならない。ヒエログリフの項でも触れたように、神殿最奥部の壁面や墓壁面に記された文言は不特定多数の閲覧者を想定していないが、同様に、来世での復活・再生を願ってパピルスに記され、墓に副葬された呪文の類（例：死者の書）も第三者によって読まれることは想定されておらず、墓が一種の「開かずの保管庫」の役目を果たしていた。これら葬祭文書の目的は死者が確実に復活・再生を果たすことであり、他者への情報提供・情報発信

という種類のものではなかったのである。

●「書物」の存在／知の蒐集──収蔵と管理について

　エジプトに近・現代の書物に相当するようなもの──文字や図像が記されたある程度の枚数の「紙」が合わせられ、背表紙が付けられて綴じられたもの──が登場したのは、おそらくギリシャ・ローマ時代であろう。それまでは、上述のとおり、パピルスの巻物、石片、土器片、板木、亜麻布などに記されていたが、それらがまとめて綴じられたことはなかったと思われる。

　古代エジプトに遺された文字資料は、例えばその大半を占める葬祭文書にしても、ピラミッド・テキストは文字どおりピラミッド内の石壁面に、コフィンテキストは棺の内外やパピルスに、死者の書はパピルスのほか、副葬品のシャブティなどに記されており、独立したそれぞれの媒体が、編まれることなくそのまま後世に残っている。決して一冊にまとめられた呪文集のようなものがあるわけでもなく、現在使われている呪文番号は、いずれも後代の研究者が便宜的につけたもので、決して古代エジプト人が遺した「呪文全集」のようなものからの抜粋ではないのである。

　ギリシャ・ローマ時代以前からエジプトには「ペル・メジャト」（「書物の家」の意）と呼ばれる施設があり、おそらくは神殿や王宮の付属施設と思われるが、そこは単なるレファレンス用の文書保管庫ではなく、儀式に関する秘伝や奥義を「保管（＝情報の保持と管理）」する特別な場所であったことが指摘されている[7]。一方、いわゆるパピルスの巻物などの文字どおりの保管庫と思われるのが、別の神殿・王宮付属施設「ペル・アンク」（「生命の家」の意）であり、ここでは文書の写字なども行われていた。加えて、紀元前2000年紀後半には王宮付属の文書館や図書館が存在していたと言われる[8]が詳細は不明であり、いわゆる公共図書館や公文書館のようなものについても同様である。

　その状況が一転したのが、プトレマイオス朝という異民族支配下に入ったエジプトに建設された「知の集積施設」アレクサンドリア図書館である。同時代資料の不足と図書館自体が焼失してしまった経緯から、建設の時期や規模、収蔵過程、収蔵数などは不明確であるが、おそらくはプトレマイオス1世（紀元前4世紀末─3世紀初頭）による建設と思われる。非エジプト人統治者に同図書館建

---

*7　Eyre, C. 2013, p.311.
*8　『大英博物館 古代エジプト百科事典』p.366.

設を促したのはアリストテレスの影響が大きく、経験主義哲学の基礎となる実証的データの収集と比較検討作業の延長上にあったという指摘や、他の「ディアドコイ」を凌ごうとするプトレマイオス1世の政治的策略の可能性 が示されている[*9]。しかしその一方で、もともとエジプトにはこれまで述べてきたように、目的と用途によって文字と書写媒体を適宜選択しながら、あらゆる知と情報を創造し継承するという姿勢が長い歴史の中で熟成されており、「知の蒐集」「知の伝承と再創造」の伝統が存在していたことは看過できず、統治者の民族的出自の違いを乗り越えて影響を与えた可能性は否めない。

　なお、実際の神殿図書室を確認できるのはエドフのホルス神殿など限られてはいるが、ギリシャ・ローマ時代の神殿壁面の多くに蔵書リストのようなものが刻まれているのは、アレクサンドリア図書館の建立を導いた「知の蒐集」に対するエジプトにおけるさらなる気運の高まりによるものかもしれない。　　［田澤恵子］

【実際の文字や書写媒体を見られる場所】
(日本) 古代オリエント博物館／岡山市立オリエント美術館／東京国立博物館／松岡美術館／遠山記念館／平山郁夫シルクロード美術館 等
(海外) 大英博物館／ルーブル美術館／ベルリン美術館／メトロポリタン美術館／ブルックリン美術館／ボストン美術館 等

[*9]　周藤芳幸『ナイル世界のヘレニズム——エジプトとギリシアの遭遇』名古屋大学出版会 pp.92-102.

2 楔形文字と粘土板：メソポタミアの書物史

●楔形文字の誕生

　メソポタミア最古の文書は粘土板文書で、ウルクの遺跡（現在名ワルカ）から出土した。これらは約 5,000 枚ありウルク古拙文書と呼ばれ、古いものは紀元前（以下「前」）3200 年ごろ、新しいものでも前 2900 年ごろまでに作成されたと考えられている。したがってメソポタミアにおける文字の誕生は前 3200 年ごろ、あるいはそれより少し前ということになる。

　最初の楔形文字は具体的なモノを表す表語文字（表意文字）で、「生命」のように形のないものは表記できないという制約があった。そこで、例えば、「矢」を表す TI という楔形文字を同じく TI と呼ばれる「生命」の表記に使用することを考えついた。この考え方は、rebus principle と呼ばれ（Robertson. 2004, 23）、すでにウルク古拙文書に見られる。rebus principle とは、特定の文字を、発音が同じという理由で、本来表記していた「モノ」とは別の「モノ」の表記にも利用することであるが、この原則が表語文字である楔形文字の表音文字化（音節文字化）に道を開いたばかりでなく（Cooper. 2004, 89）、日本語の「てにをは」にあたる助辞の導入にもつながった。興味深いことに、漢字の成立および使用に見られる「六書」と同じ工夫が楔形文字の形成にも見られた（Nakahara, 1928, ix-xi；吉川 1990.36-37）。こうして前 2500 年ごろまでには高度な楔形文字体系ができあがった。

　シュメール語は前 2000 年ごろには死語となりアッカド語が日常語として使われるようになったが、シュメール語そのものはその後もメソポタミアの書記たちの必修の言語であり続けた。シュメールの文学作品は断片的なものが多いが、それはアッカド人（後述）の書記学校生が、カリキュラムの一部であるシュメール語作品の一部を書写した練習粘土板から復元されているからである。

●楔形文字の伝播

　楔形文字の表音文字化の恩恵を最も多く受けたのはアッカド人であった。アッカド人はセム語の一つであるアッカド語を話す人々で、メソポタミア南部でシュメール人との長い共生の歴史があった（Biggs. 1967, 55-57）。シュメール語は膠着語であるがその系統は不明である。そのシュメール語の表記のためにシュ

メール人によって発明されたと考えられている楔形文字を、言語系統のまったく異なるアッカド語を表記するために借用できたのは、楔形文字の表音文字化（音節文字化）のおかげであった。

　西アジアは前14世紀に盛んな国際交流の時代を迎える。そして、アッカド語が世界初の国際語 lingua franca となった。それを象徴するのがエジプトのテル・エル゠アマルナから出土したアマルナ書簡である。これらは、3点の例外を除いて、粘土板に、すべてアッカド語で楔形文字を使って書かれていた。興味深いのは、メソポタミアの文学作品や語彙集など、エジプトの書記あるいは書記の見習いが書き残したと思われるライブラリー（後述）に属する粘土板文書も30点あまり残っていたことである。

●書材としての粘土板

　メソポタミアの人々は粘土板がまだ生乾きのあいだに葦ペンで楔形文字を刻んだ。粘土板は、乾燥すれば石のように固くなり腐敗することはない。火事や戦火に見舞われても、粘土板文書は逆に焼成され、永久保存が可能となった。文字資料の豊かさという点で、メソポタミア文明はきわめて特異であると言える。

　ただし、念頭に置いておくべきことが2点ある。第1点は、前8世紀半ば過ぎからメソポタミア北部でアラム語が共通語として使われるようになったことである（Naveh.1982, 78-82）。アラム文字はフェニキア文字に由来する22のアルファベット文字を用いて土器片や羊皮紙などに書かれた（図3-3）。第2点は、書材に蝋板（後述）が使用されるようになったことである（図3-4）。蝋板を表す言葉自体は、すでにウル第3王朝時代（前2112-2004年）の文書に現れる（UET 3, 1097［CAD L, p.15a］; J. Tayler. 2011, 25）。粘土板に比べると高価であったが、1冊が数葉からなる蝋板は軽くて使い勝手がよい。表3-1からわかるように、蝋板は前7世紀ごろのメソポタミアでかなり普及していた。しかし、残念ながら羊皮紙や蝋板に書かれたものは腐敗して残っていないことを念頭におく必要がある。

●アーカイブとライブラリー

　オッペンハイムは、1964年に出版した『古代メソポタミア』で、粘土板文書を「日々の営みの記録」と「伝統の流れ」に属するものの二つに分けた（Oppenheim. 1964, 13）。圧倒的に数が多いのは「日々の営みの記録」である。

メソポタミア史　略年表

紀元前	メソポタミア北部	メソポタミア南部	
6000年	ハッスーナ期　　サマッラ期		
	ハラフ期	ウバイド期	1期
			2期
5000年			3期
			4期
4000年	ガウラ期	ウルク期	初期
			（中期）
			後期
3000年	ニネヴェ5期	ジェムデト・ナスル期	
		シュメール初期王朝	Ⅰ期
			Ⅱ期
			Ⅲ期
		アッカド王国時代	
	アムル人・フリ人侵入	ウル第三王朝時代	
2000年	古アッシリア時代　シャムシ・アダド一世王国	イシン・ラルサ王朝	古バビロニア時代
		バビロン第一王朝	
	中アッシリア時代　ミタンニ王国　アッシリアの中興	カッシート王朝	中バビロニア時代
		イシン第二王朝	
1000年	新アッシリア時代　混乱期	混乱期	新バビロニア時代
	アッシリア帝国		
	新バビロニア帝国（カルデア王朝）		後期バビロニア時代
	アケメネス朝ペルシア帝国		
331年			

（中田一郎『メソポタミア文明入門』岩波ジュニア新書より）

「日々の営みの記録」は手紙とそれ以外の記録類に分けられるが、これらは時間が経てば廃棄される性格のものであった。これらの粘土板文書の多くはごみ捨て場から、あるいは床材や壁材の一部として再利用された形で発見されている（Veenhof. 1986, 1-2）。これらはアーカイブに属する文書である。

　「伝統の流れ」に属する粘土板文書の中で多いのが「学術的な」文書である。中でも多いのがさまざまな占い術に関するマニュアルである（表3-1）。次に多いのが語彙集の類で、これらは古代官僚であった書記の養成に不可欠なものであった。また、呪文や、払魔あるいは浄めのための祈祷文を集めたものも比較的多い。「エヌーマ・エリシュ」や「ギルガメシュ叙事詩」など一般にもよく知られてい

図3-3 粘土板に楔形文字で記録する書記（向かって左）と羊皮紙にアラム語で記録する書記（右）。カルフ（遺跡名：ニムルド）のティグラト・ピレセル3世（在位前744-727年）の王宮壁面レリーフの一部（大英博物館蔵 ©The British Museum Images）

図3-4 蝋板に楔形文字で記録する書記（手前）と羊皮紙にアラム語で記録する書記（奥側）。カルフ（遺跡名：ニムルド）のティグラト・ピレセル3世の王宮壁面レリーフの一部（大英博物館蔵 ©The British Museum Images）

る神話や叙事詩も「伝統の流れ」に属するが、「伝統の流れ」に属する文書全体の中で占める割合は小さい（Oppenheim. 1964, 16-17）。最近の用語法に従えば、「伝統の流れ」に属する粘土板文書はライブラリーに属する文書と言える。

　アーカイブに属する粘土板文書は、通常、オリジナル1点しか存在しないが、ライブラリーに属する粘土板文書は、同一文書の写本が複数存在することもある。また、ライブラリーに属する粘土板文書には奥書が付されていて誰が何のためにどの原本から書写したかなどが記されていることが多い。これらの点がアーカイブとライブラリーの大きな違いである（Pedersén. 1998, 2-3）。

　書記（官僚）になることを目指す生徒達は、カリキュラムに従って、読み書きの練習をしたばかりでなく占い文書や払魔文書など「学術性」の高い文書や広い意味での文学作品なども書写した。上級生になると、書記学校の教師のためにあるいは自分自身のライブラリーを充実させるために、専門分野に関わりなく重要と思われる粘土板文書を書写した。一人前になった書記たちは、王宮や神殿等の公的機関の官僚として、また占師や払魔師などとして活躍した。これらの書記た

表3-1　新アッシリア時代のライブラリー蒐集記録（Fales and Postgate, 1992, Nos.49-52）
　　　　にもとづく大英博物館所蔵「アッシュルバニパル図書館」のバビロニア字体の粘土板文書

文書のジャンル	蒐集記録		「アッシュルバニパル図書館」の
	粘土板数	蝋板数	バビロニア字体の粘土板文書
各種占い文書集			
enūna anu enlil	73 (9.6%)	3 (2.2%)	359 (22.5%)
bārûtu	0 (－)	69 (50.4%)	104 (6.5%)
šumma ālu	161 (43.3%)	1 (0.7%)	73 (4.6%)
alamdimmû	39 (10.5%)	1 (0.7%)	2 (0.1%)
iškār zaqīqu	16 (4.3%)	0 (－)	0 (－)
šumma izbu	9 (2.4%)	7 (5.1%)	5 (0.3%)
iqqur īpuš	4 (1.1%)	0 (－)	6 (0.4%)
ūmē ṭābūti	3 (0.8%)	0 (－)	1 (0.1%)
合計	305 (81.0%)	81 (59.1%)	746 (46.8%)
宗教文書	29 (7.8%)	16 (11.7%)	585 (36.7%)
その内悪魔払い（āšipūtu）	18 (4.8%)	4 (2.9%)	303 (19.0%)
その内哀歌朗唱師関連文書（kalûtu）	2 (0.5%)	12 (8.8%)	80 (5.9%)
医薬処方書（bulṭe）	7 (1.9%)	27 (19.7%)	81 (5.1%)
語彙集	6 (1.6%)	0 (－)	34 (2.1%)
古拙文字語彙集			22 (1.4%)
歴史関連文書			27 (1.7%)
叙事詩・神話他	1 (0.3%)	0 (－)	17 (1.1%)
数学文書			1 (0.1%)
雑	24 (6.5%)	13 (9.5%)	21 (1.3%)
分類不可			60 (3.8%)
総合計	372 (100%)	137 (100%)	1,594 (100%)

注：この表は Fincke.2003-2004,134（Fig. 7）に基づき作成。なお、最も右の欄はフィンケが
　　大英博物館所蔵の「アッシュルバニパル図書館」の粘土板文書のうち、バビロニア字体で
　　書かれた文書にどのようなジャンルの文書がどれくらい含まれているかを調べたものであ
　　る。バビロニア字体で書かれた粘土板文書は、バビロニアからもってこられたか、バビロ
　　ニア人の書記がバビロニアかアッシリアで図書館のために書写したものである。フィンケ
　　によると、バビロニア字体で書かれた文書は「アッシュルバニパル図書館」の全文書の約
　　7分の1であるという（Fincke. 2003-2004, 141）

ちの努力によって、神殿に付設されたライブラリー（図3-5）や私設ライブラ
リーが生まれ育った。
　本節では書記学校という表現を用いるが、今のところ「学校」の遺構は発見さ
れていない。むしろ、経験を積んだベテランの書記たちが自宅で寺子屋式の書記
教育を行っていたと考えられる。私設ライブラリーもこのような教師の住居址で
発見されることが多い。

図 3-5　太陽神シャマシュを祀ったシッパルのエバッバル神殿付属ライブラリーの遺構。ここから多くの文学文書が出土した（Pedersén. 1998, 194-197）。写真は、両側の壁を展開した形になっている（al-Jadir. 1991, 196 より）

●ニネヴェの発掘と「アッシュルバニパル図書館」

　アッシリア帝国の事実上最後の 3 王、すなわちセンナケリブ（在位前 704-681 年）、エサルハドン（在位前 680-669 年）、そしてアッシュルバニパル（在位前 668-627 年）が帝国の首都としたのはニネヴェであった（図 3-6）。その遺跡は中世の城壁に囲まれていた部分だけでも約 750 ha あった。

　1842 年、最初にその一部であるクユンジュクの丘の発掘を試みたのは近くのモースルに駐在していたフランスの領事ボタであった。しかし、ボタは、すぐに成果がでないクユンジュクでの発掘をあきらめ、コルサバード（古代名ドゥル・

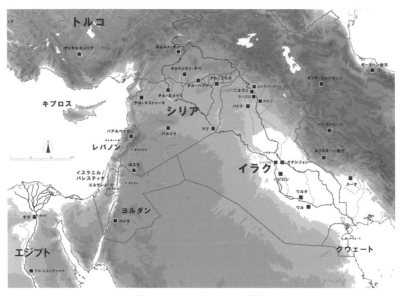

図 3-6　メソポタミアの地図

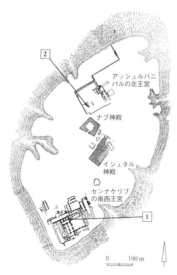

図3-7　クユンジュクの丘。センナケリブの南西王宮の40号室および41号室（図の[1]）から大量の壊れた粘土板文書が出土。アッシュルバニパルの北王宮の南端部分（図の[2]）や隣接するナブ神殿からも粘土板文書が出土している。これらを合わせたものがアッシュルバニパル図書館の蔵書と考えられている（Pedersén. 1998, 160 の地図をもとに作成）

シャルキン）に移って発掘の成果をあげた。

　ボタの後、1846 年にクユンジュクの発掘を試みたのはイギリス人レヤードであった（Larsen.1996, 99）。レヤードは、翌 1847 年 5 〜 7 月にも発掘を行いクユンジュクの丘がアッシリアの都ニネヴェの一部であることを確信した。彼は、1849 年 10 月から 1851 年 4 月までの間に少なくともクユンジュクの南西王宮の 71 の部屋を発掘したが（Layard. 1853, 589）、特に南西王宮第 40 室と第 41 室からは膨大な数の粘土板文書が出土した（図 3-7-[1]）（Layard. 1853, 345）。これが一般にアッシュルバニパル図書館の発見と言われているものである。クユンジュクで発見された粘土板文書は断片も含めて約 3 万点と言われるが、これらの粘土板文書は 1849 年 7 月から 1854 年 4 月にかけて大英博物館に搬入された（Fincke. 2003-2004, 114-115）。

● 「アッシリアのライブラリー蒐集記録」
　「アッシュルバニパル図書館」の形成過程およびそこに収蔵される文書のジャンルとその量を知る手がかりとなる資料が「アッシリアのライブラリー蒐集記録（Assyrian Library Records）」である。一部は早くに出版されていたが、その内容の重要性に注目したのはパルポラであった（Parpola.1983a, 1-29）。これらの「蒐集記録」は未刊の記録も含めて、Fales and Postgate.1992 に Nos. 49-56 として収録されている。
　これらの「蒐集記録」には、「アッシュルバニパル図書館」のために集めた各ジャンルの文書の数、それらが蝋板か粘土板文書かの別、もとの所有者とその職業などが記され、「蒐集記録」が作成された日付（前 647 年 [Parpola.1983a, 11]）も付されていた。蝋板の場合は、蝋板が何葉あるかも（通常は 1 葉から 6 葉であるが、例外的に 12 葉の蝋板 [Fales and Postgate.1992, No. 49 I 18’] もある）記録されている（図 3-8 参照）。

フィンケが Fales and Postgate. 1992 に再録されている「蒐集記録」Nos. 49-52 をまとめたものが表3-1である（Fales and Postgate. 1992 の Nos. 53-56 は保存状態がよくないため、考慮の対象外とされている）。これら4枚の「蒐集記録」にある判読できる数字のみを合計しても粘土板文書が合計372枚、蝋板が137冊ある。パルポラは、もしこれらの「蒐集記録」が完全な形で残っておれば、アッシリアおよびバビロニアの学者・専門家たちから集めた粘土板文書は2,000枚、蝋板が300冊ぐらいはあったのではないかと推測している（Parpola. 1983a, 8）。

図3-8　カルノ（遺跡名：ニムルド）出土の蝋板の復元図（Charpin. 2010, 193 より）

表3-1から明らかなように、「アッシュルバニパル図書館」のために蒐集されたバビロニア字体で書かれた粘土板文書の81％、蝋板の59.1％を占めるのが諸種の占文書である。逆に叙事詩・神話の類いはわずか1点のみである。

パルポラが指摘しているように（Parpola. 1983a, 8-10）、これらの「蒐集記録」に名前が記されているライブラリー文書の供出者の中に2人の払魔師と3人の占師が登場するが、彼らは「アッシュルバニパル図書館」のために自分の専門外の文書は供出しても、自分の専門に必要な文書は1点も供出していない。これは、彼らが自分の専門以外のことにも関心を寄せ、多くのライブラリー文書を蒐集・私蔵していたことを示している。例えば、ナブー［……］なる人物は合計435点の粘土板文書を、またナブー・アパル・イッディンは合計342点の粘土板文書と10冊の蝋板を供出しているが、彼らはなお多くの粘土板文書を手許に残していたはずである。彼らが蓄積していた個人ライブラリーの規模は想像を越える大きさである。

ここに紹介した「蒐集記録」は、たくさん作成されたはずの「蒐集記録」の内のわずか4点で、決して「アッシュルバニパル図書館」の全貌を示すものではない。表3-1の「叙事詩・神話他」のジャンルには粘土板文書1点があがって

いるのみであるが、例えばバビロニアの天地創造神話「エヌーマ・エリシュ」の現存するアッシリア字体の粘土板写本（断片を含む）は86点あり、その内断片を含む46点が「アッシュルバニパル図書館」趾で発見された（Lambert. 2013. 3）。また、同じ「図書館」趾から発見された「ギルガメシュ叙事詩」のアッシリア字体による粘土板写本が35点ある（George. 1999. xxvii; 2003, 382）ことも付け加えておきたい。

●アッシュルバニパルと書記術

　アッシュルバニパルは、皇太子となりニネヴェの皇太子の館（北王宮）に移ったときのことを王碑文の中で次のように記し、早くから書記学に関心をもっていたことを自慢している。

> 私は祝賀ムードの中、喜びに満たされて皇太子の館に移った。
> それは見事な建物、王国の中心。そこは、私の祖父センナケリブが皇太子時代を過ごし、（やがて）王権を行使したところ、
> そこは、私自身の父、エサルハドンが生まれ育ち、王権を行使したところ、
> ……
> そして、私アッシュルバニパルが、知恵、すなわち書記学——そのパトロンはナブー神——のすべてを学んだところである。
> 私は、すべての師たちの教えを究めた。（以下省略）
> 　　　　　（Assurbanipal Prism A: 11-34［E. Reiner.1985, 15-20 より］）

　アッシュルバニパルは、「アッシュルバニパル図書館」に納めた粘土板文書の一つの奥書に、「……先祖の王たちの誰も学んだことのなかった最高の書記術を学んだ」と記し、「ニヌルタ神とグラ神が作り上げた偉大な医薬処方書を粘土板に書写し、校正し、原本と照合し、自分で読むためあるいは読み聞かせてもらうために、私の王宮に納めた。」と記している（Hunger, 1968, 103［No.329]）。しかし、アッシュルバニパルのこの主張を鵜呑みにすることはできないだろう。書写、校正、照合の作業を実際に行ったのは、バビロニア在住あるいはアッシリア在住のバビロニア人書記かアッシリア人書記が行ったのではないだろうか。

●「アッシュルバニパル図書館」の文書蒐集

　アッシュルバニパル即位後の 20 年間、バビロニア王国はアッシュルバニパルの実兄シャマシュ・シュム・ウキンの統治下にあったが、前 652 年、彼はアッシリアに対して反乱を起こした。前 647 年にこれを鎮圧したアッシュルバニパルが、戦勝者としての立場を利用してバビロニアの諸神殿や個人のライブラリー所蔵の粘土板文書を大量に手に入れようとしたと思われる。このことは、「アッシリアのライブラリー蒐集記録」にある前 647 年という日付からも推察できる（Parpola. 1983a, 11）。

　しかし、「アッシュルバニパル図書館」のための文書提供の依頼／命令は、前 647 年のバビロニアの反乱以前に出されていた可能性が大である。それを裏づけるアッシュルバニパルの手紙は残っていないが、そのような手紙に対する返事の保存用写しを、後代の書記学校の生徒が書写した写本が 2 点残っている。1 点はボルシッパからアッシュルバニパルへの返事の写し（BM 45642）、もう 1 点はバビロンからアッシュルバニパルへの返事の写し（BM 28825）である。二つの文書は内容が似ていることから、二つのオリジナルは同じ時期に作成されたと考えられている。特に BM 28825 の 25 ～ 26 行に、アッシリア王がバビロニア王シャマシュ・シュム・ウキンに書写作業の報酬として高額の支払いを委頼した旨の言及がある上、文書のオリジナルの供出命令ではなくそれらの写本を求めているので、BM 28825（そして BM 45642）に見られるアッシュルバニパルの働きかけは、シャマシュ・シュム・ウキンの反乱が始まる前 652 年より以前にあったと考えるべきであろう（Frame and George. 2005, 282）。

●「アッシュルバニパル図書館」の始まりと終焉

　「アッシュルバニパル図書館」用の文書蒐集に関連してしばしば引き合いに出されるのが、アッシュルバニパルがシャドゥーヌ（Akerman/Baker. 2011, p. 1181）なる人物に書き送ったとされる手紙である（CT 22 1=Ebeling 1949: No.1=Frame and George. 2005, 281）（Parpola.1983a, 11）。手紙の主は、ボルシッパにあるナブーを祀るエジダ神殿にある限りの粘土板文書を集めて送るよう命じた後、王のベッドの頭と足の部分に付ける四つの魔除文セット（複数）、エルーの木の儀礼用の杖、王のベッドの頭に付ける呪文（?）など、具体的な文書の名をあげて送るよう要求している。しかし、これらは表3-1に見られるジャンルの文書ではなく、どちらかと言えば自分の身の安全に役立ちそうな文書であ

ることから、アッシュルバニパルではなく病気の心配を抱えていた父王のエサル
ハドンが書き送った手紙ではないかというのがフレイムとジョージの意見である
(Frame and George. 2005, 281-282)。

　エサルハドンは、西アジアのほぼ全域を支配下においた王ではあったが、常に
身の危険に怯え、特に不吉とされた日蝕や月蝕が一定の条件下で起こるときは、
危険が去るまでの間「身代わり王」を立てたことで有名である（ボテロ、
1998）。エサルハドンは前680年から前666年までの間に実に8回も「身代わ
り王」をたてたことが知られている（Parpola. 1983b, XXIII）。エサルハドンが、
天体占師や払魔師など大勢の学者専門家を重用する様は異常といえるほどであっ
た（前島，2011）。彼が、書記たちの集めた占い文書などに関心をもっていたこ
とは間違いなく、王宮のために文書蒐集を始めたのは実はエサルハドンであっ
て、アッシュルバニパルは父王の政策を継続したと考える方が説得的である
(Frame & George. 2005, 279; Charpin. 2010, 58)。

　ニネヴェは前612年、メディアとバビロニアの軍隊の攻撃を受け徹底的に破
壊され、「アッシュルバニパル図書館」もまたニネヴェと運命をともにした。

[中田一郎]

書かれたものとイスラーム

　本に帯をつけて編集者が自分の制作したものをアピールするようになったのは
いつごろからなのか、おそらく本書のどこかの箇所に触れられているに違いないの
だが、数年前に次のような帯のついた本が出ていた。

　曰く、「これを知らずして書物を語るなかれ——。近代以前、東アジアの木版本
と並んで世界の書物文化の二大山脈を形づくったのはイスラーム世界の写本であっ
た。聖典クルアーンから歴史書や科学書まで、また華麗な書や絵画から装丁まで、
広大な地域の知と文芸を支えた書物の歴史を、デジタル時代の現在からふりかえる
……」[*1] 斯く云うこの本で「書物」とは主に「手書き写本」「手稿本」の世界であ
る。「グーテンベルクの銀河系」が西洋近代知を構築したのであるとすれば、それ
に抗してイスラームの写本文化へ新たな光を注ごうとする試みの企図するところも
わからないではない。

　ただ、すでにある種の知のアリーナは、その「グーテンベルクの銀河系」をも
突き抜けた次元の可能世界へ広がろうとしている。デジタル化云々といった議論す
らすでに化石化していくようなところに私たちのロケーションは設えられていて、
そもそも、書かれたものとは何であるのか、という問いに回帰していく、眩暈のよ
うな位相にいるのかもしれない。

　プラトン第七書簡がすでに指摘するように、心ある人ならば自分自身の「知性」に
よって把握されたものを「言葉」という脆弱な器に、ましてや「書かれたもの」とい
う取り換えも効かぬ状態に、あえて盛り込もうとはしないのであり、およそ真面目な
人ならば、真面目に探求されるべき真実在そのものについて、書物を著すことなく、
彼の特に真剣な関心事は、魂の中の最も美しい領域（知性）に置かれているもので
ある……世は再び、そうした議論が必要とされる時代を迎えているのかもしれない。

　そこで何よりまず想起されるのは、フェティ・ベンスラマの指摘を待つまでも
なく[*2]、イスラームにおける〈書物〉（キターブ al-kitāb）の意味にあらかじめ仕掛
けられている二重性である。

　イスラームの聖典クルアーンは、預言者ムハンマドの口から発したアッラーの
言葉である啓示が書きとめられ〈書物〉となったものとされ、口承から書承への移
行を体験しているのであるが、興味深いのは、そもそもその口承のもとになってい
る〈母なる書物〉（ウム・ル・キターブ umm al-kitāb）が天上界に存在するとさ
れていることである。この「天上界の書物」には、すべての事柄が含まれている。
「幽玄界の鍵はかれの御許にあり、かれの外には誰もこれを知らない。彼は陸と海
にある凡てのものを知っておられる。一枚の木の葉でも、かれがそれを知らずに落

＊1　『イスラーム 書物の歴史』小杉泰・林佳世子編，名古屋大学出版会，2014 年.
＊2　Fethi Benslama, *Une fiction troublante*, 1994.

ちることはなく、また大地の暗闇の中の一粒の穀物でも、生気があるのか、または枯れているのか、明瞭な天の書の中にないものはないのである」（家畜章59）。

　クルアーンには筆や板などの筆記具への言及や「キターブ」という用語が頻繁に現れのであるが、一方で上述のように形而上的な全事象が含まれている「天上界の書物」や、それぞれの天使により日夜休むことなく記される個々の人間の言行の「記録の書物」があり、他方で、言うなれば形而下的な、手紙など一般的な「書かれたもの」、地上に下された諸聖典（新旧約聖書やクルアーン）が想定される。地上のクルアーンがあらかじめ「天上界の書物」に存在するということも、「いやこれは、栄光に満ちたクルアーンで、守護された碑板に（銘記されている）」（星座章21-22）といった具合に示唆される構造をもっている。

　したがって、「天上界の書物」を地上の諸聖典の「源」とする解釈も可能であるのだが、「クルアーンは何故一度に全巻が下されないのですか」という「信仰しない者」からの問いには、「われがあなたの心を堅固にするため、よく整えて順序よく復誦させるためである」（識別章32）と答えたように、クルアーンが「護られた書板」からいくつかの段階を経て下されていることを示している。ムハンマドへの啓示も実際に状況に応じて分割されて下されたものであるのだが、それはほかの預言者たちと違わない。つまり、啓示はモーゼに下されたり、イエスに下されたり、ムハンマドに下されたりなどするのであるが、それはまた、ブッダや孔子などに下されたのかもしれないことも示唆している。

　イスラームにおける〈書物〉の二重性は、地上の現実界における〈書物〉の存在形態を巧みに規定している。真実はそこにあって、またそこにはないわけである。

　この二重性には、当然、啓示は言葉による指示であるのだけれどアッラーの下されるメッセージは必ずしも啓示ばかりではないという仕掛けも組み込まれている。「アッラーが、人間に（直接）語りかけられることはない。啓示によるか、帳の陰から、または使徒（天使）を遣わし、彼が命令を下して、その御望みを明かす。本当にかれは、至高にして英明であられる。／このようにわれは、わが命令によって、啓示（クルアーン）をあなたに下した。あなたは、啓典が何であるのか、また信仰がどんなものかを知らなかった。しかしわれは、これ（クルアーン）をわがしもべの中からわれの望む者を導く一条の光とした。あなたは、それによって（人びとを）正しい道に導くのである。／天にあり地にあるすべてのものを所有するアッラーの道へ。見よ、本当にすべてはアッラー（の御許）に帰って行く」（相談章51-53）。

　とは言え、「言葉」や「書かれたもの」が天上界と地上の現実界とに重なるように存在しているとするのは、あくまで、ムハンマドの運んできた預言を人間の記憶の限界を補完する上でクルアーンという〈書物〉に蒐集編纂しなければならなかった、地上界における事情を大いに考慮した結果にほかならないのであって、プラトンのような知性におけるアッラーとの直接的邂逅への道を閉ざすものではなかったことは言うまでもない。

[鈴木規夫]

第4章

西洋の書物史

1　ギリシャ・ローマ時代

　ギリシャ人は、エジプトのヒエログリフ、地中海貿易で活躍したフェニキア人が発明したフェニキア文字に改良を加え、ギリシャ文字を発明した。

　ローマ人らは、フェニキア文字に加え、ギリシャ文字をも参考にして、現在のラテン文字をつくり上げた。ラテン文字を使って、ローマ帝国内で公用語として使用されたラテン語の文書が記録された。

●媒体手段としての蝋版（ろうばん）、獣皮、パピルス

　当初使われた情報媒体を示すものとして、次のような記述がある。

　　ところで、プロイトスの妻、美貌のアンテイアは、ペレロポンテスに想いを懸け、恋に狂って許されぬ望みを果たそうとしたが、心正しい聡明なペレロポンテスの心を動かすことができず、プロイトス王に偽りの話を語っていうには、

　『ねえ、プロイトス、あなたが殺されたくないのなら、ペレロポンテスを殺しておしまいなさい。あの男は嫌がるわたしに迫って、情を交わそうと思っているのですよ。』

　　こういうと王は、何たることを聞くものかと激怒したが、さすがに気が咎めて殺すことは避け、彼をリュキエに遣わした。その際二つ折の書板に彼の命を奪う手立ての委細を書き記した恐るべき符牒を手渡し、それを自分の義父に示せと命じ、彼を亡き者にしようとした。

（下線部は引用者。ホメロス著　松平千秋訳『イリアス（上）』、pp.190-191）

「二つ折の書板」とは、一方の木版の中央部を削りとり、ここに蝋を注いで固まらせた蝋板のことである。古代ギリシャ人らは、ここに鉄筆（スタイラス）で文字を刻み込んだ。必要がなくなれば、擦るだけで文字を消すことができた。そして、ほかの事柄を書くことができた。一枚の板だけではスペースが足りなくなったからであろうか、木片を数枚組み合わせた符帳の出土例もある。別の記述によると、

　　イオニア人はまた、昔から紙（パピルス）のことを「皮（ディプテラ）」といっているが、これはイオニアではむかし紙の入手がむつかしく、山羊や羊の皮を紙代わりに使っていたことによるもので、今の時代でも、このような獣皮に書写している異民族は少なくないのである。
　　（下線部は引用者。出典：ヘロドトス著　松平千秋訳『歴史（中）』、p.176）

獣皮に加工を施して、その表面に文字を書いていた。獣皮のなかでも、羊を屠殺したあとに残る皮を加工した羊皮紙が特に普及した。ほかの家畜に比べ、羊が飼育しやすかったからである[1]。
　この獣皮に加えて、最も普及していた媒体は、エジプトのナイル河流域に繁茂していた葦の茎に加工してつくられるパピルスだった。博物学者でもあった大プリニウスは、その製造方法について、次のように記している。

（前略）パピルスはエジプトの沼地またその他ナイル河が氾濫した後、深さ2キュービット〈約100センチ〉を超えない池のようになっているところの流れない水の中に生育している。それは人間の腕くらいの太さの傾いた根があり、三角形の二辺をなして上方に優美な先細りになり、10キュービットを超えない高さに達し、……（中略）……それは種子がない。……（中略）……パピルスから紙をつくる手順は、それを針で裂いて、できるだけ幅の広い非常に薄い片をつくる。もっとも上質のものはこの植物の中央にある。そうしてそれをだんだん裂いてゆくにつれて質が落ちてゆく。

---

[1]　箕輪成男著『中世ヨーロッパの書物──修道院出版の九〇〇年』、出版ニュース社、2006年、pp.33-34。

…… （中略） ……

紙はどんな種類のものでもナイル河の水で濡らした板の上で「織られる」。その水は泥を含んでいて糊の効果をもっている。まずパピルスの両端にある付属物を切り落とし、その全長を用いて真直ぐな一つの層が板にはりつけられ、その後それと十字において薄片が格子細工を完成する。次の段階は圧搾機にかけてそれを圧縮し、そして一枚一枚を天日に干し、そして綴じ合わせる。次に用いられる紙は必ず質が落ちる。そしてしまいにはもっとも粗悪なものになる。一巻 20 枚以上になることは決してない。

（中野定男・中野里見・中野美代共訳『プリニウスの博物誌　Ⅱ』、第 13 巻第 71、74、77 節）

　パピルス紙は、地中海貿易あるいは陸路中近東を経て、ヨーロッパに伝わった。既存の獣皮とともに、ギリシャ・ローマ世界において、情報媒体として普及した。当初はもっぱらエジプトからの輸入に頼っていた。その後、エジプトがローマ帝国の支配下に置かれると、大規模に生産されるようになった。ヨーロッパでも、シチリア島内でパピルスを栽培し、パピルス紙を生産するようになった[2]。

　今日のペンとして使われたのは、カラモス（κάλαμοσ）と呼ばれ、葦の茎を短く切り、その先端を削ったものである。インクとして使われたのは、「メラン」（μέλαυ）と言い、イカのスミと、樫または楢などのオークの木にできる瘤の汁とを混合したものが使われた。「メラン」は「メランドコン」（μελαυδόκου）と呼ばれるインク壺に蓄えられた[3]。

●巻子本の成立

　当初、人々はパピルス紙ないしは獣皮の一枚ごとに、保存しておきたい情報を左から右へと書き込んでいった。紙質の都合上、片面にしか文字を書くことができなかった。情報量が多くなると、一枚のスペースには書き込むことができなく

＊ 2　ホルスト・ブランク著 戸叶勝也訳『ギリシア・ローマ時代の書物』、朝文社、2007 年、p.61。
＊ 3　Cf., Wattenbach (W.), "Das Schriftswesen im Mittelalter", 4. Auflage, Akademische Druck-und Verlagsanstalt, Graz, 1958, p.222, 233-234; Whimbley (Leonard), "A Companion to Greek Studies", Hafner Publishing Company, New York and London, 1968, p.609. ベルンハルト・ビショップ著 佐藤彰一・瀬戸直彦共訳『西洋写本学』、岩波書店、2015 年、pp.19-20、22-23。

なる。その場合には、別の紙にその続きを書いていくことになる。散逸を避けるために、紙と紙とをつなぎ合わせるしかない。獣皮と異なり、パピルス紙であれば、「種入りパンの屑を熱湯の中に入れて濾」してつくる「製紙用の糊」（前掲プリニウス、第13巻第82節）を使って容易に接合することができた。書く内容が増すと、これに応じてパピルス紙を継ぎ足していくので、紙面全体も長くなっていった。広げたままでは保管やもち運びに不便である。そこで、人々はパピルス紙の一方の端からもう一方の端へと巻き取ることにした。こうして、巻物（スクロール）の中に情報や知識が保存されるようになった。この巻物状態の書物が「巻子本」（volumen, liber）である。幅は19ないし25センチメートル、長さは10メートル以内が標準サイズである[*4]。

　当時のカップ表面に描かれた絵や、墓碑レリーフによると、人々は、巻子本を両手でもち、文字が記されている面を右手で繰り広げては読んでいき、読み終わった面を左手で巻き取っていった[*5]。ほかの巻子本と区別するために、「表示用の小さい羊皮紙」（根本和子・川崎義和共訳キケロ「アッティクス書簡集　Ⅰ」Ⅳ・四 a・一）に著者名を記し、巻子本の外側の端につけていた[*6]。巻子本の書物は、「カプサ」（capsa）と呼ばれる、円筒形容器の「書類箱」（キケロ著　西村重雄訳「クィントゥス・カエリキウスを駁する予選演説」第51分節）に入れてもち運ばれた。

●出版業の成立

　情報や知識、あるいは文芸作品が記された書物は、人々が価値を認め、売買の対象となった。プラトンはその師ソクラテスの言葉を次のように記録している。

　　つまり君は、この諸君が文字を解しない人たちで、クラゾメナイのアナクサゴラスの書物には、いま君の言ったような議論がいっぱいのっているということを、知らないと思っているのだ。おまけに、青年たちが、こんなことをわたしから教えてもらうと思っているのだ。これは折があれば、<u>市場へ行って</u>、せいぜい高くても、一ドラクマも出せば、買えるものなので、ソク

＊4　ブランク著前掲書、pp.89-90。
＊5　L・カッソン著　新海邦治訳『図書館の誕生―古代オリエントからローマへ』刀水書房、2007年、p.32、34、124それぞれに掲載されている図版を参照。
＊6　カッソン著前掲邦訳書、p.108に掲載されている2点の図版を参照。

ラテスが、それを自説らしく見せかけたりしたら、すぐ笑ってやれるものな
のだ。　　　（下線部は引用者。田中美知太郎訳『ソクラテスの弁明』二五Ｂ）

さらに、小プリニウスは友人ゲミヌス宛の書簡の中で次のように記している。

　　ルグドゥヌム（現在のリヨン）に書店があるとは、思ってもみなかったこ
とです。そして、あなたの手紙から、私の本が売られていたことを知って、
いっそう嬉しく思います。私の著作が首都で得ているような人気を、外地で
も保っているのが嬉しいのです。
（括弧内および下線部は引用者。國原吉之助訳『プリニウス書簡集』、「第九
　巻　八　ルグドゥヌムの書店」、p.347）

　このように、巻子本の書物を商う業界が早くから成立していた。評判の高い作
家に依頼し、あるテーマで原稿を書かせる。原稿が届くと、これを同時に多くの
奴隷に筆写させて複数部のコピー巻子本を制作させた。完成したコピーが、新刊
書として、本屋の店頭に並んだ。いわば出版業の始まりである。ローマ時代の知
識人キケロが、彼の著作を多数取り扱った友人アッティクスに書き送った書簡集
は、当時の状況を今日によく伝えている（根本・川崎共訳前掲「アッティクス書
簡集　Ｉ」）。一点の書物が完成するまでに、オリジナル原稿からの筆写作業にか
なりの時間と手間を要した。このため、オリジナル原稿を書いた著者に、今日の
著作権に相当するような強い権利はなかった。

●図書館の成立
　アリストテレスは、古代ギリシャにおいて「万学の祖」と讃えられた。それだ
けに、多数の文献を収集していたようである。当時の文献には次のように記され
ている。

　　スケプシスからはソクラテス学派のエラストス、コリスコス、後者の息子
ネレウスが出た。息子の方はアリストテレスとテオプラストスの講義をも聴
講し、後者の蔵書を引継いだ人物で、この蔵書には前者のそれも含まれてい
た。とにかく、アリストレスは自分の蔵書をテオプラストスに譲り、学校
（アリストテレスが開学した「アカデメイア」）もこの弟子に残した。

（括弧内は引用者。ストラボン著　飯尾都人訳『ギリシア・ローマ世界地誌
Ⅱ』、C 六〇八）

　要するに、アリストテレスが私設図書館を開設していたようである。
　エジプトのプトレマイオス王によるアレキサンドリアの大図書館に触発された
のであろうか、ローマ共和政末期の政治家ユリウス・カエサルは、図書館創設の
具体的計画を立てていた。

　　ギリシア語とラテン語の図書を、できるだけたくさん収集し公開するこ
　と、マルクス・ウァロに蔵書の購入と整理の任務を与える。
　（スエトニウス著　國原吉之助訳『ローマ皇帝伝（上)』第一巻第 44 節）

　しかし、カエサルが暗殺されたことにより、この計画は実現しなかった。その
後、彼の甥オクタヴィアヌスは初代皇帝アウグストゥスとして帝位に就くと、叔
父の計画を実現した。すなわち、

　　公共の建物をたくさん造った。そのうち特筆に値するのは、……（中略）
　……パラティウムのアポロン神殿、カピトリウムの雷神ユピテルの神殿であ
　る。……（中略）……アポロン神殿は、パラティウムの敷地内で、雷に打た
　れ、卜腸師から雷神の特別お気に召した土地と宣言されていた場所に建てら
　れた。この神殿には柱廊が付置され、ラテン語とギリシャ語の図書館も併設
　された。　　　　　　　（スエトニウス著　國原前掲訳書、第二巻第 29 節）

　これを嚆矢として、スエトニウスの記録によると、ティベリウス帝、ドミティ
アヌス帝ら歴代皇帝が図書館を支援し、あるいは公衆浴場に併設したりした。
「パンとサーカス」とは、ローマ市民らからの人気取り政策として、皇帝らが重
視した施策である。すなわち、基本的食品であるパンと、サーカスをも含む娯楽
イベントを、皇帝らは無料で市民らに提供した。その一環として建設した公共浴
場に、知的娯楽の場として図書館を併設した。そして、蔵書蒐集に努めた。哲学
者セネカは次のように皮肉っている。

　　学問研究は、出費の対象として最も自由人にふさわしい営みだが、それが

理を有するのは、節度を有しているかぎりにおいてである。持ち主が表題だけでも一生かかっても読み切れない万巻の書物や文庫に何の意味があろう。……（中略）……あれは優雅でもなければ苦心でもなく、単なる学問的贅沢にすぎない。いや、学問的でさえない。なぜなら、彼ら王たちは、学問を研究するためではなく、見世物にするために蒐集したからである。……（中略）……今や、水風呂場や風呂場ともども、図書館も館の必需の飾りとして設えられるご時世なのだ。

（セネカ著　大西英文訳「心の平静について」第九節第四—七款）

●巻子本から冊子本への移行

　セネカの批判にもかかわらず、歴代皇帝が公衆浴場に併設した図書館は、ローマ市民らに格好の読書の場となった。読書にいそしむにつれて、人々は次第に巻子本が不便であることを感じ始めた。書物の全部を読む必要はなく、わずか数行程度の事柄を調べるにあたり、時間と手間を要した。極端な場合には、巻物を最初から最後まで、片方の手で繰り広げ、もう片方の手で巻き取るという厄介な作業をせねばならなかった[*7]。

　この現状を打開するために、人々がまず関心を向けたのは、蝋板を綴じ合わせた符帳である。当初使われていた木板に代わり、皮革紙が綴じ込まれるようになった。その方が、軽量になるからである。皮革紙は、パピルス紙と異なり、両面に字を書き込むことができた。両面に書き込むことができる皮革紙数枚を、紙面の片側（左側）で綴じ合わせると、長いパピルス紙の片面に書かれた文字情報を、コンパクトなスペースに収容することができた。しかも、数語ないしは数行程度の必要事項を、巻子本よりもスピーディーに検索することが可能になった。また、巻子本の端に付けられた「表示用の小さい羊皮紙」は、ときとして脱落することがあった。これに対し、冊子本では、（表）表紙に著者名ないしは書名を書き込んでおけば、ほかの書物の中に紛れ込んでいても、直ちに探し出すことができた。このように、（表）表紙と（裏）表紙との間に、複数の用紙を背部分で綴じ込んだ状態の書物が「冊子本」（codex）である[*8]。こうして、書物は、巻子

＊7　F・G・ケニオン著　高津春繁訳『古代の書物』、岩波新書、1953 年、p.73、130。カッソン著前掲邦訳書、p.184。

＊8　Cf., Haa (M.), Codex', in "Der Neue Pauly—Enzyklopädie der Antike", herausgegeben von Hubert Cancik und Helmuth Schneider, Verlag J.B.Metzler, Stuttgart/Weimar, 1997, Band 3, col.50.

本から冊子本への転換期を迎えることになった。

　例えば、ローマの詩人マルティリアヌスは「皮革紙の中におさまったティトウス・リヴィウス」と題して次のような詩を書いている。

　　我が書庫には全部を収納することができない、膨大なリヴィウス（の著
　　作）が、わずかな枚数の皮革紙で整理されている。
　（括弧内は引用者。マルティリアヌス著『寸鉄詩集』第十四巻第一九〇節）

　これまで巻子本の状態では膨大な巻数にわたった歴史家リヴィウスの著作が、冊子本になると、コンパクトに書架に収まっていることをマルティリアヌスは見事に表現している。こうした転換を大規模に促進した二つの動きが、「ローマ法大全」の編纂と、キリスト教の布教である。

　古代ローマは広大な領土を長期にわたり統治した。その基盤となったのは、周到に整備された法制度だった。首都ローマで決定された立法、領土内各地で下された裁判判決、それらについて解説した法律家らの著作が巻子本の形態で記された。共和政から帝政に移行するころ、すでに「国家の諸制度を秩序だてる方へ関心を向け」（スエトニウス著　國原前掲訳書、第一巻第40節）ていたカエサルは、次のような法源整理事業を計画していた。

　　市民法を一定範囲まで縮小し、無限に拡大した膨大な判例法規の中から、
　　最も立派で必要なもののみをすべて、できるだけ小数の巻本に編集するこ
　　と。　　　　　　　　（スエトニウス著　國原前掲訳書、第一巻第44節）

　しかし、この計画は、カエサルの暗殺により頓挫した。その後も「判例法規」は増大していく一方だった。この状況がようやく大規模に改革されることになったのが、かのユスティニアヌス帝（以下、「ユ帝」と略）による「ローマ法大全」編纂である。紀元530年、ユ帝は勅法「デオ・アウクトーレ（神を御導きとして）」の中で、次のように述べている。

　　神事および人事をよく整序しかつあらゆる不安を駆逐する、「法律についての権威」ほど、真摯なるものは万物のうちでも見出されないのであるが、朕の理解するところでは、「都市ローマの時に定礎され、ロームルスの時代に

まで至る」法律の歩みが、かくも錯綜し、その結果、限りなく拡張し、何人の才知においても把握しきれないほどにまでなっている。……（中略）……朕は、至高の形にしてこの上もなく完璧に法を改正して、総てのローマの規範を達成せんとして、諸著作家らによるかくも多岐にわたる「諸巻子本（volumina）」を収集し、補正し、引用したものを「一冊の冊子本（codex）」として公表することを急いだ。なお、当該「一冊の冊子本（codex）」は、誰一人としてかつて望みだにしなかったものである。事実、この事業は、もともと不可能と思われていただけに、朕にとって、困難極まるものであった。

（二重括弧内は引用者。モムゼンおよびクリューガー校訂『ローマ法大全』所収のラテン語テキストより引用者が抜粋邦訳）

　実際のところ、ローマ帝国内の法律があまりに多かったため、「一冊の冊子本（codex）」に集大成し得なかった。完成したのは紀元6世紀初頭である。今日、「ローマ法大全」として伝わっているのは、「旧勅法彙纂（Codex vetus）」（ユ帝以前の諸勅法を集成）、「学説彙纂（Digesta）」（主要法学者らの学説を集成）、「法学提要（Institutiones）」（法律学教科書）、「新勅法（Novellae）」（旧勅法彙纂以後に発布された諸勅法を集成）の各集成である。
　他方、キリスト教は、紀元1世紀ごろよりローマ帝国領内で布教が進んでいった。ロバーツ、スキート、そしてマッククロッフらは次の点を指摘する。すなわち、キリスト教徒らが教義の上で多くを負っているユダヤ教徒は、教典を巻子本状態にしておくことに固執した。これに対し、キリスト教徒らは、新約聖書は無論、旧約聖書をも一貫して冊子本の形で写本を作成していったことである[9]。直接の教典となる新約聖書では、

　　彼らは言った。「ユダヤのベツレヘムです。予言者がこう書いています。（後略）」
　　（マタイ伝第二章第五節。以下、新共同訳『聖書』による）

＊9　Cf., Roberts (Colin H.) and Skeat (T.C.), "The Birth of the Codex", published for The British Academy, by The Oxford University Press, London, 1989, p.44 and following: MacCulloch (Diarmaid), "A History of Christianity—The First Three Thousand Years", Penguin Books, London, 2010, p.9, 158.

イエスはお答えになった。

　「『人はパンだけで生きるものではない。神の口からでる一つ一つの言葉で生きる』

　と書いてある。」

（同第四章第四節）

等々、イエスの降誕に先だって予言者が残した言説を記録したもの、イエスの言行を書き残した福音書相互間での引証を求める記述がきわめて多い。このように、頻繁に参照する必要から、写本を作成するにあたり、検索が容易な冊子本形態が定着していったのではないか。また、頻繁に写本を閲覧していくと、パピルス紙では摩耗破損を免れない。このため、使用する紙も、パピルス紙から皮革紙へと転換していったのでないか。

　文献学者ブランクは、書物が巻子本から冊子本への転換していったことを、「ヨハネス・グーテンベルクの活版印刷の発明とそれに続く写本に対する印刷本の勝利に匹敵するぐらい重要で、同時に後世に大きな影響を及ぼした出来事」[10]と位置付けている。

［大川四郎］

---

* 10　ブランク著前掲書、p.103。

2 中世以後の欧州の書物

●キリスト教の伝播

　ユスティニアヌス帝による東西両ローマ帝国統一後、再びローマ帝国は東西に分裂した。東ローマ帝国は、その後、ビザンチン帝国として、西欧諸国とは別の歩みをたどっていく。以下では、西ローマ帝国崩壊以後の欧州における書物の歴史を論じていく。

　東方からの異民族が領内に侵入したことにより、西ローマ帝国は滅亡した。以後、ヨーロッパでは一時的にカール大帝による再統一が実現したものの、王朝の勃興と衰退が繰返された。長引く戦乱の最中、ローマ時代の文化的蓄積はほぼ灰燼に帰した。ローマ帝国末期に編纂された「ローマ法大全」も行方不明となった。その中で、唯一命脈を保ち得たばかりか、ヨーロッパ中に伝播していったのは、キリスト教信仰である。大きな理由としては、そのメシア信仰が、当時の人々の心を広くつかんだからであろう。布教の拠点となったのは、修道院と教会である。

　修道院とは、キリスト教に帰依した修道士らが厳しい戒律のもとで共同生活を営みながら、その教えを実践していく場である。その実践活動の一つが、信仰の原点となる聖書テキストを転写し、製本化し、写本をつくり、広く世に提供していくことだった。1084年にフランス・グルノーブルに創立され、現在も存続するラ・グランド・シャトルーズ修道院では、修業の一環としての写本作成を次のように記している。

　第7章　主日の聖務日課について
　(9) 九時課の後、禁城（回廊）内に集まり、霊的に益あることを語り合う。この時間に祭器係にインク、羊皮紙、ペン、白墨、数冊の書物をあるいは読むため、あるいは写本をするために求め、厨房係に野菜、塩、その他そのようなものを求め、それらの品を受け取る。

　第28章　修室内の物について
　(4) われわれは書物を筆写するたびに、真理を告げる者になると考える。書物によって誤りを正され、カトリックの真理において高められ、罪と過失

を悔い、天国への望みに燃えるであろうすべての人々が、主から報いがあるように我々は願っている。

（グイゴ著　高橋正行・杉崎泰一郎共訳「シャトルーズ修道院慣習律」）

作家かつ文献学者でもあるウンベルト・エーコの原作をもとにして、1988年の仏・伊・西独合作映画『薔薇の名前』（ジャン・ジャック・アノー監督、ショーン・コネリーほか出演）は、当時の修道院における写本制作の状況をよく伝えている。こうして修道院で制作された聖書写本の重要な配本先が、教会である。

●中世型大学の出現

教会では、司祭ら聖職者が定期的に俗人信者を集め、説教をした。すなわち、聖書の一節をギリシャ語またはラテン語で読み上げ、その教説を説いてみせ、場合によっては信者らの告解を聞き、適切な道へと嚮導した。

だが、信者を増やす着実な方法は、こうした教会で説教ができる聖職者を増やすことである。そのためには、聖書テキストで使われている古典語を読解し、解説できる人材を養成せねばならない。こうして、司教座聖堂が所在する教会では、「シュトウディウム・ゲネラーレ」と称する学塾が開設されるようになった。

当初、「シュトウディウム・ゲネラーレ」で教材として使用されたのは、修道院から提供された写本聖書である。生徒らが学んだのは、聖書テクストを教材にしたギリシャ語、ラテン語、さらにはヘブライ語だった。そのうち、ギリシャ語、ラテン語、ヘブライ語のより広い用例を求めて、教師である聖職者らは聖書以外に教材対象を広めていった。その過程で見つかったのが、戦火を免れた古代ギリシャ・ローマの写本だった。キリスト教発祥前の書物であるから、キリスト教に関わる内容は皆無である。

だが、書かれている内容が、実用的なものから優れて知的なものに至るまで多岐にわたることを、教師側も生徒側も発見した。教会に付属する限りは、こうした信仰以外の内容を教材とすることが憚られた。そこで、「シュトウディウム・ゲネラーレ」は、次第に教会を離れて、私的に開設されるようになった。古代の写本を介して、ある学塾では紛争解決方法を、また別の学塾では医術を講じた。こうして、学ぶことを希望する者らは、口コミで聞きつけた評判に基づき、教師の周辺に集まり、居住し、学生として学ぶようになった。いわば、学園都市が出現した。

すると、保護することを口実として、徴税するために周辺の政治権力者が学園に介入を始めた。これに対抗して、学生らと教師らは、ローマ法上の組合概念「ウニベルシタス」、「コレギウム」を使い、「universitas dicipulorum et collegium magistorum（ウニベルシタス・ディスチプローム・エ・コレギウム・マギストールム。「学生組合および教師団」の意）を結成した。略して「ウニベルシタス（大学）」と称されるようになった。初期の「ウニベルシタス（大学）」として、ボローニャ大学（法学）、サレルノ大学（医学）、パリ大学（神学）、オックスフォード大学（神学）が有名である。これらは、いずれも今日でいう単科大学だった。このうち、最古の「ウニベルシタス」は、北イタリアに所在したボローニャ大学である。19世紀ドイツの法学者フリードリッヒ・カール・フォン・サヴィニーは、パリ国立図書館に残る古い聴講ノートを発掘し、当時のボローニャ大学における法学者オドフレドゥスによる講義風景を、次のように伝えている。

　　もし諸君がそう望むのであれば、『旧学説彙纂』について、聖ミカエル祭（10月6日）からほぼ8日目に私（オドフレドゥス）は（講義を）始めるであろう。そして、神の御加護が介在すれば、（翌年の）8月半ば頃にそれ（『旧学説彙纂』）を総ての通常講義と特別講義とともに私は終了するであろう。『勅法彙纂』について（の講義を）いつも私が始めるのは聖ミカエル祭からほぼ2週間後であり、そしてそれ（『勅法彙纂』）を総ての特別講義とともに私が終了する時は、神という援助者が介在するのであれば、（翌年の）8月1日頃であろう。ちなみに、（『旧勅法彙纂』についての）それらの講義は久しく博士らによっては読み上げられなかったものであるから、かくして総ての学生らは──劣っている者であれ新入生であれ──私とともに適度に前進することができるであろう。なぜならば、彼等学生は自分の教科書について完全に聴講することができるからであり、また、たとえば、今までこの土地においてはほぼ通例のように為されていたようには、どの学生も取り残されることがないからである。なぜならば、劣っている学生、新入の学生、いわんや学業が進んでいる学生らについてもそう（取り残されることがないこと）なのである。劣っている学生はまさに事案の提示と本文の説明において、適度に前進することができるし、学業の進んでいる学生らは疑問点と反対意見との細かい諸点において大いに学識豊かになりうるであろう。更に、私以前にはそうではなかったのであるが、私は総ての注釈を読み上げるであろう。

（括弧内は引用者。原史料はパリ国立図書館所蔵のラテン語手稿 MS. Lat.4489, f.102 である。本稿では、フリードリッヒ・カール・フォン・サヴィニー著『中世ローマ法史』（1834 年第二版）第 3 巻、脚注に引用されている一節を引用者が抜粋邦訳）

　この一節から伝わってくるのは、第一に、オドフレドゥスの時代までに、ボローニャ大学では、西ローマ帝国滅亡後に散逸していた写本の断片を、教材として使用しているうちに、「ローマ法大全」を復元することに成功していたことである。第二に、これを、講義の教科書として使用していたことである。第三に、教科書に注釈（glossa）を加えていることである。今日、専門書に付されている脚注の源である。後に、ボローニャ大学における歴代法学教授らが古代ローマ法に加えた注釈は、アックルシウスにより集大成され、「標準註解（glossa ordinalia）」と呼ばれる版が完成した。これが、その後のヨーロッパにおけるローマ法研究の基盤となった。今日広く普及しているのは 1627 年にフランスのリヨンで印刷刊行された版である。その 1 ページあたりのレイアウトが独特である。すなわち、紙面中央のわずかなスペースに「ローマ法大全」の法文テクストが掲載され、残りのスペースを膨大な量の注釈が占めている。注釈では、歴代の法学教授らの学説が網羅されている。おそらく、ボローニャ大学では、注釈の解説に多大の時間を使っていたのではないか。後知恵によると、テクストと注釈の位置づけが逆転し、注釈こそが、近世以後のヨーロッパ諸国の法の素材となっていく。こうした注釈作業は、ボローニャ大学では初期の段階から始まったのではないか[*11]。

　ボローニャ市立中世史博物館には、ボローニャ大学の講義風景を今日に伝える絵画が数点所蔵されている。オドフレドゥスによる講義風景そのものではないが、ほぼ似たような状況を示している。これを見ると、中央教壇に立つ教授は、教卓上に教科書を置いて、身振りよろしく談じ込んでいる。中央教壇をはさんで左右のベンチに座って聴講している学生らの様子はさまざまである。ある学生は、教科書をベンチ前の斜面のついた机に広げて、教授が指摘した箇所を目で追っている。別の学生は、教科書をもたず、机の傾斜面に羊皮紙を広げ、左手にペン先を削るナイフ、右手には鵞ペンをもち、筆記をしている。通年講義を聴講

[*11]　12 世紀中葉フランスのパリ大学において、聖書研究の過程で考案され、教会法研究で発達したようである（Cf., *Le livre au moyen âge*, sous la direction de Jean Glenisson, CNRS Éditions, Paris, 2002, pp.98-99）。

するためには、学生らにとって教科書が必需品となっていたことは間違いない。

　ところが、教科書も写本であり、大量生産はできなかった。しかも、写本ができあがるまでには、多くの作業行程を経ねばならず、1冊の教科書であれ、高価であった。講義の最初から教科書を手にすることができた学生は、裕福な家系出身者に限られた。そこで、大学当局は一定数冊の教科書を学園内に確保するようになった。

　そのために考案された制度が「ペキア」である。これは、1冊の教科書の定本を大学当局が大学周辺の書籍業者に委託する。業者は、これを数名の写字生に采配して定本を同時に転写させ、複数部数の写本を大学に納品する。大学側では、納品された写本には登録番号を付して、学生らに貸与する。これは、元来、フランスのパリ大学で考案された制度である[*12]。またたくまに、ヨーロッパ中の諸大学にも広まった。そして写本を保管するために、各大学において図書館が整備されることにもなった。

●写本文化の隆盛

　中世において大量の写本を必要としたのは大学である。このため、大学周辺には写本制作に連なる工房や、職人養成学校が出現した。ボローニャ大学史に詳しいザッカニーニは次のように描写している。

　　　　羊皮紙商
　　当時、書籍商と類似していたのが、学校が位置する通りに数多くあった羊皮紙商であった。幸運なことに、1300年代のある細密画から、この羊皮紙店の一つについて実に詳細にわたって知ることができる。それはピエロとレオナルド・ダ・ヴィッローラ兄弟の店である。一人の男が、石製かあるいは金属製の重石で固定された羊皮紙を切り抜くか、あるいはそぎ取っている。別の男は、軽石で別の羊皮紙を研磨している。上の高いところに、筆記用のペンの束、軽石のかけら、切り抜き用がそぎ取り用の鉄がつるされている。そばにインク壺がある。（後略）

　　　　写字生、写字屋、写本細密画家、色づけ師の店

＊12　Cf., Destrez (Jean), *La Pecia dans les manuscrits universitaires du XIIIe et du XIVe siecle*, Editions Jacques Váutrain, Paris, 1935, pp.5-9.

書籍商と並んで、当然なことに、かなりな数の写字生と写字屋の店があった。古い史料の非常に忍耐強い探求者であったリーヴィは、1317年から1330年までのボローニャで、三二人の「写字生（scriptores）」を再発見した。しばしば、写字生の熟練した筆法は、書物を装飾し色彩をつけ、細密画を描く能力に等しかったと理解される。彼らのうちには写本細密画家と呼ばれる者もいるのである。

……（中略）……

　もっとも豊かな大学の教師たちは、たとえば自分専用の写字生フィダンツァを持っていたグリエル・ダックルシオのように、自分の仕事をさせる写字生を持つという贅沢さえ行っていた。

……（中略）……

　　　写字の学校

　ある写字学校についての記録も、今日にいたるまで残されている。それは聖ダミアーノ小教区の教師ヤコポ・ディ・ヴェントーラという者が持っていた、まごうことなく書法の学校であった。その記録を私は、彼が自分の工房でこうむった重大な窃盗を扱った裁判所文書の中に見つけた。史料はその窃盗を告発しているが、犯人を告発してはいないので、誰が犯人かわからないままであったようだが、強盗たちは工房の窓を割って部屋に入り、彼が仕事で使う羊皮紙の分冊と冊子を奪った。まさにここで学校が開かれていたことは間違いない。というのも、史料は、ヤコポが「聖アンドレア・デリ・アルサンディ小教区に写字の学生を持っている」と述べているからである。そこはまさしく学校と書籍商がある地域のまっただ中であった。

　強盗が持っていったのは、『勅法彙纂』の冊子1冊、注釈の分冊2部、注釈付き『教皇令集』の冊子2冊、別の『教皇令集』の分冊2部、注釈付き『学説彙纂補遺』の冊子4冊、『学説彙纂補遺』の『釈義』の分冊4部と『教令集』の冊子1冊であった。（後略）

　　　大学の指定写本商

　名の知れ渡った書籍商の中から、学頭によって指定写本商が選出された。この職務では学生の勉学に必要な書物を常に学生のために準備しておくことが義務とされた。彼らは書物を預かっておいて、どのような学生の要求に対

しても書物を与えるか、あるいは学生のところにもっていったのである。

　　学頭による選出の 15 日後かあるいはもっと後に、すべての指定写本商は、
　学生に使用させるために、勉学に適切な数の書物や他の物を預かりおくこと
　を、保証人をたてて保証しなければならなかった。（後略）

　　　　　　　　（グイド・ザッカニーニ著　児玉義仁訳『中世イタリアの大学生活』）

　写字生、製本業者らは写本の付加価値を高めるために、さまざまな工夫を講じ
た。写字生らは、転写する際に、各段落の最初の一字には、意匠をこらした装飾
文字を使い、ときには着色さえした。製本業者らは、頻繁な閲覧に耐えうるよう
に、造本技術に工夫をこらし、レイアウトなどに装飾を施した。

　中央アジア経由で、中国の製紙技術がヨーロッパに伝わるのは中世である。し
かし、当時のヨーロッパでは十分な紙質の紙を製造することができなかった。こ
のため、グーテンベルクの印刷技術考案により大量の紙への需要が高まるまで、
ヨーロッパでは、もっぱら羊皮紙が使用され続けた。だが、羊皮紙を製造するに
は、羊を屠殺・解体し、皮革に加工して紙状態にするまでに、時間と労力を要し
た。その意味では、羊皮紙は、記録媒体として貴重な製品だった。そこで、1 冊
の写本がその役目を終え、読まれなくなると、直ちに廃棄されず、再利用（リサ
イクル）された。すなわち、写本の製本をいったん解体し、羊皮紙だけの状態に
する。特殊な薬品をその羊皮紙表面にかけて、文字を消し、その上から別の内容
が再び転写され、製本化された。今日では、パリンプセストと称し、当初羊皮紙
に記されていた文面を読み取る技術が発達している[13]。

　こうして、手仕事ならではの写本文化が中世以後の欧州に花開いた。

●書物に対する考え方

　中世において、1 冊の写本ができ上がるまでには、原稿はもとより、多くの
人々の手を経ねばならなかった。羊皮紙をつくる人、原稿をその羊皮紙に転写す
る写字生、転写が終わった羊皮紙を製本化する業者、等々がそうである。一人た
りとも抜けていては、写本は完成しなかった。つまり、原稿を書いた著者はさほ
ど重要な存在ではなかった。今日で言う著作権という考えは成立しなかったので
ある。　　　　　　　　　　　　　　　　　　　　　　　　　　　　　　［大川四郎］

＊ 13　ベルンハルト・ビショップ著、佐藤彰一・瀬戸直彦共訳『西洋写本学』岩波書店、2015 年、
　　　pp.12-14。

3 活版印刷以後の書物

●グーテンベルク『42行聖書』

　活字印刷術の金字塔といえば、グーテンベルク『42行聖書』（1455年）である。この聖書の製作者はグーテンベルクであるが、彼は印刷術を実用的なものとしたために「活字印刷の父」と称されているのであるが、彼の幼年時代から青年時代までについてははっきりしない。したがって彼が活版印刷技術に到達するまでのさまざまな試行錯誤についても詳らかではない。ちなみに、彼の生年は1394年から1402年の間と曖昧になっているが、通常、この時代であれば、王侯貴族のような特権階級でない限り、生まれて間もなく教会で洗礼を授かり、受洗者名簿に、生年月日、代父、あるいは代母名を記されるだけであり、その教会が焼失などで受洗名簿が亡くなる場合がいくらでもあったであろうし、まして、グーテンベルクの場合、『42行聖書』の出版により有名になったのだから、それ以降の人生の足跡しかわからないのもやむ得ないのではないか。

　グーテンベルク（1397 ?-1468）は、ドイツのマイン川とライン川の交わり、かつて「黄金の都市」と言われたマインツでの高級官吏、あるいは飾り職人の第三子として生まれた。1434年ころ、シュトラースブルグに移り、アーヘンへ向かう巡礼者が使う手鏡を製作する職人として生計を維持し、48年ころ、マインツに戻る。そこで、天文歴、医学歴（喀血、下剤の摂取期日の明示）、トルコ歴、免罪符などといった可動式活字を用いた最初の印刷物である「1枚物」を印刷しながら、もっと野心的な出版に挑もうとする、聖書である。そうは言っても相当の資金が必要で、資産家ヨハネス・フストから資金を借入でき、またパリで写字生の修業を積んできたピーター・シェーファーに助っ人として来てもらった。そしてついに、完成間近になった1455年11月、なんとフストはグーテンベルクに対して借金返済不能という理由で、グーテンベルクの工房から印刷機一式を差し押さえ印刷技師ピーター・シェーファーを雇用し、独自に『42行聖書』を完成させた。1頁2段に分かれ、1段42行のラテン語の聖書である。この『42行聖書』は、約180部作製され、そのうち約150部は紙製、30部は羊皮紙製である。

　この聖書は、未完成の状態で、マインツからワインの樽に入れられ、ヨーロッパ各地に運ばれた。そこで、顧客のお抱えの装飾師に預けられ、イニシアル、朱

図 4-1　グーテンベルク『42 行聖書』。1455 年頃ドイツ・マインツのヨハン・グーテンベルクが活版印刷技術を用いて印刷した初の聖書（慶應義塾図書館蔵）

書きや装飾などが施され [1]、製本されたのである。このようなわけで、この聖書は、きわめて個性的な聖書としてでき上がり、どれ一点を取っても類似しているとか、まったく同じといったものが存在しない。

　その後、グーテンベルクは、1457 年に、『バンベルグ聖書』、1459 年に、宗教辞典『カトリコン』を印刷した。そして 1465 年、印刷物の刊行という分野において教会への功績が認められ、マインツ大司教から年金を授けられ、その 3 年後の 1468 年 2 月 3 日、マインツで亡くなったと言われている。

● 1500 年代ヨーロッパの印刷物の状況

　グーテンベルクが印刷を開始した頃から 1500 年まで、印刷職人のギルドがまだ誕生していなかったために、彼らが各地を自由に転々とすることで、活字印刷は急速に普及し、ヨーロッパの約 250 の都市で刊行された印刷本は「インキュナビュラ（揺籃期本）」と呼ばれ、その総数は 4 万点、現存するのは、約 3 万点である。その 45 ％は宗教の本だった。また 1500 年までに出版された書物

の総数は 2,000 万部という。当時のヨーロッパの人口、それに識字率を考慮すると、信じられない冊数である[2]。ちなみに、「インキュナビュラ」とは、「インクナプラ」というラテン語「揺り籠」からきている。

　このころ出版された『ニュルンベルク年代記』（1493 年）は、最も成功したベストセラーである。ニュルンベルクの二人の裕福な商人がドイツ人歴史家ハルトマン・シェーデルにラテン語で世界の歴史の執筆を依頼する。このシェーデルのテクストをゲオルド・アルトというニュルンベルクの官吏にドイツ語に翻訳してもらう。1493 年、ラテン語版とドイツ語版合わせてほぼ 2,000 部印刷され、現在約 700 部残っている。凝ったデザインの 1,800 枚以上の木版挿画が添えられ、15 世紀の本としては、他に追随を許さない実に豪華な本である[3]。

　1500 年ころまでに印刷術誕生の地ドイツから、150 か所の印刷工房が設立され、4,000 点もの印刷本を出版したベネチアが、印刷業の最大の拠点地となる[4]。

　このころになると、印刷物は従来の写本と異なり、手軽に入手可能な身近なものとしてヨーロッパ文化生活の中心を占めるようになり、また、ヨーロッパ全土に渡ってダイナミックな社会変革をもたらした 2 大潮流と深く関係してくる。つまりルネサンス期にイタリアで開花した人文主義とドイツで生まれた宗教改革である。書物は、ずばり、こうした社会改革の有力な牽引車となったのだ。

●人文主義者の活躍

　15 世紀から 16 世紀にかけて、イタリアを嚆矢として、ドイツ、フランス、イングランドへと波及していった人文主義運動は、ユマニスム（言語文献学的研究）に基づきギリシャ・ローマの原典の発掘、探究を重ね、それらの古典的教養の中に、知性と感性の調和する新しい人間中心の世界観を構築しようとした。この運動は、別言すれば、古代の文献を研究し、誤訳、余計な注釈などを取り除こうとした。こうして中世の伝統から解放された人文主義者は、原典の正確な製作を印刷業者に依頼し、学者と印刷業者との密接な協力関係が多くの都市で見うけられた。

　1453 年のビザンツ帝国（専制君主政キリスト教東ローマ帝国）が滅亡して以来、現地に在住していた多くのギリシャ人学者がイタリアへ避難してきた。その結果イタリアではギリシャの学問が一挙に開花した。それに同調して、印刷術も改善・改革され、イタリアの桂冠詩人ペトラルカ（1304-74）の筆跡をまねた美

しい活字「イタリック」が生まれた。

●宗教改革と反宗教改革

　1517年10月31日、アウグスティヌス会修道士でヴィッテンベルク大学神学教授のマルチン・ルター（1483-1546）が免罪符を断罪する「95箇条提題」をドイツのヴィッテンベルク城の教会門扉に、張り付けるとたちまち大反響を呼び、1519年のライプツィヒ討論ではついに公然と教皇権を否定するに至った。これが、宗教改革の始まりである。

　1520年、ルターのパンフレット『ドイツのキリスト教貴族に与える書』は、4,000部刷ったが、数日で完売したという。この著作は、その後16版を重ねた。またルターがドイツ地方語に翻訳した新約聖書『ヴィッテンベルク聖書』は、1522年から46年の彼の死去まで実に430版、約200万部に達した[5]。

　それにしても、ルターの『ヴィッテンベルク聖書』はルター主義の中心的な使者ではなかった。ルター派の運動によって、印刷工たちは大量のパンフレット、小冊子、教義問答集、それにポスターのような「1枚刷」の大版紙「フライシート」の印刷に忙殺された。反宗教改革派も同様に印刷物で対抗し、さながらそれは大量のパンフレット戦争という様相を呈した。ちなみに、1518年から25年の間に、約300万枚のパンフレットがドイツ国内に出回ったが、当時のドイツの全人口は1,300万人に過ぎなかった[6]。

　このようにカトリック教会から離脱した信徒を総称して「プロテスタント」と呼ぶ。この呼称は、1529年の第2回シュパイエルの帝国国会で福音主義を奉ずる帝国諸侯が「抗議書（protestatio）」を提出したことに由来する。ここで政治勢力としてのプロテスタントが生まれた。教義としては、基本的には、聖書を信仰の唯一の規範として、福音への信仰のみが救いを獲得せしめると説いている。

　1545年から18年間続いたトリエント公会議は、当初の目的としては、新旧両教会の調節にあったが、プロテスタント側が出席を拒んだために、実際は一方的に反宗教的立場よりの、カトリック教義の再確認の会議となった。当然、異端に対する戦いも決議され、聖書解釈権はカトリック教会のみに存すという決定は、将来起こりうるカトリック教会批判を予防する伏線であった。16世紀に教皇クレメンス7世（在位1523-34）が修正版を出したラテン語聖書『ヴルガータ聖書』が、カトリックの標準聖書となった。ちなみに「ヴルガータ」とは、ラテン語形容句「一般の」「共通の」という意味である。

1559 年、教皇庁は『禁書目録』を公布した。特別な許しがある場合を除き、この目録に載せられている本を読むことを禁じている。この目録に書名がリストされている約 1,000 点の禁書に加えて、禁書を書いた作家や著者のほかの全作品も禁止される場合が多かった。その中には、エラスムスやマキャベリ、フランソワ・ラブレーらも含まれていたのであり、それはさながらヨーロッパの知的エリートに対する宣戦布告でもあった。内容的には、カトリック教会が公認しない版の聖書、無神論を勧める本、不道徳な本、日常言語の宗教書、伝奇物語などであった。1571 年、ないし 72 年、禁書目録を最新なものにしておく任務を担った独立した機構、禁書目録聖省がローマ教皇庁内に設置される。こうして 1790年までに、およそ 7,400 点の本が禁書リストにあげられ、禁書、ないし廃棄処分された。その後、禁書目録聖省は 1917 年まで公的機関として存続し、また何度も改定を重ねた禁書目録が最後に公布されたのは 1948 年で、これは 1966 年の第 2 回ヴァチカン公会議において廃止が決まった。

1515 年、書籍の出版に関しても、教皇レオ 10 世（在位 1513-21）の名で西ヨーロッパ全域において、高位聖職者による印刷前の検閲が命じられた[7]。

●ラテン語書籍の衰退化と聖書の日常言語化

16 世紀中葉までのヨーロッパにおいて、ラテン語は法律や科学、そして教会などで使われる「国際共通語」であった。

やがて、君主制国家の誕生により、君主は独自の国家言語を広めることに専念する。これには国家統治という点でも政治的な意味があった。

1539 年、フランス国王フランソワ 1 世（在位 1515-47）は、ヴィレール゠コトゥレ令を公布し、すべての公文書に従来のラテン語ではなく、フランス語を使用することを命じたのだった[8]。またイングランドでも、ヘンリー 8 世（在位1509-47）は、自らの離婚と再婚をめぐって、ローマ教皇クレメンス 7 世（在位1523-34）と対立し、国あげてローマ教会からの独立を決意し、1534 年の国王至上法の公布によって自ら教会の頭となり、イングランド国教会を創設し、その2 年後の 1536 年から 41 年にかけて、全修道院を解散させ、イングランド全土の 4 分の 1 に及ぶ広大な土地財産を没収し、王のものとした。これによって、ラテン語書籍の出版を支えてきた最大の資金源であった最大の印刷工房の一つが消失し、ラテン語印刷文化が無残にも脆弱化した。これ以降、ほぼ 100 年にわたって重要なラテン語文献は印刷されず、それだけでなく、1625 年、イングラ

ンド書籍出版組合は、ラテン語書籍の在庫をすべて廃棄したのだった⁽⁹⁾。

　もう一つのラテン語への敵対行動は、宗教改革によるプロテスタント派の活動
であった。聖書はラテン語ではなく自国語、日常言語で書かれることになった。
その方が聖書のメッセージを理解しやすいからとプロテスタント側が理解してい
たからだった。

　プロテスタント側はまず新約聖書の翻訳に取りかかった。1526 年、オランダ
語の聖書が出版される。同じ年に、イングランドの宗教改革論者ウィリアム・
ティンダル（1492 頃-1536）による英語版新約聖書が大陸からイングランドへ
もち込まれた。多くのフランス語新約聖書は、ルター派の中心地だったストラス
プールとカルヴァン派の拠点地だったジュネーブからフランスに輸入された。フ
ランス国内で最初に出版されたフランス語版新約聖書は、フランスの神学者で人
文主義者のルフェーヴル・デタプル（1450-1537）の日常言語による翻訳聖書で
あった⁽¹⁰⁾。

　宗教改革の初期においてはフランスだけに限らず、1545 年のトリエント公会
議の決定を待つまでもなく、ローマ・カトリック教会が日常言語聖書を「異端」
と断罪していたために、日常言語聖書をつくることは政治的にも危険であり、政
府当局もそうした行為を扇情的な政治活動と関連させて危険視した。イングラン
ドにおいても、ウィリアム・ティンダルの英語版新約聖書は何回も焚書処分さ
れ、翻訳した本人も 1536 年に焚刑に処されたのだった。それにしても、公的機
関から支援を受けている印刷業者ですら、いつ摘発されるか油断はできなかっ
た。1538 年にパリで印刷したイギリス国教会の『大聖書』（グレート・バイブ
ル）のために、編集者リチャード・クラフトンは異端審問にかけられないように
フランスから逃亡しなくてはならなかった。その後、彼はロンドンで聖書を印刷
させたが、それがもとで獄舎につながれたのだった⁽¹¹⁾。

　その後のイングランドにおいて、宗教改革を断行し、ローマ教会という超国家
的勢力から自国を解放したヘンリー 8 世下の王政は、日常言語聖書を、国家統
一を推進し、国教会に対する王制の覇権の強化する有効なツールとみなし始め、
すべての教区教会が聖書写しを独自で行ってもよいと命じた。1611 年、英訳聖
書の初版が出版される。これは『ジェイムズ王聖書』『欽定英訳聖書』と呼ばれ
ている。初版のサイズは二つ折り判（フォリオ判）で、およそ 42 cm × 27 cm、
厚さは表紙を除いて、およそ 7.6 cm であった。各ページにはノンブルは付いて
いないが、題扉を除いたページの合計は 1,458 ページになる。本文はブラックレ

ターとかドイツ文字と呼ばれる字体であるが、各章の初めの要約部分および本文中の付加語（原典に対応する語がない英単語）と欄外注の他書への参照部分では小型のローマ体が使われている。また、原語に関する欄外注では小型の斜字体が使われている。この本の値段は2ポンドと高価だったので、一般の読者はその一部を購入するか、「親指聖書」（サム・バイブル）として流布している縮刷版を購入した⁽¹²⁾。

●クリストフ・プランタンの『多言語聖書』

　クリストフ・プランタン（1514-86）は、フランスのトゥーレーヌ地方で生まれ、パリで製本術を、カーンで印刷術をそれぞれ修業した。1549年にベルギーの国際都市アントウェルペン（アントワープ）に移住し、そこを活動拠点として、ヨーロッパ最大の印刷・出版業を営むようになった。

　スペイン領ネーデルランド（現在のオランダとベルギー）17州において、出版業は当局の監視が厳しく、ときに理不尽な身柄拘束や処刑の憂き目を見る場合もある危険な職業だった。プランタン自身、プロテスタントに共鳴していたこともあって、それに同調する本を出版したことがあった。1561年、それがスペイン当局から「異端」の疑いをかけられ、彼の工房が査察を受けることになり、事前に察知した彼は慌てて全在庫を販売し、事なきを得たのだった。1563年、彼は事業に必要な資金を確保するために4人のカルヴァン派の人物と提携する。「陽の沈むことなき大帝国」スペインの国王として、「カトリック擁護者」を自認するフェリペ2世（在位1556-98）は、残酷なアルバ公を1567〜73年の間ネーデルランド総督に据えた。スペイン軍を率いたアルバ公は、国王の宗教的不寛容政策を徹底的に実践するために、恐怖政治を開始した。1,000人単位のプロテスタントの焚刑や処刑などを行い、ついに「80年戦争」別名「オランダ独立戦争」（1568-1648）を誘発した。戦争の長期化により、1579年にカトリック教徒の多い南ネーデルランド10州はスペインに帰順し、北ネーデルランド7州はユトレヒト同盟を結成し、独立戦争を継続し、1581年に、フェリペ2世の統治権の否認と独立を宣言した。1609年に12年休戦条約が成立し、ここに事実上の独立が達成された。21年に戦争は再開され、48年のウェストファリア条約の締結によって、国際的な独立が承認された。

　結局、プランタンは、フェリペ2世に恭順の意を表することにした。彼は1568年から4年かけて、フェリペ2世のために、ラテン語、ギリシャ語、ヘブ

ライ語、シリア語、アラム語の本文からなる『多言語聖書（王の聖書）』を出版する。これこそ、まさに活字印刷の壮挙である。プランタンはスペイン国王の援助でこの聖書の出版ができ、以下が 1572 年 11 月 14 日付けでフェリペ 2 世の秘書官サヤスに宛てて書いた手紙である。

> 王の聖書につきましては、全 5 巻からなる聖書本文の方が 1,200 部印刷いたしました。ただ先に印刷した付属の辞書の方は、資金不足のために 600 部しか作っておりませんですので、この機会にさらに 600 部を増刷りして、聖書本文と同数にしておく必要があるでしょう。本文と辞書を合わせて全 8 巻の大分なもので、厚さ、大きさ、重量とも、アルカラ版の辞書付き 3 巻本聖書を上回る規模となります [13]。

　この聖書のおかげで、プランタンはスペイン国王の寵臣となり、国王直属の初代活版印刷師の称号を拝受し、それと同時に、カトリック典礼書印刷における有利な独占権を獲得する。
　1581 年、北ネーデルランド 7 州の独立運動の最高指導者だった沈黙公ウィレム一世がアントウェルペンに凱旋入城したとき、プランタンはプロテスタントとカトリックを両天秤にかけることにした。つまりネーデルランド連邦共和国の最高議会用の印刷を引き受ける一方、反宗教改革書の刊行の拠点地だった南ネーデルランドとパリで、子会社を設立して、事業を拡大したのであった [14]。

● 17 世紀の出版状況

　17 世紀は、小説と戯曲といった文学上のジャンルを確立する画期的な作品が現れた時代であった。例えば、イギリスでは、『ハムレット』『リア王』『オセロ』『マクベス』の「四大悲劇」をはじめ、多くの喜劇、史劇、『ソネット集』などを発表した劇作家ウィリアム・シェイクスピア（1564-1616）、スペインでは、名作『ドン・キホーテ』（1605 年）の作家ミゲール・デ・セルバンテス（1547-1616）、「新しい演劇」の様式を掲げてマドリードの劇壇に登場し、実に 2,000 篇の戯曲を発表したロペ・デ・ベガ（1562-1635）といった世界の文学史上に凛然として輝く巨匠たちが、独自の近代的な文学の世界を確立したのだった。
　この時代の本は、いかにも書籍らしい大型本である。フォリオ（二つ折りの本）、ローヤル・クォート（大型四つ折りの本）が、近代的な装いで読者の前に

登場した。

　この時代は、政治的には絶対王政が屹立した時代であった。当然国王にとって、今までの息苦しい宗教的な軛（くびき）から解放された国民の心を捉えようとする書籍、あるいは既成秩序を批判し、反権力的な世論を喚起するような油断のならない書物は断じて容認するわけにはいかなかった。出版された書物を後追いの形で追跡回収するよりも、事前にそうした可能性を摘み取る方が簡便である。そこで当局は書籍全般にわたって細かい規制の下に置こうとした。例えば、フランスのルイ13世（在位1610-43）の宰相リシュリューは、1639年、王立印刷所をルーブル宮殿の中に設立し、さまざまな独占権を与える構想を抱いた。そして彼はまた、信頼できる印刷業者に「国王付き印刷業者」の称号を与える制度も考えていた。また「朕は国家なり」を宣言したルイ14世（在位1643-1715）は書籍の世界にもその絶対王政の権限を行使しようとした。つまり、ルイ14世は政治権力、宗教、道徳を批判するような書籍の撲滅のために、さまざまな措置を講じたのだった。国王の意を受けた財務総監コルベールは、自らも相当の「愛書家」を公言するだけあって、まず王立図書館を整備した（後になって、1749年からこの王立図書館が版元となって刊行を開始したビュフォンの『博物誌』（全38巻）は、大成功を収めて版を重ね、「海賊版」も出たほどが、数多くの大衆向け啓蒙書の種本となった）。さらにコルベールは出版業界に深く介入し、1667年から、パリの出版業者と印刷業者の数を制限し、また印刷工房への定期的な査察を行った。その結果、違反者はバスティーユ牢獄送りとなったのだった。王が出版許可を与える「特認」制度を創設し、その「特認」を当局からの監視可能なパリ市内の出版業者に集中的に授与するようになった[15]。そのために地方の出版業者には新刊書を出版する機会が閉ざされ、冷や飯を食わされる場合もあった。この制度によって、いわゆる「海賊版」、あるいは「特認」を受けていない本、つまり禁書の出版が横行するようになった。

　次に引用するのは、リヨンの出版業ピエール・リゴーが取得した「特認」からの抜粋である。彼はこの「特認」を、イエズス会士リショームの著作を出版するために取得した。その本の冒頭に、この「特認」の文面を載せている。

　　　神のみ恵みによりフランスおよびナヴァールの王たるルイ閣下。（中略）
　　われらが愛すべきリヨンの書籍商ピエール・リゴーよりわれらに提出された
　　恭しき建言によれば、この者は、プロバンス出身のイエズス会士ルイ・リ

106

ショームの著した『神の御子によりその教会の王国に建てられた名著アカデミー、傲慢の歩みに対抗する謙譲の諸段階を論ずる書』なる題の本を手に入れ、これを出版させたき意向なれど、少なからぬ資金や労力を投じた後に他の者がこれを出版して彼の資金や努力を無にしてしまうことを恐れ、この必要かつ不可欠な書状を受け取りたき旨、願い出でてまいりました。

　この嘆願に対して、（中略）われらは本状により、われらが王国内において、地方、地域、所領を問わず、同書を印刷し、販売し、頒布する権利をこの者に与えることを認可するともに、合わせてわれらが臣民に対しては、いかなる身分、地位の者であろうと、印刷完了の日より数えて丸6年の間は、なんらかの増補ないし改訂を口実に、同書の一部ないし全部を印刷し、販売し、頒布することはこれを固く禁ずることにいたしました。

　これに違反した者には罰金1,000リーヴルを科して、その半分は　われらのもとに納めることとし、不法に出版された書物はすべて没収するものと致しました。（中略）

パリ、キリスト紀元1614年にしてわれらが統治第4年4月7日

国務評定官

（書名）　ペロシェ⁽¹⁶⁾

　1701年に設置された書物監督局は、出版に関する統制を一層厳しくすることになった。

　イギリスの場合、チャールズ2世（在位1660-85）から始まるステュアート朝の事前検閲制度は、1709年制定の「著作権法（アン法）」まで続いた。

　オランダの場合は事情が異なる。オランダは、1568年、スペインに対して独立戦争を起こす。「80年戦争」の勃発であり、1648年、ウェストフェリア条約の締結で、オランダは独立を勝ち取る。スペインから独立したオランダは、もちろん、プロテスタントが主流となり活発な出版活動を展開する。その後フランスにおいて、プロテスタントに信仰の自由をある程度容認した「ナントの勅令」が、1685年に全面的に廃止され、国民への宗教的統一の強制が一層強化された。そのためにフランスから追放された大量のプロテスタントを受け容れたオランダは、さながらヨーロッパの出版業の中心地の様相を呈するようになる。とりわけ、当時の大型本全盛に時代において、エルゼヴィールというオランダ随一の書籍業者は、1670年ごろ、小型本（「十二折りの本」）の廉価本の出版に乗り出

し、圧倒的な人気を博する[17]。こうした小型本の流行は、個人用の信仰の本や小説の普及に寄与することになる。

● 18 世紀の出版状況

　18 世紀に入ると、前世紀に隆盛をきわめていた君主制の権威は土台から揺らぎ始める。こうした状況を生み出した背景となる啓蒙思想は、身分制社会における特に宗教的・政治的権威への批判をとおして、近代市民社会への発展を思想的・原理的に準備する役割を果たし、18 世紀のイギリス、フランス、ドイツの個々の思想の主流になっていった。啓蒙思想の流れの基底には、人間的存在も自然的存在と同じく普遍的な法則に支配されているという観念、そして人間の理性それ自体の力で世界の秩序を理解できるという確信がある。当時、こうした啓蒙思想を広める中心的な担い手となったのは、なんといっても書籍であった。

　君主制が理念の上でも、また現実社会においても弱化してきて、本の世界に対する権力側からの規制が緩やかになった。というか、治安当局の検閲制度自体がもはや機能障害に陥っていたのだ。

　「理性の時代」というべきこの時期は、書籍の出版が一挙に拡大された時期でもあった。つまり、書籍はヨーロッパ社会において身近な消費物資になった。読み書きの能力は、およそ 1750 年ごろからヨーロッパにおいて目覚ましく向上し、大都市に一般読者層ができた[18]。18 世紀の終わりごろ、気楽な娯楽小説やどきどきする「ゴジック・ロマン」などがヨーロッパの都市部の書籍市場を席巻し始め、従来からの出版の主流を占めていた宗教書や法律書は脇に追いやられてしまった。

　フランスの場合、1718 年には、当局による出版の禁止も認可もしない書籍に対して、「黙許」という非公式な出版許可を与えるようになった。1777 年に導入された「単純許可」制度が既刊書を広く再刊できるようになり、地方の出版業者も再び活気を取り戻したのだった[19]。

　18 世紀の前半のフランスでは、啓蒙運動を推進した重要な 2 冊の本が刊行された。その一つがピエール・ベールによる『歴史批評事典』（1695-97 年）である。これは他の百科事典を編纂する場合に手本となる重要な事典である。もう一つはイギリスのイーフレイム・チェンバーズによる『サイクロペディア』（1728 年）である。これは科学や技術をテーマにした事典である。パリの出版業者ル・ブルトンがこの事典のフランス語訳版をつくろうと考え、編集長に据えたのが、

ドゥニ・ディドロ（1713-84）だった。ディドロは翻訳ではなく、新たに百科事典をつくるために共同編集者としてジャン・ダランベールを迎える。この2人の編集者は、モンテスキュー、ケネー、ルソー、テュルゴー、ヴォルテールなどをはじめ多くの著名で優秀な知識人たちに執筆を依頼した[20]。当初は、2巻本にする計画だった『百科全書』だが、1751年から65年にかけて17巻本として出版され、さらに1762年から72年にかけて11巻の図版が追加された。全28巻本の『百科全書』は大成功をおさめ、その反応はとてつもないものだった。ちなみに、発行部数から見ても異常であった。初版（1751-72年）だけで4,235セット、1771年から82年にかけてスイスやイタリアで出版された廉価版を含めると、合計で2万5,000セットにものぼり、その半分以上がフランス国外で売られたのだった[21]。この『百科全書』の出版がフランス革命につながったかどうかについては未だ解明はされていないが、出版されたことによってヨーロッパの思想の流れが大きく変わったのは間違いないと言われている。

　ところで、イギリスにも、ドゥニ・ディドロと比肩する人物がいた。当時、作家、随筆家および詩人として名声をあげていたサムエル・ジョンソン博士（1709-84）は、ロバート・ジェームズが執筆した3巻本の『医学総合事典』（1743-45年）の編纂の手伝いをした。その後、この事典のフランス語版に翻訳・出版したのは、奇しくも、ディドロとその仲間たちであった。

　1746年、ロンドンの出版者組合は、ジョンソンに、新たな英語辞典の編纂を依頼した。すでに、ヨーロッパ諸国では、独自の「公式の」辞書があった。例えば、イタリアでは『クルスカ辞典』（1612年）、フランスでは『アカデミー・フランセーズ辞典』（1694年）がその一例である。18世紀のイギリスで入手できる最上の英語辞典といえば、ナサニエル・ベイリーの「非公式の」『英語辞典』だったが、これは言葉を十分に網羅していなかったので、ジョンソンに「公式の」『英語辞典』の編纂という重大な仕事が委ねられたのだった。

　ジョンソンは、ロンドンのゴフ・スクエアにある自宅屋根裏部屋でほぼ独力で9年かけて執筆・編集作業を行い、1755年に、『英語辞典』を刊行した。彼の言いまわしは、まさにジョンソン節というべきか、まことにユーモラスな、はたまた辛辣なものも含まれている。

　　物品税　　　商品にかけられる憎むべき税。その額は商品に対する共通の評価で決まるのではなく、税を受け取る側が雇った卑劣漢によっ

　　　　　　　　て決められる。
　ムシュー　　フランス人男性にとっての非難の言葉。
　オート麦　　イングランドでは一般的に馬の食用となる穀物だが、スコット
　　　　　　　ランドでは人間の食用となる。
　辞書の著者　コツコツと仕事をする人畜無害な人物 (22)。

　ジョンソンは、イギリスを代表する辞典『オックスフォード英語辞典』に多大な影響を与えた辞典編集者であり、イギリスでは、『聖書』とシェイクスピアの諸作品に次いで、彼の『英語辞典』の中で述べられている名言が引用されている。20世紀イギリス文学の最も著名な詩人で文芸評論家の T. S. エリオット（1888-1965）は「ジョンソン博士と意見を異にするのは危険である」 (23) とジョンソンを評している。

　18世紀は、読者層が一段と拡大した時期でもあった。そのための公的な図書館の制度も確立し、そのパイオニアであるイギリスにおいては、すでに数百もの図書館が開設されていて、また大都会では「コーヒーハウス」なる所で、用意された書籍や新聞、雑誌などを媒体として、議論の華を咲かせていた。またドイツでは自主管理による非営利の「読書クラブ」が雨後の筍のごとくできた。さらにフランスでは、少し上品で高級な雰囲気のある「（文芸）サロン」が開かれ、新作の小説や詩が朗読されていた。またパリ以外の16の都市では図書館が設置され、さらに個人経営の「貸本屋」や「閲覧室」といった施設もつくられ、気楽に本に親しむ機会を増やしていった。こうして新しい読者層を掘り起こし、出版社も市場拡大に対応するようになり、新作を発表しようとする作家志望の文学青年たちにも希望をもたらすことになった。

　国家権力の忌まわしい理不尽な検閲に打ち勝ち、台頭する読者層をしっかりと獲得し、出版した書籍を文化的商品として外国に輸出し、百戦錬磨といえば、少し大げさであろうが、要するに18世紀は「書物の勝利」の時代といえるであろう。

● 19世紀の出版状況

　本節の冒頭部で述べたように、1455年のグーテンベルクの聖書の完成以降、彼の活版印刷工房で仕事をしていた印刷工たちは、ほぼ半遍歴の生活を送り、それが当時の西ヨーロッパの経済の中心地、オランダやドイツ、北イタリアなどの

諸都市で活版印刷工房が生まれ、1480年までに110か所に及び、その20年後の1500年までには出版事業の拠点地は、2倍以上の236か所の都市に及んだ[24]。

それにしても、15世紀中葉から19世紀初頭までの活版印刷の技術はグーテンベルクが発明したものと基本的にはほとんど変わらなかった。ただ、産業革命の成果を受けて、印刷機が木製から鋼鉄製になり、レバーがネジ式から油圧式となっただけであった。最大の変化と言えば、1814年にそれまでの平圧式から輪転式の印刷機が生まれたこと、1838年に自動活字鋳造機が生まれたことであろう[25]。

19世紀前半、イギリスでまことにユニークなマーケティング戦略を考案した出版者と作家がいた。言わずもがな、チャールズ・ディケンズ（1812-70）である。彼の処女小説『ピクウィック・パーパーズ』（1836-37年）は、主人公ピクウィックと従者サム・ウェラーの主客転倒をはじめ、滑稽な道中記の面白さは18世紀の「ピカレスク・ロマン」を彷彿とさせる内容である。この作品は、版元のチャップマン＆ホール社から、36年4月から37年11月まで、20回の分冊で刊行された。月刊分冊1シリングという、今までまったくありえなかった刊行形態によって廉価で読者に届けられた。大衆は、物語の展開と作中人物たちの運命に一喜一憂しながら、次号を心待ちにしていた。

この刊行形態をビジネス的視点で見れば、この方法は、印刷業者、著者、出版者の3者にとって好都合であった。広告収入も得られたし、早く売れた分から利益を得られたのだった。そして分冊セットが完結したのちに、この作品の1巻本が出版された。発行部数も含めて、小説市場の管理もできた。この方式が大成功したので、他の出版者も作家もこれにならった[26]。ディケンズは、また地方のホテルで、月刊分冊を使って朗読会・読書会を行った。そこで、読者の感想を聞き、部分的であるが小説のプロットを変えることもあった。それにしても、ディケンズは、この作品で、一挙に「国民的作家」になった。

ディケンズが死んだとき、ヴィクトリア女王は「彼の死は国家にとって大きな損失である。彼は広く人を愛する心をもっていたし、貧しい階級に人一倍同情心を抱いていた」と日記に書き記した[27]。

出版社にとって、いかにして自社刊行の本を社会に広く知らせるかということが長年の課題であった。これは20世紀においても同様であった。そこで20世紀中葉において、出版革命が起こった。それはペーパーバック革命である。ドイ

ツのアルバトロス出版社が 1932 年に刊行した「アルバトロス現代大陸文庫」、同様にコリンズ社も 1934 年に各巻 7 ペンスで叢書を敢行した。その翌年の 35 年にアレン・レーン（1902-70）が表紙の色を統一したペンギン・ブックスを、6 ペンスで刊行した。しかし、当時のイギリスのペーパーバック市場を席巻していた B 級小説とは異なり、ペンギン・ブックスは確固とした文学的、あるいは学術的な評価のある作家・著者の作品を厳選し、したがって内容も硬質で、インテリ階級を対象にしていた。1850 年代以降、ペンギン・ブックスは、刊行点数は 1,000 点に及び、年間合計およそ 2,000 万部出版するようになった。

　例えば、ペンギン・ブックスが出版した D. H. ロレンス（1885-1930）やジョージ・オーウェル（1903-50）といった作家たちの作品は、100 万部以上売れた。こうしたレーンの偉業というべき見事な出版戦術を見て、イギリスではパン、コーギー、アメリカ合衆国ではバンタム、シグネット、フランスではアシェット社のリーヴル・ド・ポシェといったペーパーバックを立ち上げたのだった [28]。

　ところで、レーンは、D. H. ロレンスの『チャタレー夫人の恋人』（1929 年）の無修正版を出版した。この作品は、アメリカ合衆国では、すでに猥褻本として断罪されていた。しかし、イギリスでは、1959 年の猥褻出版物法が緩和され、作品の文学性が証明でき、しかるべき文学の専門家による追認がなされていれば、有罪の判決は免れるであろうということであった。レーンは出版しようとして、さまざまな印刷業者にあたるが、同罪として起訴されるのを恐れて、拒否される。やがてウェスターン・プリンティング・サーヴィス社が引き受ける。その条件として、裁判になったら、その全費用をレーンが負担するということだった。かくしてレーンは印刷を依頼する、はたせるかな、出版は告訴される。レーンは、弁護側の証言者として、「ブルームズベリー・グループ」の重鎮である E. M. フォスター（1879-1970）など著名な文学者たちに依頼する。彼らは被告側に立ち、猥褻告発を覆したのだった。ついにレーンは無罪を勝ち取ったのである。ペンギン社の裁判費用は 1 万 2,777 ポンドかかった。だが、『チャタレー夫人の恋人』は 1960 年のクリスマスまでに 200 万ポンド、さらに同社が株式会社として上場を果した 1961 年に 130 万ポンドを売り上げた [29]。

　1950 年代以降、イギリスの全出版数の実に 10％ 近くを占めるペンギン・ブックスは、ペーパーバックの代名詞となっている。

　余談であるが、実は、我が国でも、『チャタレー夫人の恋人』の翻訳本の出版

をめぐって裁判があった。まだ占領下の 1951（昭和 26）年 6 月 26 日、猥褻物頒布したという理由で、当該作品は押収される。9 月 13 日、刑法第 175 条違反で起訴される。これで本格的な、猥褻と表現の自由の関係が問われた。第一審で出版社社長は罰金 25 万円の有罪判決、訳者の伊藤整は無罪。

　第二審で社長は罰金 25 万円、訳者は 10 万円の有罪判決。両者が上告、最高裁判所は 1957（昭和 32）年に上告を棄却し、有罪判決が確定した。この裁判の結果、当該作品は問題とされた部分に伏字を用いて、1964（昭和 39）年に出版された。具体的には、該当部分を削除し、そこにアスタリスクマークを用いて削除の意を表した。1996（平成 8）年に新潮文庫で、訳者伊藤整の息子、伊藤礼が削除部分を補って完全版を刊行した。　　　　　　　　　　　　［川成　洋］

グーテンベルク『42行聖書』の出版とアジアへの変遷

　1450年ドイツのマインツで、グーテンベルクが活版印刷を発明し、『42行聖書』を180部印刷した。欧州で印刷に紙が使われるようになるのは15世紀になってからであり、それ以前は、牛、仔羊の皮が使われていた。したがって、グーテンベルクの印刷物は、紙と羊皮が半々であった。印刷の発明は、ある日グーテンベルクがワイン醸造製造を見ていて、ワインの汁を絞る方法で印刷もできるのではと気付いたのがきっかけである。日本で最初に行われた印刷は、8世紀の木版印刷による百万塔陀羅尼経であるので、7世紀も早かったことになる。西洋における印刷革命の影響は、写本から印刷への大きな変革期であった。「コンスタンチノーブルが落ちた1453年に生まれた一人の男が、その50年の生涯に見ることができた印刷本の数は、おおよそ、800万冊ほどになるであろう。その数字はコンスタンチノーブルが330年にその地を東ローマ帝国の首都と定めて以来10世紀の間にヨーロッパ全土の書字生が書いた写本の数より多いものである」(Clapham, M. "Printing" in a history of technology. Oxford University, 1957)。

　印刷物の写本に対する優れた特質とは、まず第一に、標準化（Standardization）である。標準的出版プロセスにより、著者、出版社、読者の信頼関係が本づくりのための企画・編集が確立する。第二に普及性（Dissemination）である。大量複製手段により、情報の伝播、普及の範囲を拡大した。第三に不変性（Fixity）である。写本時代には異本が出現したが、同一物の大量複製という印刷物はコンテンツの不変性をもたらした。

慶應義塾本グーテンベルク『42行聖書』の来歴

　グーテンベルクが印刷した『42行聖書』のうち48部が世界に残っているが、それぞれの図書館がそれを購入するまでには来歴がある。慶應義塾本（p.99参照）は、15世紀から18世紀までは、ドイツのマインツの修道院が所蔵していた。19世紀半ばにゴスフォード伯爵（3rd Earl of Gosford）がこれを購入。1878年書籍業者ジェームス・トゥービー（James Toovey）がゴスフォード伯爵の全蔵書を購入。1884年4月21日書籍業者パティック・アンド・シンプソン（Puttick&Simpson）が競売において500ポンドで購入した。パニックー卿（Lord Amherst of Hackney）が600ポンドで購入した。1908年12月3日書籍商バーナード・クォリッチ（Quaritch）がサザビー（Sotheby's）の競売（2,050ポンド）で購入する。1947年3月11日マグス書店（Maggs Brothers）がサザビーの競売（2万2,000ポンド）で購入した。1950年ドヒニー伯爵夫人（CounteesDobeny）マグス書店から7万9,375ドルで譲り受ける。1987年10月22日クリスティー Christie'sの競売で丸善が落札。490万ドル。手数料539万ドル。日本円で、7億8,000万円当時の印刷本の落札価格の世界最高記録。1996年春、慶應義塾大学が丸善より購入する。

米国議会図書館（Library of Congress：LC）のグーテンベルク『42 行聖書』の来歴

　1455 年完成の聖書。ヨハン・フストがパリに運び国王、貴族に売る。ベネディクト派の宣教師団が購入。シュバルツバルト地方のザンクト・ブラシウス修道院に移動。ナポレオンのドイツ西部侵入。スイスのアインシーデルン修道院に密かに移動。1808 年ナポレオンさらに攻撃。オーストリア皇帝の誘いによりオーストリア山中の修道院へ移動。第一次世界大戦でオーストリア・ハンガリー帝国が崩壊。修道院は財政危機に陥り「42 行聖書」を売りに出す。ドイツのオットー・フォルベーア（書籍商）が 15 万ドルで買い取る。その後、オットーはアメリカへ移住。1930 年、米国議会図書館は、オットーから 37 万ドルで買い取る。仔羊の皮、製本 3 冊、保存良好。1978 年端本、1 ページが 240 万ドル。インキュナブラ 4,600 点所蔵。オットーに 150 万ドル支払う。

　ペトナム館長の LC 戦略とは、「米国の LC は、世界に誇れる文化遺産を持つべきだ」（1930 年代大恐慌の時代）「資料あるものは後世に残せなくなるかもしれない。しかし、我々は自身が結局は後の世代だったのである。むしろ、尊敬の念を払わなければならないのは、我々が利用できるように資料を残してくれた祖先に対してであろう」「議会図書館は、研究者をワシントンに呼び寄せるだけではない、通信手段を使い合衆国全土の研究をも促進しているのである」

　時代は多くのものを押し流していくが、その時代に生きた人々は、膨大な人の思いはほとんどの場合、跡型も形跡もなく消え去っていく。古い資料は、東西を問わず古典として残っており、我々はいつでも古典にめぐり会うことができる。時が過ぎれば過ぎるほど、時代や文化が変わり、現代の感覚とは大きなずれが出てくる。しかし、「こんなに時代を隔てても思いを共有できる」と思えるのは、資料として形で残された古典との偶然の出会いである。古典との出会いを通じて過去との触れ合いである。古典を読み、知り、楽しむためには、古典と現代との共通点、つまり、「感性」「精神」を共有することが資料の形を知ることである。古典への興奮、醍醐味である。多くの歴史的に有名な人物との出会いとの感動的な出会い、そしてそのことが現代の何にあたるのか想像することである。その「感性」「精神」の一致を継続、継承するつもりで古典と触れ合うと、古典の力強さが自分の中で喜びと人生の方向性の一部として燃え上がるであろう。　　　　　　　　［加藤好郎］

【参考文献】

高宮利行『グーテンベルクの謎―活字メディアの誕生とその後』岩波書店，1998 年．
富田修二『さまよえるグーテンベルク聖書』慶應義塾大学出版会，2002 年．

焚書と禁書

　焚書も禁書も、自由な思索とその成果の自由な表現・発表に対する許しがたい侵害である。だが、果たして両者は同じ種類の行為なのだろうか。

　始皇帝の焚書坑儒をはじめ、近年のナチスによる「非アーリア的書籍」の焚書やイスラーム過激派の図書館破壊まで、焚書を強行するのは、権力に傲った為政者や一部の過激分子である。だとすれば、焚書は、対立する相手が書いたものだから抹消すべし、自分たちの思想とは相容れない内容の書物だから焼くべし、という単純な発想による粗野で短絡的な破壊行為である。しかし、禁書は、必ずしもそのように素朴なものではない。

　ヨーロッパ史上、大規模な禁書が現れるのは、1200 年代初頭のパリ大学におけるアリストテレス講読の禁止からと言える。その後、宗教改革や啓蒙主義といった各時代の思想動向や印刷技術の普及による書物の流通量増加に合わせて、カトリック教会は非カトリック的とみなされるべき書物の一覧（『禁書目録』；Index librorum prohibitorum）を作成し、これらを読んだり教えたりすることを禁じてきた。最初の目録が作られるのは 1559 年のことで、その後何度も版が改められ、最新版は（驚くべきことに）1948 年のものである。『禁書目録』は 1966 年、教皇パウロ 6 世によって廃止されるまで（教会法上は）効力をもった。

　次の点を指摘しておこう。第一に、焚書は、熱狂や煽動に基づいて行われるイベントであることが多い、ということ。第二に、これと対照的に、禁書は禁じられるべき書を実際に読み、選定するという行為が前提になること。したがって、禁書は手続き規定を伴う。そこで、禁書にはその作成を担当する専門部局が存在することになる。要するに、焚書が無知や傲慢が引き起こす蛮行であるのに対して、禁書は冷徹なプロの仕事なのである。焚書は内容に関心をもたず、禁書は内容にこそ関心をもつ。焚書では、何が燃やされたのか不明のままだが、禁書では、何が禁ぜられているのか、少なくとも知ることができる。これは大きな違いである。誤解を招く表現かもしれないが、焚書が書籍への愛を欠いた、単なる暴力にほかならないとすれば、逆に禁書は屈折した愛の表現であるのかもしれない——愛の反対が無関心であるのならば（もとより、だからと言って、禁書が許されるべきではないことは、念を押すまでもない）。

　ところで、焚書や禁書は過去の蛮行なのだろうか。今日のネット社会では、検索結果から意図的にデータが排除されたり、改竄されたり、といったことが隠微に進行してはいないだろうか。ある種のデータが知られぬまま抹消されているとすれば、現代は隠れた焚書、気づかれざる野蛮の時代なのかもしれない。これは、根拠のない危惧だろうか。

［下野正俊］

草稿研究

　私たちが普段手にする本は印刷された活字版だが、完成に至るプロセスで作者は多くの草稿を書き、それに推敲を施している。想像してみてほしい——あなたが手にしている本の背後には、未完成のテクストが織りなす広大な世界が広がっているのだ。

　こうした執筆プロセスの検討を文学研究では「草稿研究」と呼んでいる。歴史的に見ると、未完のまま残されて没後出版されたパスカル（1623-1662）の『パンセ』のような早い例はあるが、作家がほぼ網羅的に草稿を残すようになったのは19世紀以降の現象である。フランスを代表する詩人ユゴー（1802-1885）が原稿類を国立図書館に遺贈したのは、それを象徴する出来事だと言えるだろう。権威ある「プレイヤッド叢書」に収められたプルーストの『失われた時を求めて』など、現在フランスで刊行されている批評校訂版では草稿研究の成果が必ず注に反映されているから、読者は作家の彫心鏤骨の跡を具体的にうかがうことができる。

　完成版は作家の想像世界のごく一部を示すにすぎない。制作過程においては、同じ逸話の別の展開や異なる人物の登場・活躍などが考えられていたかもしれない。完成版では別々の作品となったものが当初は同じ制作現場に属していることもある。ヴァレリー（1871-1945）の代表作で知性とエロスの間をゆれる意識を描く『若きパルク』は、萌芽状態においてはギリシャ神話の絶世の美女を歌う「エレーヌ」と密接に関わっていた。これは完成された詩篇を読んでいるだけではほとんど想像できないことだ。

　草稿に含まれるメモ書きが完成版からは想像もできない広がりを垣間見せてくれることもある。デュラス（1914-1996）の『ヒロシマ・モナムール』のメモ書きには主人公のフランス人女性がユダヤ人であったことが明記されている。第二次大戦中にナチス将校の恋人であっただけでなく、さらに別の強い他者性が付与されていたのだ。

　ヴァレリーは早朝の思索を書きつけたノート（『カイエ』）を残したことでも知られる。彼によれば、『カイエ』は作品としての完成には決して至ることのない思考の姿を忠実に示している。販売・流通過程にのせるためにテクストに必然的に施される構成や装いとは無縁の領域で、ヴァレリーは未完であること、断片的であることを積極的に受け入れ、思考の真の姿、その現実のあり方を書きつけようと夢想したのである。

　今日、私たちはものを書くときにワープロを利用しているが、この技術的革新は草稿研究に大きな影響を与えるだろう。変更履歴をよほど律儀に残さない限り推敲過程は消えてしまい、それを後から伺うことはできなくなってしまうからである。近い将来には、草稿研究が19世紀から20世紀に特有の歴史的事象と見える日がくるのかもしれない。

[森本淳生]

円形図書館と書籍評価サイト

　西欧の図書館に出かけると、円形の大空間にしばしば出会う。最も有名なのはかつて大英博物館の中央に鎮座したリーディングルームであるが、これは大英図書館が博物館から独立・移転してありふれた閲覧室になり、いっぽう博物館に残った円形部屋も、案内所と土産物屋のための曖昧な空間になってしまった。パリのフランス国立図書館（Bnf）の旧館にも円形閲覧室がある。ウィーンには、こちらは楕円だがオーストリア国立図書館プルンク・ザールがある。これら円形閲覧室は、近代大図書館の象徴とも言える空間であった。ローマのパンテオン以来、円形建造物の伝統があるとはいえ、執拗なまでの円形図書室にはどんな思いが込められているのであろうか。その謎はプルンク・ザールの中央に立つ皇帝カールⅣ世像を見れば解ける。彼は18世紀初めにハプスブルク帝国の最大版図を保持した皇帝であった。その彼が中心に立って四周を見回すとすれば、それは世界そのものであるに相違ない。空間的に悠遠の距離をもつ宇宙から微細の世界まで、それに時間の要素もいれれば、まさに無限と言ってよいこの世のさまざまな有様を、そのまま我が物にすることは、いくらハプスブルク皇帝であっても難しい。しかしそこに書籍という中間物をはさめば、世界らしきものを時空を超えて設定でき、そして自らがその中央に君臨しうる。つまり図書館は世界支配の擬似装置であったのだ。

　世界把握・世界支配はなにも図書館だけではない。書籍を用いれば、世界像を設定でき、コントロールできる。近代的な百科事典は、あらゆることを知るための道具と理解されているが、その類いのかつての書物、例えば東洋における「類書」などは、皇帝の命令で編纂され、天地人に関わるすべての事象を記載しようとしていた。皇帝が世界を整理し把握し支配するための道具であった。

　さらに図書目録というものもある。世界の事象を記載した書籍を把握することは、世界把握そのものであった。書籍を雑然とならべるのではなく、一定の秩序のもとに配列する行為は、自らの価値体系で世界を理解することにほかならない。中国では、ちょうど紀元ごろに最初の図書目録が作られて以来、書籍を重要度で区別し、ジャンルに分けて記述することが行われてきた。それによって特定の思想に基づく世界理解が提案されていたのである。いっぽう現代、図書目録に代わって普及したOPACデータベースは、書名、著者名、刊行年、価格など、さまざまな情報を含む点で図書目録と似ているが、そこには利便性があるだけで、価値観の提案はない。むしろ忌避されてきたのであろう。そして現代の価値評価は、読者と称する匿名の人々が投票する評価サイトの星の数に委ねられる。個人の利便性だけに基準をもつこの仕組みは、世界理解の固定的な方向性を示してはいない。文学作品や書籍自体に、「某某賞」という投票イベントが流行るのも、これと同じ流れにある。BnFリシュリュー館の中央閲覧室は、近時改装されて、中心のはっきりしない単なる円形大空間になっている。　　　[木島史雄]

第5章

近代・現代のメディア史

1 東洋の近代化と印刷

　明末清初の西洋人カトリック宣教師の訪華から 18 世紀に至るまで、中国では、もっぱら彼らによる宣教、啓蒙のための印刷・出版活動が行われた。19 世紀になって西洋から中国への文化面での接触がさらに盛んになると、従来のカトリック加えて、プロテスタントによる活動も盛んになり、やがて商業ベースでの出版活動も発展した。そして書物の出版には欠かせない印刷でも、伝統的な木版から西洋式の技術による出版へと進化していく過程があった。本節では、宣教師による宣教と啓蒙のための印刷・出版という一面から東洋における近代化と印刷の一端を概観する。

　近世以降、西洋では活字印刷が発達していったのに対して、中国では木版印刷が主流であった。これは中国が時代遅れであったということを意味するものではなく、アルファベットと漢字の違いによるものであった。例えば、16 世紀の代表的な訪華宣教師マテオ・リッチ（利瑪竇）は、中国語がアルファベットではなく漢字を使用し、しかもその字数がきわめて多いことから、中国語の漢字を印刷するのに相応しいのはむしろ木版で、中国語の特徴に適合した優位な方法である、という認識ですらあった。リッチはまた、西洋の植字工の植字に要する時間と、中国の職人が漢字を彫るのに要する時間に大差がないことも指摘していた。リッチ以来、数多くのカトリック宣教師によって、宣教や啓蒙の書物や西洋文明を中国語で紹介した書物が出版されたが、いずれも木版によるものであった。彼らは自分たちが中国語で出版しようとする場合、必然的に漢字を使わざるを得なかったわけで、彼らにとっては中国式の木版印刷が都合よかったという事実に

よってこれを採用し、印刷に関して文明の優劣の価値判断はしなかったのである。

　木版による印刷は19世紀初頭にプロテスタントのイギリス人宣教師ロバート・モリソンが訪華し新旧約聖書全文の漢訳の嚆矢である『神天聖書』や一連の著書・翻訳書を刊行するまで続く。モリソン自身も明末以来のカトリック宣教師と同様の理由で、中国語の印刷には木版が最適であると考えていた。また同時にモリソンは、その翻訳観と同様、中国人が馴染んだスタイルで印刷・出版してこそ書物が中国人に受容されるという理想をもっていた。しかし当時、中国国内では中国人の職人を雇用して印刷・出版することが禁じられていたことと、バプテスト会宣教師ジョシュア・マーシュマンの存在によって、次第に方向転換を余儀なくされていった。モリソンとほぼ同時期にバプテスト会からインドのセランポールに派遣された宣教師マーシュマンは、かの地で聖書の中国語訳に従事する過程で早々に活字の鋳造に着手し、『ヨハネによる福音書』を出版した。このような周辺の事情ゆえ、モリソンも木刻・木版から金属活字の印刷へとシフトしていくのである。聖書の中国語訳こそ木刻・木版によって行ったが、代表的な業績である『英華・華英字典』『通用漢言之法』などの刊行はいずれも活字印刷によって行われた。

　モリソンが最初に金属活字による印刷を行ったのは『英華・華英字典』であるが、印刷・出版は東インド会社の全面的協力によって行われ、1814年にマカオに専用の印刷所もつくられた。中国語と英語の字典であるから、紙面には当然アルファベットと漢字が混在する。漢字を木版、アルファベットを金属活字で印刷しようとすると、版面を別々に二度印刷する必要が生じ、インクの着色の差も懸念材料であった。そこでモリソンは漢字の活字をつくり、漢字とアルファベットを同一版面で使用する方式を採用したのである。現実問題として漢字の金属活字の鋳造がミッションとなり、この字典の印刷のために12万強の活字が作成されたのである。東インド会社の解散で、その活字はアメリカン・ボード（American Board of Commissioners for Foreign Missions）の印刷所に移管された後の広州十三行の火災によって焼失してしまうが、中国本土における活版印刷は、まさにこのマカオ印刷所でのモリソンの字典印刷から始まったのである。

　一方で、最初期に中国語（つまり漢字のこと：以下すべて漢字と記述する）の活字を拵えたのは前述のマーシュマンが所属するバプテスト会のセランポール印刷所で、1808年ごろから中国人を長期雇用して活字を作成した。同印刷所が作

成した活字のサイズは当初は 1.6 〜 1.8 cm^2 であったものが、改良・縮小を重ね、1811 年には鉛活字の製造を開始し、最終的には 0.5 〜 0.8 cm^2 になったと言われる。

　後には木版に刻んだものを鉛版に写して切断し活字を作成するという方法も用いられた。最初にその方法を採用したのはサミュエル・ダイヤー（Samuel Dyer）で、ダイヤーは 1824 年ロンドン宣教会に入り、1827 年に宣教師として正式にペナンに赴任し漢字の活字鋳造に挑戦した。中国人に書かせた漢字を、まずマラッカに送って鋳版に刻字し、それをペナンに戻して校閲し、今度はロンドンに送って鋳造し、文字毎に切断して活字にしてまたペナンに送るというルートで、この一連の試みには 1828 年から 1831 年まで約 3 年の歳月を要した。ブリッジマン主編の Chinese Repository にもイギリス人とアメリカ人による類似の試みが紹介されているし、1838 年にはパリの王立印刷局（Royal Printing Office）でも同様の試みがあり、ウィリアムズ主編の Chinese Recorder にも銅板に刻字し鉛を流し込んで活字をつくるギュツラフによる試みが紹介されたように、この時期にはいくつかの試行錯誤が続いた。

　数々の試みがいずれも成功しなかったために、結局、工程が非常に複雑で、費用の面でも非常に高額なグーテンベルク以来の西洋の規範的な活字製造法が漢字の活字製造にとって最適の方法という結果に落ち着いた。しかし字母が 30 程度の西洋のアルファベットとは異なり、漢字は字数が膨大であるため、いかにコストを削減できるかが鍵となった。

　この問題に初めて挑んだのがフランス人ルグラン（Marcellin Legland）による、漢字を偏旁に分けて活字を作成する試みである。分解不能な字体は別として、例えば「木、石、月、女、禾、宛、口、火」といった偏旁の活字を合体して「椀、碗、腕、如、和、秋」などの活字を作成した。1835 年に Chinese Repository がこの試みを報じ、パリで出版された中国語の活字説明書も収録していることから、1834 年ごろにはすでにルグランによるこの試みが行われたことがわかる。ルグランの活字は大きな反響を呼び、Chinese Repository のほか、メドハーストも「ダイヤーの活字よりも小さく、筆画の精巧さ、高さの正確さのいずれもが、アジアのどの職人よりも優れており、字形に硬さがあるものの、総体的にきわめて精緻で美しさを有している」と称した。ルグランの活字は好評を得て、フランスでの中文印刷では基本的にこの活字が採用され、1845 年にパリの王立印刷局が出版した活字カタログにも収録された。この活字はアメリカ人に

も歓迎され、1844年にマカオに設立された北米長老会印刷所である華英校書房などで購入され、主に宗教書籍の印刷に使用された。華英校書房が植字職人の作業効率化のために出したルグランの活字カタログの序文が記すように、当時、西洋の東方学者にとっては漢字の金属活字による印刷が積年の課題であったが、膨大な字数がネックで、漢字の印刷は使い慣れた木版・木刻を使わざるを得ないと認識されていた折りに、ルグランが偏旁の組み合わせによって活字の少量化に成功した。まさに中国での宣教を構想していた長老会が、ルグランの活字を入手し、さらに試行錯誤を経てその実用性を証明したのも必然の成り行きであった。

　ルグランの活字は、前述の華英校書房が1845年、マカオから寧波に移転して華花聖経書房に改名する際も同時に運ばれた。ちなみに同書房はのちに1860年上海に進出して美華書館となる。1851年のChinese Repositoryによると、ルグランの活字は、北米長老会の資金援助で訪華したコール（Richard Cole）によって1845年に中国で使用され、実用性が試された。その後、寧波の同印刷所は数多の出版物を印刷したが、いずれもこのルグランの活字を使って印刷したものであった。

　寧波の華花聖経書房がルグランの活字で1840年代から1850年代に印刷した書籍は、ちなみに多くが現在ではすでに稀覯書となっているが、1849年出版の『耶穌教理問答』がつとに知られる。このほか、1848年に寧波で出版され、1856年に再版された北米長老会の宣教師ウェイ（R. Q. Way 禕理哲）による『地球説略』という書物があるが、同書でもルグランの活字が使用されている。

　このルグランの偏旁を組み合わせた活字は影響が大きく、先述のダイヤーの活字よりも、当時このルグランの活字の方が中国語の活字を製造する最も実用的な方法であるとみなされた。例えば、Chinese Recorderが記すように、1847年にベルリンでドイツ人によってルグランの活字に基づく「ベルリン字」と呼ばれる活字が制作され、1849年に寧波でこの「ベルリン字」によって中国語の書籍が印刷されたりもした。

　ルグランの活字が流行した主な原因は活字の母型を削減して、従来の西洋式で中国語の活字を鋳造するよりも低コストで、漢字の鉛活字による印刷を可能にしたからである。ただし、ルグランの活字には欠点もあった。偏旁の合体が文字の美しさを損ねたことと、一字が二つの部分に分離しているために植字に常に困難が伴ったことである。ルグランの活字には、中国語の活字母型を減らす「最善」の方法はいったい何であるか、という厳しい課題が常に付きまとっていたのであ

る。

　一方でダイヤーの中国語の活字製造は、漢字の使用頻度の調査と分析によって築かれた。1828年から1831年まで、ダイヤーはサンプルを版に刻み、鋳造によって複製した印刷用の版を裁断して活字を得る鋳版造字を試みた。しかし、この方法は、母型がないために、活字しか得られず、鋳版活字が摩耗して寿命が来るとまた全工程を一から重複して行わなければならないことから、結果として金銭的・時間的なコストがかかり、実用的とは言えなかった。ダイヤーは漢字の活字の特徴に基づいた金属活字の必要性を論じ、中国語の金属活字の製造の従前の試みにおける不足を分析し、金属活字の改良とスチールモデルの彫刻を提唱した。ちなみに前述のモリソンは、ダイヤーの計画が最終的に成功すれば、漢字の活字が適正な価格で用意され、東方における西洋の有用な知識の伝播と宣教に大いに寄与すると見立てていた。

　ダイヤーは1826年から漢字の使用頻度に関する調査と分析を開始し、モリソンが翻訳した中国語訳聖書に対して統計調査を行い、その使用文字数が約3,600字であるという結果を得た。ダイヤーはさらに1832年から2年の歳月を費やし、聖書などの宗教的なものから四書、『三国志演義』『烈女傳』など計14種の中国語の著作について漢字の使用状況を調査し、個別の漢字毎の出現回数を確定しようとした。ダイヤーは調査対象を非宗教分野の書物にまで広げたが、その目的はほかでもなく中国語の著作の活字印刷の問題全体にこだわる活字の問題を徹底的に解決することにあった。ダイヤーの調査・分析から、書物14種全体の異なり字は3,232字で、そのうち常用字は1,200字、中国語での印刷に要する活字の字数は1万3,000から1万4,000というものであった。この結果によりダイヤーは鋳版造字を放棄して、漢字についても種字、母型、活字という西洋の伝統的な活字製造の方法を採用することになる。

　ダイヤーは、種字こそがすべての基礎で、1組の種字がありさえすれば、マラッカ、広州、イギリスをはじめどこの地域の活字の需要にも応えることができると考えた。1827年にマラッカで木刻印刷された中国語訳聖書の宋朝体をベースに、1833年に中国人職人を雇用して種字の製造を始めたが、1日に種字が三つしか完成できないほど、作業は遅々として進まなかった。そこで彼は南洋、インド、広州の外国人に資金を募り、ロンドン宣教会本部にも書簡を送り支援を求めた。ロンドン宣教会は彼の訴えを認め、100ポンドを提供し、さらに書簡を公開して寄付を募った。その結果、ダイヤーの種字製造の資金的問題は解決し、活

字の製造は順調に進捗し、1834年9月、ダイヤーは完成した活字で小冊子『耶穌登山寶訓』一冊を印刷し、1835年には4組の活字を製造した。

　ダイヤーは1839年から1841年のイギリスへの一時帰国の後、1842年に再び訪華し、続いてシンガポールで、ルグランの活字に比べて大きすぎると言われた活字サイズの縮小にも着手し、小文字を中心に、平均して1か月に40個の種字を作成した。その後ダイヤーは同じくロンドン宣教会のストロナック兄弟（Alexander Stronach, John Stronach）とともに香港に渡ったが、作業は捗らず、1組揃いの活字の完成までにはまだ大きな隔たりがあるなか、ダイヤーは1843年に病気でこの世を去った。その後の仕事はストロナック兄弟に香港の地で引き継がれ、1846年には、3,891個の種字が完成し、ダイヤーの事業が基本的に完成し、ダイヤーの業績が中国語の活字の製造史に刻まれることになった。

　漢字の活字製造に携わった人物として、彼は初めて漢字の使用頻度を根拠とした活字の母型削減に着手し、また初めて完全な西洋式の活字印刷の原理と技能によって中国語の活字鋳造に成功した。彼とその後継者ストロナック兄弟によってマーシュマン以来の各種の中国語の活字の製造の試みは完成された。一連の仕事が主に香港において完成されたことからダイヤーの活字は香港字とも呼ばれ、香港字が世に出るとその他の活字を淘汰し、1850年代初頭から一貫して中国語印刷のマーケットで最も主要な活字としての地位を獲得し、それは1860年代中期にアイルランド人のギャンブル（W. Gamble）の活字が出るまで続いた。

　ギャンブルは原籍がアイルランドで、早くにアメリカに移住し、フィラデルフィア、ニューヨークを経て、1858年に北米長老会から派遣されて訪華し、寧波の北米長老会印刷所で活躍した人物である。ちなみにこの寧波の印刷所が1860年に上海に移転、改名して美華書館となった。ギャンブルは、電鍍（電気メッキ）による造字と、排字棚の発明という中国語の活字印刷史上の二つの大きな貢献をした。

　西洋の伝統的な活字製造技術は、種字を彫り、母型を押し抜いて活字を鋳造するもので、元来コストが高かった。字数が膨大な漢字の活字を西洋の技術で製造しようとした場合、字範を彫り、母型を押し抜く二つの工程に尋常でない時間がかかることは想像に難くないが、ギャンブルが発明した電鍍造字法はこの難題を解決した。彼の電鍍造字法は木目の細かいツゲの木材に陽文字（凸）を刻み、それから木刻した陽文字に電鍍（電気メッキ）して紫銅の陰文字（凹）をつくり、黄銅の型にはめ込んで母型を形成するもので、ツゲの木材を刻むのは当然鋼を刻

むよりも簡単で、電鍍による母型作成も加圧成形より容易であることから、所要時間の削減だけでなく、活字サイズの縮小も可能にし、さらに字形も明晰で美しくなった。美華書館はギャンブルの方法によって1号から7号と称する鉛字7種を製造したが、俗に宋字と呼ばれ、また当時、この活字が美華書館から大量に売り出されたことにより美華字とも呼ばれた。

　漢字の印刷のもう一つの難題は植字であった。ギャンブルはダイヤーよりさらに徹底して大規模に、中国人学者を雇用して、聖書を含む書物28種の計130万字の漢字の使用頻度を分析したが、延べ1万回に達する漢字は13字、1,000回以上のものが224字ある一方で、延べ回数が25回に満たないものが3,715字あった。こうした客観的データに基づいて中国語の鉛活字を常用・備用・罕用の3類に大別し、さらに大型の木棚を設計して、木棚の正面24盤のうち中間の8盤に常用字、上下の計16盤に備用字、両側の46盤に罕用字が収められたが、いずれも『康熙字典』に基づいて配列され、植字工が棚の中心に立って効率的に作業した。ギャンブルが発明したこの方法は、過去の棚を使用しない植字に比べて少なくとも3倍スピードアップし、この方法は20世紀になって商務印書館が1909年に新たな方法を採用するまで続けられた。

　近代における中国語（漢字）の活字の研究と製造は主に宣教師が中心となって行われ、その宣教と啓蒙のための印刷出版活動で実際に運用されて継続的に改善を重ね、中国語（漢字）の活字製造の障がいであった技術面での諸問題を解決し、同時に迅速かつ実用的な中国語の植字方法も発明した。彼らは西洋の近代的な活字印刷の技術を応用して、中国語による出版活動に不可欠な、成熟した漢字の活字による印刷技術を形成したのである。　　　　　　　　　　［塩山正純］

書物の東西交流：近世・近代の中-欧間の書物の往き来

　明末清初には西洋の貿易船が東洋に現れ、カトリック宣教師が漢字文化圏の国々で布教するようになり、東洋の文化、とりわけ書物が貿易船や宣教師とともに東から西へと旅をするようになった。宣教師が本国に献上したり、自ら持ち帰えったりした中国の書物は極めて多く、欧州各国の図書館や資料館では、様々な事情ですでに中国国内では現存しないものも含め、膨大かつ貴重なコレクションが所蔵されている。たとえばスペインのエスコリアル修道院所蔵の1548年刊『三国志演義』葉逢春本は、天下の幻の孤本と言われてきたが、1990年代に関西大学の井上泰山教授の調査によりその存在が確認された。ポルトガル人宣教師グレゴリオ・ゴンサルベスが東南アジアでの布教活動中に同書を購入、リスボン駐在スペイン大使ボルハを介してスペイン国王フェリペ2世に献上され、かの地で四百数十年も眠り続けてきたのである。同書は『三国志演義』最古の嘉靖本（1522）に次ぐ古さで、この版本の発見によって、『三国志演義』の出版の歴史、物語の推移、変化など様々なことが読み解ける資料が揃い、その後の研究が大きく進展することとなった。

　一方、中国国内ではカトリックもプロテスタントも、布教のための聖書や啓蒙書の漢訳、西洋人のための中国語辞書・テキスト類の編纂・出版、そして中国人のための先進科学、政治、経済、社会に関する書物の翻訳・出版に注力した。縦書き、木版、線装といった中国の伝統的スタイルで出版した漢訳聖書が本国に献上されたものや中国語辞書・テキスト類は数多く現存しており、『聖諭廣訓』『正音撮要』『官話指南』など中国人や日本人のために編まれたテキスト類が西洋の諸言語に翻訳され、西洋人向けにリニューアルされた例も数多い。西洋では早くから中国学が発展し、初期のイタリア、スペイン、ポルトガル、時代が下ってドイツやフランス、イギリスの大学で中国学が専攻として創立されるなど、中国の書物が欧米に運ばれる動機や機会にも事欠かなかったのである。中国自身に目を向けても、進化論の中国語訳『天演論』をはじめとする厳復の翻訳活動や、李鴻章が設立した江南製造局が繙訳館にアメリカ人宣教師フライヤー、ワイリーらを招いて自然科学、技術、歴史、国際法などに関する外国書の翻訳活動を展開した政府による取組みなどが中国の近代化に大いに貢献した。西洋発中国往きのベクトルで見た場合、西洋諸語で刊行・出版された書物そのものが中国で受容されるというよりは、宣教師や、中国人学者による翻訳活動によって、中国国内で新たに翻訳書として生まれ変わって人口に膾炙し、中国の近代化に寄与したケースが主流であった。

［塩山正純］

【参考文献】

井上泰山『三國志通俗演義史傳（下）』関西大学出版部，1998年.
井上泰山『漢籍西遊記』関西大学出版部，2008年.

編集と組版のあいだ

　文字や図版を配置して、印刷用の紙面を構成することを組版（くみはん）という。活版の時代には、編集者の割付（わりつけ）指示にしたがって、文選工が活字を拾い、植字（しょくじ）工が版へと植え付けた。文字盤の字形を感光材料に焼き付ける写真植字も、手動写植では一文字ずつ打つ作業であった。それが電算写植になると、文字入力と組版を別工程にして、その結果をデジタルデータとして保存できるようになる。これらの組版方法は、いずれもそれぞれの特性を活かして今なお現役だが、現在の主流はパソコンでレイアウトを完成させるDTP（デスクトップパブリッシング）である。

　DTPの登場により編集者が自ら書籍を組版することも可能になった。その利点とは何であろうか。出版社としては組版の内製化によるコスト削減があげられる。編集者としては組版データを検索してチェックしたり、著者の細かい修正にも柔軟に対応できる。DTPソフトの機能を用いた目次・索引の作成も可能。なにより、原稿の内容をより適切に伝えるカタチを自在に見本組みしてみることで、編集作業と結びついた組版、ひいては本づくりのできることが最大の強みだといえる。

　この編集と組版はつねに不可分の関係にある。論旨を追いながらも、著者が書き（打ち）急いだ気配があれば、誤字・脱字など入力の不備も読み解いていく。不要なスペースや、全角・半角が無秩序に混在している原稿データは要注意で、思わぬトラップがひそんでいる。英単語の一文字だけが全角になっていたり、O（オー）の代わりに0（ゼロ）が、漢数字の〇（ゼロ）のつもりで記号の○（まる）が入力されていたりする。これらはデジタルでチェックしなければ見過ごしかねない。また、―（和文ダッシュ）、－（マイナス）、-（ハイフン）、ー（音引（おんび）き）、—（emダッシュ）、–（enダッシュ）が区別されていないことはよくあるので、それぞれ適切な記号に置き換える。不思議なもので、データの不統一を整理していくことで、著者の意図するところがすっきりと見えてくることもある。

　和欧混植（わおうこんしょく）（和文と欧文が混在する組版）では和欧に別々のフォントを組み合わせながらも、文字の高さや間隔に留意して違和感のない本文組みに仕上げる。さらに多言語組版では言語ごとに異なる約物（やくもの）（句読点・括弧・疑問符などの記号）や組版ルールにも配慮する。同じ記号でも言語によって意味の異なることがある。例えば中国語では、並列に「、」を用いる（日本語では「・」）。読点には「，」を使うため、点とカンマが混在しているかのように感じるが使い分けが必要である。

　DTPで手軽に組版されるようになり"伝統的な"組版ルールが守られなくなったといわれるが、統一された処理方法としてのルールができたのは電算化に伴うものだという。紙の書籍から、紙プラス電子の書籍をむかえて、組版もまた変化していく。ただ、内容にふさわしい、読みやすく自然な文字組みになるよう、著者の意を汲んで読者へと伝える心持ちで組み上げていくことは変わらない。　　　　［吉田玲子］

21世紀の活版印刷ルネサンス
──デジタル時代における活版印刷術のあらたなる意義と可能性

「活字版印刷術（typography）」（略称：活版印刷、活版）は、印刷版の凸部分にインキをつけて印刷する「凸版印刷（letterpress printing）」の一種で、主に「活字（type）」を主要な印刷版とする印刷方法である。

我が国でも近代的な活版印刷術が導入された幕末・明治の初めから、昭和の後半に至るまで、活版印刷は文字情報伝達の主役の座を務めてきた。しかしその後の写真植字法による版下制作への移行、オフセット平版印刷の台頭、デジタル技術による印刷技術と通信技術の変革を経て、活版印刷が衰退の道をたどったのは周知のとおりである。

ところが、デジタル全盛の現代において、この前時代的でアナログな印刷方法である「活版印刷」が今再び注目を集めている。それは世界的な現象であり、その中心は昔ながらの活版印刷を知らない新しい世代である。なかでも女性が大半を占めていることも大きな特徴である。

産業としての活版印刷は、1970年代をピークに一定の限界が見え始め、徐々に衰退の一途をたどってきた。活版印刷業者の多くは転廃業を余儀なくされ、その結果、活版印刷機材がスクラップ同然で流出するようになった。そして21世紀に入ったころ、それらの機材を譲り受けた若いアーティストや趣味人が、創作活動に活版印刷を利用するという現象が起こった。従来の活版印刷を知らない若い世代は、活版印刷を単なる懐古趣味ではなく、ある意味新鮮さをもった「懐かしいのに新しい」表現方法の一つとしてとらえたのである。また、印刷版には従来の「活字組版」よりも簡便で、デザインの自由度もある樹脂製や金属製の「凸版」も多用されるようになった。

そのような経緯から、今までのプロの活版印刷業者とは異なる、新しい活版印刷の活用や表現を行うアマチュア・プリンターやプライヴェート・プレスが世界各国で誕生するに至った。

また、活版印刷工房を新たに設置する大学や公共教育施設なども増加している。パーソナル・コンピュータの普及やデジタル・メディアの発達で、単なるコンピュータの使用をメインとした教育内容では、もはや大学で教えるべき科目としては役不足となった。特に造形教育や情緒教育の分野では、「身体性を伴ったモノづくり」の体験と「モノづくりの本質」を学ぶためのカリキュラムの一つとして、活版印刷が導入されている。

その他、SNSの先端企業でも、社内に「アナログ研究所」なる施設を設けて、社員が活版印刷を実践・研究できる機会や場を保有している企業も存在する。「究極のデジタルはアナログを目指す」という言葉があるが、よりよきデジタルのため

には、アナログを知り、その潜在力をデジタルに反映させるための継続的な検証が必要不可欠であるということの現れである。

現在では、プロ向けの中古の機材だけでは、そのような新たな需要への対応が難しくなり、アマチュアや教育のためのコンパクトで新しい活版印刷機や活版機材の開発と供給が行われるまでに広がりを見せるようになった。

情報技術革命を経験した現代は、さながら19世紀末の産業革命を経た時代と似ていると言われる。機械化と大量生産・大量消費時代の幕開けにより、安価で粗悪な商品や刹那的で奇抜な印刷物が大量に出回り、職人の技芸や価値は失墜した。このような技芸や手しごとの衰退に警鐘を鳴らしたのが、当時のアーツ・アンド・クラフツ・ムーブメントであり、そしてそこから派生したのが、プライヴェート・プレス・ムーブメントであった。その再来とも言える現代の新しい活版実践者の多くは、効率優先の情報処理に追われる毎日に疲弊と疑問を感じて、活版印刷にその一つの答えを求め、「身体性を伴ったモノづくり」がもたらす純粋な歓びや愉しみを満喫している。

しかし現在の活版印刷愛好家の多くは、その表層的な質感の違いともいうべき「刷り」に活版印刷の魅力を感じている場合が多く、「活字組版」にこだわりをもっている実践者はまだまだ少数派であるという現実がある。

活字を印刷版としてもちいる場合には、手間も時間も場所もお金も必要となる。文字や余白が物体をともなうがゆえに、デザイン的な制約も多い。しかしそのような制約は、限られた道具をいかに有効に用いるかという面白さへとも変貌を遂げる。

また、活字を触るということは、情報伝達の歴史や文字文化に触れることにも繋がり、書籍やネットの情報だけでは得ることのできない、さまざまな事象をおのずと理解させてくれる。

この活字組版をもちいて印刷するという行為こそが、本当の意味での活版印刷の醍醐味であり、そこに今日における活版印刷のあたらしい意義と可能性が眠っているのではないだろうか。

辞書さえも毎日更新され、突発的かつ無責任な独り言でさえも公共の場への発信が可能となったこの電子媒体の時代において、コトバや情報をあえて紙面媒体に定着させようとする行為は、従来とは異なった特別性を帯びてくる。そのような時代に活版印刷の中でも、とりわけ活字組版を用いて書籍を印刷するという事柄は贅沢の極みとなる。また、「コトバを定着させるということ」の重みと責任に向き合い、コトバを研鑽する機会とも成り得るであろう。　　　　　　　　　　　［大石　薫］

2 コンピュータのメディア

●データベースの登場

　「コンピュータ（computer）」は、文字どおり「計算するもの」の意味で、1970年代までは日本語でもっぱら「電子計算機」「電算機」という言葉が使われていた。1952年の読売新聞には「そろばんで数年かかる計算を数分で」というような紹介記事がある。そのように計算のための道具として登場したコンピュータだが、計算以外にも「抜き出す」「並べ替える」といった操作に威力を発揮した。

　科学技術の学術雑誌の記事を検索するための「索引誌」「抄録誌」は19世紀からつくられてきた。化学分野の代表的な抄録誌 "Chemical Abstracts" は1907年から、さらにさかのぼると "Chemische Zentralblatt" は1830年から作成された。これらの資料は論文を検索するために「索引」が付いている。月刊の索引誌には毎号索引が付されるが、1年分検索しようと思うと各号の索引を計12回検索しなければならない。これを省力化するために1年分まとめて再編した「年間索引」がつくられ、さらに当初からの「累積索引」が発行される。

　仮に年12回発行で、各号に1,000件文献が載っているとすると1年で1万2,000件、10年たまると12万件の論文が収録されることになる。これらの索引を編集する作業にはカードが用いられていたが、膨大な手間のかかる作業であった。1960年代になってこれらの索引の編集作業にコンピュータが導入された。仕事は12号分の索引を合わせて並べ替えるといったことで、キーワードや人名と文献番号との対応を付けたデータが操作された。

　索引を印刷するために並べ替えるだけでなく、条件に合う文献を選び出すことに応用が考えられた。これがコンピュータによる検索の始まりである。検索の実験はすでに1940年代に行われていたが、1970年ごろからデータベース検索が本格的に使われるようになる。

　計算機の容量も少しずつ増大し、文献番号だけでなく、タイトル、著者名などの所謂「書誌事項」や抄録がデータとして入力されるようになり、検索結果として出力されるようになっていった。

　1980年代になり、新聞やビジネス雑誌で、記事全文が収録されるようになり、「全文データベース（full-text database）」と呼ばれた。コンピュータが普通の

オフィスにも入り込み、多くの文章が紙とペンでなく、キーボードとコンピュータから生まれるようになった。

　このころから「データベース」という用語は「データの集まり」「検索システム」の両方の意味で使われるようになり、混乱を生じた。

●図書館で

　一方図書館では、永らく目録は増える蔵書に応じて新しいカードを挿入できることからカード目録が用いられてきた。1980年台から、目録データをデータベース化して、複数の図書館の目録カードを印刷するのに使おうという試みが行われた。「書誌ユーティリティ」と呼ばれる機関による目録の一括作成である。アメリカのOCLC（Ohio College Library Center）はそのさきがけとなった。目録のデータをコンピュータで扱えるような形（＝電子データ）でつくろうという考えは「機械可読目録（Machine-Readable Cataloging」と呼ばれた。現在でも目録データのことをMARC（マーク）と呼んでいる。

　このデータを活用して、カード目録や冊子体目録を印刷し、さらにはマイクロフィルムに焼き付ける「COM（Computer Output Microform）目録」もつくられた。一方で、図書館によっては自館の目録がすべてデータベースに入力され、検索にも使えるようになったところもあった。当初は図書館員専用であったものが、80年代中ごろからは、一般利用者にも開放されるようになった。OPAC（On-line Public Access Catalog）とは「利用者が使えるオンライン目録」という誇らしげなネーミングであるが、現在ではコンピュータ目録のことを普通に指す名詞となっている。しかしながら、紙でつくられた過去分の目録のデータをコンピュータに入力していくことは、大変な作業であり、1980年代後半の図書館業務の多くがこの「遡及入力」に割かれた。

●日本語の壁

　データベースや資料の電子化の歴史をたどると、常に日本はアメリカに10年遅れている。この原因の多くは日本語の特性にある。アルファベット26文字、大文字と小文字、句読点や数字を加えても100以内の文字で事足りる英語と、カタカナだけを使っても50文字、英数字や句読点、濁点半濁点を加えると100を超える日本語は、コンピュータ上での条件はまったく違うものだった。さらに漢字を加えようとすると、軽く1,000を超える（1946年に定められた「当用漢

字」は 1,850 字）。これらの文字にコードを割りあてるには 1 文字に 2 バイト（英数字 2 文字分）を使わなければならなかった。その文字コードも、1978 年 1月に「情報交換用漢字符号系 JIS C6226-1978」が制定されるまでは、会社ごとに異なっており、データの共有は難しかった。

英語の入力は、タイプライタから引き継がれたキーボードで行われたが、日本語では 1,000 以上ある文字を入力するためにはどうするかが問題であった。英語のキーボードからでは到底入力できないので、コード表を見ながら例えば「東京」を「938C 8B9E」と入力するような方法もとられてきた。1978 年にカナ漢字変換が実用化され、現在に至るまで使われている。

もう一つ厄介な問題は日本語には「分かち書き」がないことである。英語などアルファベット圏の言語では、「単語」を区切るためにスペースが置かれている（10 世紀以前はなかったという）。検索の単位を「単語」とする場合、単語がどこまでかを示す必要がある。この問題はカード目録の時代にも「カードを（字順でなく）語順で配列する」際に問題となっていた。カード時代にはヨミにスペースを入れ「ワガハイ ワ ネコ デアル」のように表記していた。漢字カナ交じりの文から「単語」を抽出するために人手でスペースを入れるのではなく、「辞書」と突き合わせて機械的に行う「自動切り出し」の技術が開発された。これはさらに進化して現在「形態素解析」と呼ばれる技術になっている。

これらの過程で「漢字を廃止し、カタカナだけで」とか「日本語はローマ字で書くべき」との議論もあった。しかしながら、よくも悪くも「コンピュータのために日本語を変える」という考えは少なかった。

アルファベット圏でも、英語以外の多くの言語はウムラウト（ドイツ語）、アクサン（フランス語）などの変音記号（ダイアクリティカル・マーク）や「ß」「Å」などの文字があり、それぞれの言語で独特の解決をしていた。そのため、日本語と英語、英語とドイツ語は 1 文書に混在させることができても、ドイツ語と日本語は同時に入れられないという状態が、2000 年ごろからユニコードという文字コードが使われるようになるまで続いた。

●紙か電子か

「紙か電子か」の議論は現在もさまざまな場所で行われている。データベースが登場したときには、紙では困難だった AND 検索ができるようになったことが喜ばれた。しかし、一覧性がない、検索結果が読みづらいなどの欠点も指摘され

た。コンピュータ検索が紙の検索と大きく違うのは「検索語を入れなければ検索できない」ことである。パラパラとページをめくったり、カードをめくったりで何かを見つけることはありえない、ということである。偶然目にした文献が役に立つ可能性をコンピュータ検索では逃してしまう、なども議論された。

1980 年代には「引く本（辞書や書誌など）は電子、読む本は紙」という区分けがされていた。「引く本」も紙版が提供されていたし、「読む本」にも「巻末索引」という検索手段が加えられていた。「読む本」の電子版では「全文検索」の機能があり、巻末索引は不要との意見もある。しかし全文検索では多くのページがヒットしすぎて見つけられないということも起こりがちである。

現在では電子の欠点は、長期保存の困難さがよく指摘されている。

●記録媒体

初期のコンピュータはメモリの量も大きくなかったので、ちょっとしたデータを扱うには「外部記憶装置」に頼らざるを得なかった。この外部記憶装置として長く使われたのが磁気テープである。録音用のものと同じようにプラスティックのベースに酸化第二鉄などの磁性体を塗布したものである。しかし、磁気テープは長期保存には向いておらず、過去のデータが危機に瀕しているものもある。1995 年ごろからはほとんど使われなくなった。

その他の媒体としてはパンチカードや紙テープがある。パンチカードの代表的なものは IBM カード（80 カラムカードなどとも呼ばれる）もので 187.325 mm × 82.55 mm の大きさの紙カードに 80 桁記録する。各桁に 12 個の穴を開けるスペースがあり、データ入力のときには「穿孔機」と呼ばれる機械のキーボードをたたくことにより穴を開けていく。データをカードに打ち込む「キーパンチャー」という専門職がいて、1970 年代には女性の花形の仕事とされた。コンピュータに直接データを打ち込めるようになった 1980 年代にはほとんど使われなくなった。

紙テープは幅 2 〜 3 cm 程度の紙製テープに穴を開けるもので、コンピュータからの出力を記録するものである。データ保存や移送に使われた。慣れれば、人の目でもデータを読みとることができた。

1970 年代は、大企業が 1 社に何台かもつものだったコンピュータが、1980 年代に、オフィスに 1 台、さらに 1980 年代後半には 1 人 1 台のものになった。「パーソナルコンピュータ（PC）」という言葉はこのころ生まれた。PC で使わ

れた記録媒体が「フロッピーディスク（floppy disc, flexible disc：FD）」である。初期のものは、直径 8 インチ（約 20 cm）で、256 KB の容量であった。円形の磁気ディスクが封筒のようなケースに収められていて、回転させながらヘッドの位置を変えることにより、磁気テープとは異なり、途中からでも読めるという利点があった。このディスクは磁気テープなどと同じ柔らかい素材でできていたので floppy という名が付いた。PC のデータやプログラムの収納場所として広く使われた。その後、5 インチ、3.5 インチと小型化して、容量も 2 MB まで増加した。2000 年ごろまではデータ保存、移行の媒体として広く使われた。

　現在でも 3.5 インチの FD を読み書きできる装置（ディスクドライブ）は市販されているが、5 インチや 8 インチは特殊なもの以外売られていない。たとえ古いドライブを入手したとしてもドライバソフトがなかったり、接続のインターフェースが違っていたりで接続することは困難である。コンピュータ媒体は進化が進むが、過去の媒体に対する手当はほとんど行われないので、気がつくと読み出し不能になってしまうことがある。

●データ量

　1963 年 1 月 10 日に "Science, Government, and Information: A Summary of the Weinberg Report" と題する、通称「ワインバーグ・レポート」が大統領の諮問委員会の報告書として、J. F. ケネディ大統領の署名入りの序文とともに出された。背景には「スプートニクショック」があると言われているが、報告書自体にそれは記されておらず、「科学技術界」「政府」の両者への勧告という体裁でつくられている。

　ワインバーグ・レポートでは科学技術情報の整備、提供体制を勧告しているが、電子化については先の話だとしている。その根拠として「例えば、米国議会図書館は 10^{13} ビット（1.5 TB）の記録情報に相当する 1,000 万件以上の図書をもっている。受入図書は、その目録作成に約 2,000 ビット（0.3 KB）の情報を必要とするので、その目録を蓄積するだけで数百億ビット（10 GB）の記憶容量が必要とされる。」と指摘している。1963 年発売のハードディスク IBM 1302 は、約 100 MB で 25 万ドルであった。10 GB のために 100 台買えば 2,500 万ドル（＝ 25 億〜90 億円）であった。

　ハードディスクは大容量化、低価格化し 80 年代半ばには「1 MB あたり 1 万円を切った！」と話題になった。1989 年の記事では「100 ないし 300 MB の容

量のハードディスクが 200 万円前後で購入できる。」さらに 1999 年には「8.4 GB
という大容量の製品でも 2 万円程度で導入できる。」とある。2017 年現在では
1 TB のハードディスクは 1 万円以下で買える。　　　　　　　　　　　［山本 昭］

書籍の電子化

　書籍の電子化には二つの側面があり、一つは書籍が今まさに電子媒体として世に出ること、もう一つは歴史的にも貴重な文献も含めてすでに出版されたものが電子媒体として保存・公開されることである。技術的なことには滅法疎い筆者は、専ら後者の周辺事情について幾つかの事例を紹介する。

　ほんの20〜30年前までは「文献研究は金食い虫」と言われた時代であった。文献を利用したければ、例外なく電車やバス、それが海外にあれば飛行機で足を運ばなければならなかった。継続して使いたければ、窓口や郵便での煩雑な申請で複写やマイクロフィッシュなどのモノとして手に入れる必要があった。それが十数年来の急速な電子化で、「本物を手に取って」などと贅沢さえ言わなければ、国内、或は所属先、自宅のリビングに居てさえも目当ての資料の写真やデータに簡単にアクセスできる環境が整ってきたのである。現在四十代半ばの筆者でさえも自分自身の学生時分の情況とは隔世の感がある。なぜ一般には馴染みのない貴重書や稀観書で電子化と公開が進むのか。それには先ず「研究や学びで必要なひとが自由に平等にアクセスできるべき」という研究機関の矜持や使命感があるし、同時に、紙媒体の書物の保存のための対策が必要不可欠であったと言うことも重要な要因である。

　たとえば、国立国会図書館のHPを開くと、国立国会図書館デジタルコレクションでは図書、雑誌、古典籍、博士論文、歴史的音源など様々なジャンル毎にデジタル化された資料が公開されている。図書では主に明治以降の著作権がクリアされた洋装本が検索でき、NDC分類や年代、キーワードによる絞り込み検索も可能である。著作権がクリアされた文献は、デジタル画像の閲覧は勿論、枚数制限はあるものの必要なページをダウンロードすることもでき、すぐに入手できない資料の調べものには非常に重宝する。

　外国の国立図書館でも近代以前の所蔵資料のデジタル化が進んでおり、イギリス、オーストラリア、ポルトガルなど多くの事例がある。フランス国立図書館のそれ（BnF Gallica）は手書きされた稿本や敦煌文献まで閲覧できてしまう。バチカン図書館でも日本のNTTデータや、北京外国語大学・シンガポール国立大学・ローマ大学そして関西大学など国内外の機関との共同事業で文献デジタル化が進捗している。このほか、アメリカのInternet Archiveも有名な文献検索サイトで、貴重書から最新のものまで様々な媒体が公開され、筆者の研究分野である近代中国語に関するものでも、英語を中心に横文字で出版された書物は多くがすでに公開されており、PDFやFull Textなど複数の形態のデータがいとも簡単に入手できる。ちなみに同サイトの撮影・データ整理は全て中国・深圳の企業が請負っている。

　国内外の個別の大学や研究機関でもこうした取組みが増えている。国内の例では、伝統的に近代の東西言語文化交流の研究が盛んな関西大学の東西学術研究所ア

ジア文化研究センターでは、元々研究者の取組みから発展した CSAC Digital Archives が同大学所蔵の和書、漢籍、洋装本の他、個人や他機関が所蔵する西学東漸に関する資料、約二千数百点をデジタルデータで一般公開していたが、さらに 2018 年には、これまでの蓄積を発展させた関西大学アジア・オープン・リサーチセンター（KU-ORCAS）として、東アジア文化研究の「デジタルアーカイブ」の構築と、研究リソース・研究グループ・研究ノウハウがオープン化されたプラットフォームの形成を目指した活動をスタートしている。このほかに、大学では東京大学史料編纂所による所蔵史料目録データベースやフルテキストデータベース、慶應義塾大学メディアセンターの「デジタルで読む福澤諭吉」などのデジタルコレクション、そして早稲田大学図書館が所蔵する約 30 万点の古典籍のデータ作成を目指して 2015 年から継続的に取組んでいる古典籍総合データベース、関西学院大学図書館デジタルライブラリ、同志社大学学術リポジトリなど、そして大学共同利用機関である国文学研究資料館の電子資料館など様々な機関から大小さまざま数多くのデータベースが公開されている。また、既存の図書館でも、紙媒体の資料保護の観点から複写を許可しないかわりに、個人の研究利用のデジタル撮影が許されるという利用者には若干嬉しい流れも加速している。

　さらに書籍・資料の利用の利便性を高めるための新たな取組みも始まっている。これまでの資料のデジタル化は、個別の機関が個別の規格やアプリケーションによって運用しているために、完全にオープンなアクセスが可能な訳ではなかった。そこで、IIIF（International Image Interoperability Framework）という、デジタル画像相互運用のための国際規格の普及を目指す国際的なコミュニティ活動が始まり、日本国内でもその活動が徐々に浸透して来ている。仕様が公開されている API（application programming interface）に準拠して誰もが自由にソフトウェアを開発し、オープンソースとして公開することができるため、IIIF 対応のオープンソースソフトウェアがいくつも誕生し、さらにそれが IIIF の利便性を増し、利用者が増える好循環が生まれている。国内で IIIF の普及に取組んでいる永崎研宣氏によれば、活動は既に「先導的な役割を担っている研究図書館や画像リポジトリのコミュニティが成長しつつあり、画像配信のための相互運用可能なテクノロジーとコミュニティの枠組みを作り出そうとする取組みに着手」するところにまで来ている。

　こうしてデジタル化のプラス面ばかりを挙げたが、これほど環境が整うと却って「全体を俯瞰して個別を考える」という当たり前のことが難しくなる一面も否定できない。近頃は学生もレポートや論文作成する際に、大学の情報施設などで書籍や資料を電子媒体で扱える環境が用意され、しかも OCR で簡単に検索できるようにもなった。確かに一見ラクにはなったが、ピンポイントにしか目がいかなくなると、じつは本人も安直さに気づかないまま、常に「木を見て森を見ず」の危険と隣り合わせなのである。あくまで自分の目で資料を読み解いてこそ、という学びの原点もいま一度考えてみる必要があるかも知れない。

［塩山正純］

光ディスクファイルシステム：OA の黒歴史

　OA（Office Automation）とは、工場など生産現場がオートメーション化（自動化）してきたのにならい、管理部門のオフィスを機械化しようというかけ声で、1980 年代半ばからよく使われた。コンピュータの小型化低価格化が進み、オフィスコンピュータ、パーソナルコンピュータ、などがオフィスに入り始め、コピー、ファックス、ワードプロセッサ（ワープロ）などの機器とともに使われていた。数字を扱う部分はコンピュータを利用していても、文書はほとんどが紙でつくられていた。ワードプロセッサーも紙に印刷するための機械ととらえられていた。オフィスには紙の書類が溢れ、保管場所や検索効率などに問題を生じていた。

　ところで「現用文書」に対して、用済みだが保存の必要のある文書「保存文書archive」はビジネスや行政の各分野で発生する。1930 年頃から、写真に撮って「マイクロフィルム」の技術が使われ始めた。細長いフィルムを巻いた「ロールフィルム」、ハガキ大の「マイクロフィッシュ」、パンチカードと組み合わせた「アパチュア・カード」などが広く使われた。

　1980 年代中ごろから、紙の書類をスキャンして「光ディスク」という媒体に保存する機械、「光ディスクファイルシステム」が鳴り物入りで登場した。「コンパクトに収納」「（インデックスを付ければ）高度な検索が可能」などをうたい文句に、それまでのマイクロフィルムに代わるものとして各社が売り込んだ。これは CD やDVD といった汎用的なものではなく、各社独自の形式のものであった。多くの企業がこれを導入し、紙の書類は破棄してしまった。ところが、2000 年ごろまでに各社とも撤退し、後継機種も現れず、2007 年には全社がサポートを停止してしまった。現用の機械が壊れると読み出せないディスクだけが残ることになる。もとの紙はもうない。どうしても必要なデータは専門の業者に出してデータ変換したが、非常に高価な作業だった（ディスク 1 枚 6 万ページで 25 万円など）。マイクロフィルムを使い続けた会社はこのような目に遭わなかった。　　　　　　　　［山本　昭］

マイクロフィルム

縁穴カードとピーカブー

　紙での検索で困難だったのが AND 検索である。「（1955 年に出た）（経済学の）本」とか「（山羊座）の（AB 型）の人」など二つの条件を満たすものを探す方法である。索引の 2 か所を見くらべて読み合わせし、両方に出現するのを見つける、というのは大変手間のかかる作業である。紙での検索でそれを可能にする二つの方法が開発された。

　一つは「縁穴カード（ふちあなカード、へりあなカード：Hole-sort card）」で、本を検索するなら 1 冊に 1 枚、人を検索するなら 1 人に 1 枚のカードを割りあてる。カードの各辺に沿って穴が開いている。その一つひとつの穴に項目を割りあてる。上記の例だと「山羊座、水瓶座……。A 型、B 型、AB 型、O 型」に対応する。該当する項目の穴の根本を切り落としてファイルする。検索するには束ねたカードの該当項目、例えば「AB 型」のところに棒を差し込みもち上げる。すると、切り込みの入ったカードすなわち AB 型の人のカードが落下する。「AB 型」と「山羊座」の 2 か所に 2 本の棒を差し込み同時にもち上げると、両方に切り込みの入ったカードが落ちる。これで AND 検索ができる。

　もう一つは「ピーカブーカード（Peek-a-boo card）」である。Peek-a-boo とは「いないいないばあ」で、透かしてのぞき見することをいう。こちらは 1 項目に 1 枚のカードを割りあてる。100 × 100 のようなマス目を用意し、その座標の交点に一つひとつの文献を割りあてる。「1955 年」のカードには 1 万件の文献のうち 1955 年に出版された文献の座標すべてに穴を開ける。「経済学」のカードには同様に経済学に関する文献の座標すべてに穴を開ける。この 2 枚のカードをぴったり重ね合わせ、反対側から光をあてると、両方に穴の開いているところだけ光が漏れる。

　画期的な発明ではあったが、コンピュータによる AND 検索が普及すると使われなくなってしまった。

[山本　昭]

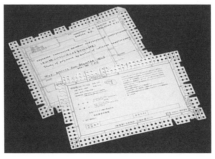

縁穴カード

3 音のメディア

●エジソンとベルリナー

　人類が初めて音声を記録再生したのは 1877 年 12 月 6 日、エジソンの「phonograph」とされている。記録だけだと、それより前、1857 年にフランスのレオン・スコット（Edouard-Leon Scott de Martinville、1817-1879）が波形を記録している。エジソンの蓄音機は「蠟管式」といって円筒を回転させ螺旋状に溝を刻むものであった。

　その後、ベルリナー（Emil Berliner、1851-1929）が 1888 年に円盤式の蓄音機「Gramophone」をつくった。こちらは円盤を回転させ、外周から内周に向かって溝を刻む方式である。外周と内周で溝の速度（線速度）が違うという欠点はあったものの、レコードがプレスにより複製・大量生産できるという利点があった。この利点のため、円盤方式がレコードの主流となった。エジソンはもともと蓄音機を速記の代わりなどに用いる「事務機器」と考えていたが、ベルリナーは音楽再生を考えていた。

　いずれも薄膜で音の振動を受け、その先に付けた針で波形を溝に刻むものである。溝の刻み方に縦振動によるもの（針が上下に動く）と横振動によるものとがある。エジソンのものは縦振動、ベルリナーの円盤式は横振動を使っていた。その後円盤式のレコードで縦振動のものもわずかにつくられた。

　音楽を記録再生することは、オルゴールなどの機器によりその前から行われていたが、蓄音機の登場によって、音そのものを記録できるようになった。

　初期の録音は「機械吹き込み」（旧吹込、ラッパ吹込）といって電気的な増幅を使わず、音のエネルギーだけで録音していた。そのため、歌手は実際以上に大声で歌ったり、オーケストラの弦楽器は特殊な楽器（バイオリンの胴の代わりにラッパの付いたもの）を使ったりする必要があった。機械吹き込みのおかげでアルトゥール・ニキシュ（1855-1922）やエンリコ・カルーソー（1873-1921）など伝説の演奏家の音が今でも聞くことができる。しかし、音質は十分ではなく、生演奏の代用品とはならなかった。

●電気吹き込み

　ベルによる電話の発明（1876）から、音声を電気信号に変換する技術は生ま

れていた。しかしその信号は微弱なもので、取扱は限られていた。1906年に三極管（真空管）が開発され、1912年代にはそれを使って音声信号を増幅する技術ができた。1920年にはラジオ放送が始まった。マイクロフォンで音声を電気信号に変え、それを増幅する。その先にスピーカをつなげば拡声装置、館内放送などになり、発信機をつなげばラジオ放送になる。そして、録音針を駆動する装置をつないだものが「電気吹き込み」である。電気吹き込みは1924年から行われ、大編成のオーケストラの録音なども次々と行われた。複数のマイクからの音声をミキシングして録音することも始まった。

　「recording＝録音」という語の訳語に永らく「吹き込み」という語が使われていた。機械吹き込みは確かにラッパに向かって声を「吹き込む」感があるが、その後マイクロフォンを使った録音も「吹き込み」と呼ばれ続けた。

●蓄音機は電蓄に

　再生機にも電気が使われるようになった。それまでゼンマイで駆動していた蓄音機を電気モータで動かすようにした。さらに、針の振動を電気信号に変え、増幅してスピーカから出す「電気蓄音機」（電蓄）が1925年に登場した。当初は「家が一軒買える」と言うほど高価であったが、1930年代には徐々に普及していった。旧来の蓄音機は大きい音を出そうとすると針圧を高くしなければならず、盤の劣化を早めることになったが、電蓄は容易に大音量を出せるので、ダンスホール等の広い空間で使われた。少しずつ実演の代わりになり始めた。エリック・サティをはじめ、「若いころナイトクラブでピアノを弾いて食いつないだ」という音楽家は多いが、そのような場が少しずつ失われることにもなっていった。

●多様な録音方式

　1940年ごろから磁気録音が開発された。増幅した電気信号を磁気に変換して、磁性体のテープ（初期にはワイヤ）を帯磁させることで記録する。この方式の特徴は、磁気を取り去ることでテープを何回も使えること、テープを切り貼りすることで編集が容易なことである。

　ワイヤを使った磁気録音は、1940年代前半、戦時中のドイツでは放送などに使われ、フルトヴェングラー指揮ベルリン・フィルハーモニーの録音など貴重なものが残されている。

機械吹込にしても、電気吹込にしても、レコードの原盤にリアルタイムで直接音を刻むのは、リスクが大きい。間違えたらやり直しになる。そこで、まずテープに録音し、それからレコードに刻むことが行われるようになった。それにより1940年代後半以降の録音には、部分取り直しや、継ぎ接ぎがされているものが多い。

　映画の世界ではフィルムに焼き付けることのできる光学録音が、やはり1940年ごろから使われ始めた。

　1955年ごろから1本のテープに左右二つの音を入れる「ステレオ録音」や三つの音を入れる「3チャンネル録音」が始まった。

● LPレコード

　それまでのレコードはシェラックという天然樹脂でつくられてきた。もろく、落とすと割れてしまう素材である。1948年にポリ塩化ビニル（塩ビ）を材料とした LP、1949年には EPレコードが発表された。それまでの SP（Standard Playing）に対してそれぞれ LP（Long playing）EP（Extended Play）レコードと呼ばれる。これらは溝を細くし（マイクログルーヴ）、回転数を低くすることで長時間録音と音質の向上を実現した。

種類	材質	毎分回転	直径	片面収録時間
SP	シェラック	78回転	10インチ	3〜4分
			12インチ	4〜5分
LP	塩化ビニル	33 1/3回転	12インチ	約25分
EP	塩化ビニル	45回転	7インチ	3〜4分

　そして約10年後の1958年にはステレオレコードが発売された。

● 電蓄はステレオに

　LP、EPレコードが発売されると、電蓄は33/45/78の回転数切替が付き、さらに SP用の太い針と LP、EP用の細い針を切り替えられるようなものも登場した。ところが、ステレオレコードに対応しようとすると大がかりな変更が必要になる。針の振動を電気信号に変える「ピックアップ」と呼ばれる機器は、左右用に二つのコイルが必要になる。増幅器（アンプ：amplifier）も左右二つ必要、スピーカも左右二つ必要になる。二つのスピーカは接近していては、ステレオ効果が得られないので、横長の装置にするか、スピーカを別置する必要がある。そ

のような新しい機器は「ステレオ」と呼ばれた。

　1970年代からは、一体型の装置だけではなく、回転部分とピックアップ、アームからなる「プレーヤ（レコードプレーヤー）」、増幅器「アンプ」、「スピーカ」、さらにラジオを受信する「チューナ」など部分ごとに製品がつくられるようになった。「コンポーネント・ステレオ」略して「コンポ」と称した。

●マルチトラック、マルチチャンネル録音

　1本のテープに複数の音を入れる、マルチトラック録音は、そのトラック数を次第に増やしていき、1980年ごろには24トラックが標準になった。こうなると小編成の録音では一つの楽器が一つのトラックという使い方もできる。しかし出荷する製品は2チャンネルステレオが標準なので、それらの音を混ぜ合わせる作業が必要になる。この「ミキシング」という操作は2トラック録音の時代には、録音機に入れる前に複数のマイクの音を混ぜていたのだが、マルチトラック録音では、すべての音を録り終わった段階で行う。当然そこでバランスを変えれば同じテープから違う音の製品がつくれる。これが「リミックス」である。あるトラックだけを後から録り直すことも行われた。例えば、カーペンターズの「イエスタデイ・ワンス・モア」（1973）では、初出の音源と、歌っているカレン・カーペンター（1950-1983）の死後に出されたものでは伴奏の楽器が入れ替えられている。

●デジタル録音

　テープ録音は音質が向上していったが、磁気素材特有の問題があった。ヒス・ノイズと呼ばれる「サー」というノイズがどうしても録音される。これを解決するために音声を0と1の二進数にコード化して録音する方式が考えられた。当初は「PCM：Pulse Code Modulation 録音」と呼ばれた。最初のPCMレコーダは日本コロムビアとNHKが共同開発して1972年に製作されたが、それより前1971年1月に試作機で録音された「サムシング／スティーヴ・マーカス」が世界最初のデジタル録音レコードとされている。当初は量子化ビット数13ビット、サンプリング周波数32 kHzというものだったが、1978年には量子化ビット数16ビット、サンプリング周波数44.056 kHzに達し、これがCDの仕様となった。

　1980年ごろにはデジタル録音が主流になったが、デジタルで録音したものを

LPレコードにして売っていた。消費者の許にデジタル形式で届くようになるのは 1982 年に CD（Compact Disc）が発売されてからとなる。

●メディアと曲の関係

　SP レコードの時代には、片面 4 分という記録時間から、モーツァルトの交響曲（25 分程度）は 4 枚、ベートーヴェンの交響曲（45 分程度）では 6 枚程度の枚数になった。1 枚の両面に入りきる 7 〜 8 分程度の曲が好まれ、レコードもつくられ、演奏会でも取り上げられた。LP 時代になるとモーツァルトの交響曲は片面に、ベートーヴェンは両面に入れることが多かった。オーケストラの編成も大きく、ダイナミックレンジ（大きい音と小さい音の差）が広く、70 分を超えるブルックナーの交響曲などは SP 時代にはなかなか録音されなかったが、LP 2 枚に、CD なら 1 枚に収録できるようになった。いっぽう CD 時代になると 10 分以内の「小曲」は数曲集めないと LP として売りにくい。そのため、SP 時代には小曲中心だったのが、人々は大曲を耳にする機会が増えた。それにつれて演奏会でも、小曲の演奏頻度は減っていった。

　ポピュラー音楽でも、曲単位での売り方から、1960 年代からアルバムを一つの「作品」して売るものが出てきた。「アルバム」という語は、もともと SP 時代に「名曲集」のような 10 枚程度のレコードが 1 冊に綴じられたセットを指した。LP、さらに CD で 1 枚になっても、「アルバム」という呼称は使われている。

［山本 昭］

4 画像・映像のメディア

●写真技術

　写真技術は、レンズを使って結像させることと、感光材料の化学反応で濃淡を付けることによって実現された。現在残っている最初期の写真とされるものは1825 年ごろのものである。感光剤は塩化銀（AgCl）など、銀化合物が使われた。現在でもアナログ写真のことを「銀塩写真」ということがある。初期の写真は露光時間が数時間から数分と長かったため、動きのあるものは撮れなかった。

　当初写真は板の上に焼き付けられたが、透明フィルム上に記録されるようになった。通常、「光があたると黒く」なるため、白黒が逆転して（ネガ、ネガティブ）フィルムに記録される。それを使ってもう一度紙（印画紙）に焼き付けると、白黒が正常な写真になる（ポジ、ポジティブ）。フィルムにポジを焼き付ければ、光をあてて、スクリーンに結像させて静止画を映し出せる。これが「幻燈」であり、「スライド」である。これを連続して投影すれば「動く画像」になる。

●活動写真

　静止画を連続して見せることにより動画になることは知られていたが、「動いている」と認識されるためには、1 秒間に 10 コマ以上見せる必要がある。1870年ごろから、技術の発達で連続的に撮影できるようになる。

　最初の映画はフランスのリュミエール兄弟の『リュミエール工場の出口（La Sortie de l'usine Lumière à Lyon）』（1895）とされている。これは映画作品というよりは動きのあるものを撮るために、工場の出口から労働者が出てくるシーンを撮った 50 秒ほどのものである。その後映画は「活動写真（Moving Picture）」として、重要な娯楽となっていく。

●アニメ

　もう一つの動画に、所謂「アニメ（アニメーション：Dessin Anime）」がある。映画が複数の写真を連続して見せるのに対して、絵を使ったものである。「ぱらぱらマンガ」のような動画の歴史は古く、フリップブック（ぱらぱらマンガを印刷した本）やソートロープ（円筒の内側に書かれた絵を、回転させながら

隙間から覗く玩具）は 19 世紀半ばからつくられていた。アニメを映画フィルムに記録する際は、1 コマずつ撮影する「コマ撮り」の技法が使われる。このため、実写と違ってゆっくり撮影することができるため、実写の映画よりも早くからつくられた。最初のアニメ映画は手書きによるレイノーの『Autour d'une cabine』（1894）と言われる。

●無声映画

　動画の記録／再生の技術はフィルムの上に、音声はレコードの上に行われたため、当初の映画は音声をもたなかった。セリフを書いた画面を挿入したりすることもあったが、映画上映は、画面に合わせてセリフなどを読み上げる「弁士」と、音楽を奏でる「楽隊」を伴っていた。活動大写真の弁士ということで「活弁」と呼ばれた。

●映画、映写機の仕組み

　映画は長いフィルムに焼き付けられる。高速でコマを送るための歯車を引っかけるための穴が両わきに開いている。これをパーフォレーションという。映写機はフィルムに光を透過させ、スクリーンの上に映像を結像させる。フィルムを 1 コマずつ送り、コマを送る間は光を遮断し次のコマで一瞬停止したところで光をあてる。フィルムの一巻き（直径約 40 cm）は 10 分から 15 分、2 時間の作品だと 10 本程度のフィルムになる。2 台の映写機を交互に回しで途切れないように上映する。上映の終わった巻は巻き戻して、次回の上映に備える。複数の館で同じ作品を時間差で上映する場合、使い終わった巻を自転車で他館に移送し、別の巻を持ち帰る、ということも行われた（これが「自転車操業」の語源との説もある）。

●トーキー

　音の入った映画「トーキー映画」は、1927 年の『ジャズ・シンガー』が最初と言われる。しかし、これは映写機の映像にレコード盤の音声を同期させる、「バイタフォン」方式によるものであった。その後、光学録音の実用化で、映画フィルムに音声も焼き付ける方法がとられた。これは、映像のコマのわきに、音声を記録した帯（サウンド・トラック）を設けるもので、「サウンド・トラック」という語は映画音楽の代名詞にもなった。これにより、映像と音声を 1 本のフィ

ルムに同時に焼き付けることができるようになった。音声は、さらにステレオ、サラウンドと多チャンネル化していった。

●ニュース映画

　テレビのなかった時代、ニュースは新聞とラジオが中心であった。そんななかで映画館で上映されるニュースがあった。『日本ニュース』は 1940 年から 1992 年まで映画館で上映するニュースをつくり続けた。その他各新聞社も映画館用ニュースをつくった。5 分から 10 分の時間に数点のニュースを映像とともに入れ、映画作品の間に上映された。テレビのニュースと違ってアナウンサーの姿は映らず、映像と音楽にナレーションが入る。

●テレビからビデオへ

　画像を送信する方法で、写真技術から発達した映画とは別に、テレビが発達した。テレビの技術は、走査（スキャンニング）という手法を使っている。画像を左から右へ、さらに上から下へその濃淡を読み、電気信号に変えて送信、受信した信号をブラウン管に画像を映し出すものである。ちなみに、世界で最初に電送した画像をブラウン管受像したのは 1926 年浜松工業高校の高柳健次郎（1899-1990）で、静岡大学高柳記念未来技術創造館にはその業績が展示されている。テレビは 1930 年代から実験放送が行われ、アメリカでは 1940 年代から普及し始めた。当初は生放送か、フィルムに撮影したものの放映であった。

　この走査した電気信号を磁気テープ上に記録する「ビデオテープ」「ビデオテープレコーダ」が 1956 年に登場した。それまでの映画フィルムに映したものは、現像などの処理を経なければならないので再生できるまでに数時間かかった、ビデオテープは巻き戻す時間だけで再生できるので、スポーツ中継などで、重要なシーンを直後にもう一度見せるのに活躍した。そして 1960 年代からは番組の制作にもビデオテープが使われるようになっていった。これらの機材は放送局用で、ビデオテープレコーダ、ビデオテープともに、大変高価であった。1975 年ごろから、家庭用の機材が発売され、家庭に普及していった。

　ところで、伝統的にテレビは 1 秒間に 30 コマ（30 fps：frame per second）、映画は 1 秒間に 24 コマ（24 fps）という規格であった。デジタル化した現在でも、テレビ、ビデオは 30 fps（ハイビジョンでは 60 fps）、映画は 24 fps で制作されている。そのため、映画を放送したりビデオ化するためにはコマを水増しし

たり、逆にテレビ番組を映画にするためにはコマを間引いたりする必要がある。

　フィルムとビデオは画質の特徴が異なるだけでなく、再生機器も異なっていた。多くの映画監督はビデオでの制作は手がけなかった。1990年代になってビデオの性能が上がると、少しずつビデオ制作がでてきた。2000年を過ぎると一気にデジタルビデオでの制作が主流になった。デジタルビデオで撮影したものを映画フィルムに焼き付けて上映していたが、2010年ごろから、劇場でのフィルム上映は減り、現在ではほとんどがデジタル上映になっている。映画の配給会社が著作権管理のしやすい（不法コピーのしにくい）デジタルへの移行を急いだためでもあるが、その過程で映写機を廃棄することが求められたため、歴史的なフィルムを上映できる場所もほとんどなくなってしまった。そのようななかで『ダンケルク』（2017）のクリストファー・ノーランのように、フィルム撮影にこだわり続ける映画監督もいる。

●技術の進歩

　無声映画からトーキー、白黒からカラー、フィルムからデジタルビデオ、といった技術変革が起きても、旧来の技術を使い続ける映画監督がいる。新しい技術が開発されても、それを使いこなすまでには相当の年月が必要となるし、旧技術を前提に確立したスタイルは、新技術に合わせにくいものもあるだろう。フィルムとビデオでは発色の方法も違うし、カメラの構造も違う。表現のために必要とされる新技術もあるが、新技術では実現できない表現技法もある。新旧技術の混在はコスト的には無駄と見られがちだが、表現の幅を広げるものとして、守られるべきとする主張もある。

●絵のでるレコード

　家庭で映画を見る手段は、テレビ放送を見るか、テレビにビデオデッキを接続し、VHS、BETAなどのビデオテープを再生するものに限られていた。1978年に「レーザーディスク」が「絵のでるレコード」として登場した。直径30cmの光学ディスクにアナログ画像（音声はアナログとデジタル）を最大120分記録した。このほかにも1980年にVHDという異なる規格のディスクが発表された。ビデオより高画質であり、途中からの再生も自由にできる利点があったが、1996年に登場したDVDにその座を譲った。　　　　　　　　［山本　昭］

「ひょっこりひょうたん島熱中記」と「スヴェトラーノフの悲愴」

　NHK は 1960 年代から番組製作にビデオテープを使っていた。ところが、テープが高価だったため、放送終了後はほとんど残されずに、テープは再使用されていた。

　『ひょっこりひょうたん島』は 1964 年から 1969 年まで NHK で放映された子ども向けの人形劇である。製作はビデオで行われたが、ビデオテープは消して使い回していた。後年再制作しようとしても、ビデオテープは数回分しか残っておらず、台本すら全部は残っていなかった。ところが、当時小学生〜中学生だった伊藤氏が、ノートに詳細に筋とセリフを精密に記録し、一部は録音したり背景も描き写したりしていた。これをもとに 1991 年にリメイク版が製作された。

　1978 年にエフゲニ・スヴェトラーノフ指揮ソビエト国立交響楽団が来日公演を行って、NHK が収録して放映した。チャイコフスキー作曲「悲愴」は後まで語り継がれる名演であった。DVD の発売が望まれたが、NHK にその映像は残っていなかった（ラジオ放送用の音声は残っていた）。視聴者が録画していたテープをNHK に提供し、それを使ってラジオ用のステレオ音声と合わせて製作した DVDが 2009 年に発売された。

［山本　昭］

【参考文献】

伊藤悟　『ひょっこりひょうたん島熱中ノート』実業之日本社，1991 年.
辻本廉　「スヴェトラーノフ・ソビエト国立交響楽団 1978 年来日公演の放送と DVD 化」
　　　『スヴェトラーノフ・ソビエト国立交響楽団 1978 年日本公演（DVD）』NHK エンタープライズ，2009 年，ライナー・ノーツ.

オープンリールデッキ用ビデオテープ（ⓒ Wikimedia Commons）

失われた映画音楽

　演劇に劇音楽を添えるのは古くから行われていて、モーツァルトやベートーヴェンも「劇音楽」を作曲していた。同じように、プロコフィエフ『キージェ大尉』(1934) やヴォーン・ウィリアムス『南極のスコット』(1947) といった 20 世紀を代表する作曲家が映画音楽を多数書いている。また、マルセル・カルネ監督の映画『天井桟敷の人々』(1945) では演奏者にシャルル・ミュンシュ指揮パリ音楽院管弦楽団が起用されている。

　無声映画からトーキー初期に一世を風靡した映画人にチャールズ・スペンサー・チャップリン (1889-1977) がいる。「映画俳優、映画監督、コメディアン、脚本家、映画プロデューサー、作曲家」として紹介されている。そのように台本から監督作曲までこなした。チャップリン最初のトーキー映画『独裁者』(1940) でヒットラーに模したチャップリン扮する独裁者ヒンケルが風船の地球儀をもてあそぶシーンは有名である。作曲家としても、「スマイル」や「ライムライト」などの名曲も多数作曲している。それらの映画音楽の多くは、現在オーケストラ用に編曲されており、京都市交響楽団は「オーケストラ・ライブ・シネマ」としてチャップリンなどの無声映画に合わせて演奏するという企画を行っている。

　トーキー時代になり映画に音声が付くと、セリフだけでなく音楽も加えられた。

　1950 年頃から映画が大量に製作されるようになると、映画音楽専門の音楽家が登場し、クラシック界と映画音楽界が分離していく。一方で、ハリウッドで映画音楽をもっぱら演奏していた奏者が「グレンデール交響楽団」を結成し、時には別名でクラシックの録音を行っていたということもあった。

　映画音楽は独立した作品というより、映画の部品という位置づけである。いっぽう、いくつかの「名曲」は、あらたに歌詞が付けられたり、さまざまな演奏者によって異なる編曲がなされて演奏されるようになった。

　指揮者のジョン・ウィルソン (John Wilson) は幼少時 TV で観た 1950 年代、MGM のミュージカル映画に魅せられ、オリジナルの楽譜で演奏しようと思った。MGM を引き継いだワーナー・ブラザース社に 2000 年、「楽譜を貸して欲しい」と頼んだ。しかし、駐車場拡張のため、1969 年に書庫を壊し、楽譜は捨ててしまったとのことだった。どうしてもオリジナルの編曲で演奏したいウィルソンは、残されたピアノ譜を参考に、映画の音声を聞いて楽譜に書き取る作業をした。映画の音声には音楽とセリフ、背景のノイズなどが一緒に収録されているため、聴き取りは困難を極めたという。それらの曲を集めて録音した CD は 2011 年に発売された。

[山本 昭]

第6章

知っておきたい書物の雑学

1　執筆と読書

　本書に詳しく記されるように、書物は長い歴史をもっている。その流れを見渡してみても、我々が現在目のあたりにしている書物をめぐる状況は、大きな変革期である。

　かつて書物は、甲骨文のように、著者と読者が大きく重なっていた。公開の意図なく自らのための心覚えであった。それが次第に公開が意識され始め、読者が形成されていく。金文で想定される読者は「子孫」であった。直接の面識はなくとも、身内である。石碑になると著者から離れた不特定の読者が意識されている。竹簡の時代になると、行政文書として発給されるものは発信者と読者の間にあらかじめつながりがあるが、一般文献を記したものの場合は、不特定の読者が想定されている。そして同じ不特定の読者であっても、石碑の場合は著者もしくは立碑者が読者の閲読をコントロール可能であるが、竹簡の場合はもはや手元を離れた竹簡の読まれ方はコントロールできない。抄録され、分割され、改変されることに、著者の権限は及ばない。紙が発明され、印刷が普及すると、もはや原執筆者の意向はほとんど読者の読書体験に影響を及ぼさない。

　執筆者がいつごろから読者を意識して執筆するようになったのか、もちろん明確なことは言えない。しかし書物の記述形態からいくらかのことは想像可能である。例えば中国の場合、『論語』は孔子という人物の言行録であるが、彼自身が筆を執って記したものではない。研究によれば、直弟子が師のコトバを忘れないよう書きとどめたものを、孫弟子くらいが整理したということになっている。つまり孔子は、『論語』の発信源ではあっても著者ではない。したがって記述も

「子日く」という、聞き書き・記録形式となっている。ところが『道徳経』つまり『老子』は、「道可道、非常道。名可名、非常名。（道の道とす可きは、常の道にあらず。名の名とす可きは、常の名にあらず。）」ときわめて抽象的な言葉で始まる。単に冒頭に誰誰日くという言葉があるかどうかだけでなく、日にちも状況説明もないままにきわめて抽象的な内容が記し始められるのである。これは著書として書き下ろされたことを示していると考えてよかろう。中国でなくともことは同様であって、『新約聖書』福音書はイエスの言行を記録する書物であり、デイヴィッド・ヒュームの *A Treatise of Human Nature*（『人間本性論』）は、INTRODUCTION として "Nothing is more usual and more natural for those, who pretend to discover any thing new to the world in philosophy and the sciences, than to insinuate the praises of their own systems, by decrying all those, which have been advanced before them." と始まる。前者は『論語』同様の言行録スタイルであり、後者は概論スタイルである。前者が完全な言動記録そのままでないのは福音書に本来一つであるべきイエスの言行が4種類並置されていることで明らかであるが、後者が読者を想定して書き下ろされたものであることも、まず間違いない。ただ仏典などは新たに読者を想定して書き下ろされたものであっても「如是我聞（かくの如く我れ聞けり）」というフレーズで始まるのが決まりとなっている。これはブッダが筆を執って文章を記すことをしなかったことを尊重する習いであろう。いずれにせよ、書物は現在我々がなじんでいるように著者が一般読者へ向けて執筆したものとばかりは言えないのである。書物を読む際に、このことは強く意識されてよいことである。

　著者が発信し、読者が受け取るという仕組み自体も、現今確定的なものではなくなっている。著者は、自らの作品や主張を自由に世界へ向かって発信しているかにみえるが、現在、著者にそれほどの力は与えられていない。いっぽう読者の方も、書店やウェブ上で自らの思考や嗜好に基づいて自由に読書対象の書籍を選んでいるかにみえるが、現在、読者もそのような状況にはない。現今両者のつながりを、つまり執筆行為と読書行為をつなぐ作業をコントロールしているのは、実に出版社である。あまたの発信希望者の中から出版社が作品を選抜して書籍化し、読者の選択範囲を設定している。ここに情報管理の思考が入れば、自由な文献文化は力をなくすであろうし、名博労なしでは隠れた天才の発掘も行われない。

　実はこのような仕組みは何も文献に限ったことではない。美術作品では作者と

鑑賞者をつなぐ働きを美術館が担い、そこに作品世界がプロデュースされる。音楽にあっては作曲家と演奏者と聴衆をつなぐ存在として、まさに音楽プロデューサが存在する。このプロデューサの範疇にあるいは批評家、読書案内なども入れるべきかも知れない。いずれにしても現在、書籍・書物は単純に、著者と読者という枠組みでは運用されていない。このことも、書物に接するにあたって十分に気をつけるべきことである。

　そしてこのプロデューサの有力勢力に書店が存在している。少なくとも10年前まではほとんどの場合、実書店の棚づくりの中で読者は書籍を選んでいた。しかし本という実物の置き場に制約を受けないネット書店の普及によって、棚づくりの影響力は減退したかに見える。ネット書店では、これまでの購入履歴や出版界の動向を踏まえて、読者個人宛てに個別に書籍の推薦が行われる。また、識者ではなく、多くの一般読者のランク付けやレビューが読者の書籍選択を強く左右する状況にある。この書籍推薦の仕組みは、実はブラックボックスに近い。書籍内容の優劣や売れゆきの情報に加え、何らかの情報統制的要素が入っていないと明確には言えない。その点からいえば、名前の公表されている批評家、読書案内などの意見表明の仕組みの方がむしろ健全であるかもしれないのである。

　ところでコンピュータとインターネットの発達は、別の文献公表の仕組みを可能にした。ホームページやブログをとおして著者と読者が直接つながることが可能になってきている。もはや誰でも世界へ向けて作品や意見を公表できるのである。ただしここにも陥穽がある。まずは識者の目を経ないことで玉石混淆の状態に陥りやすいこと、そしてネット監視の可能性である。この二つの問題は、これから大きく人の思考を動かす要素となっていくであろう。

　いずれにしても、コンピュータとインターネットという電子的仕組みに関わって、これからの著者と読者の関係は確実に変化していく。21世紀の人間は、著者としても読者としても、これらの仕組みの変化と動きに敏感でなければならないことは間違いない。　　　　　　　　　　　　　　　　　　　　　　　［木島史雄］

2 文書と記録

●文書と記録と編纂物・著作物

　文献史料は史料学的には、文書と記録（＝日記、狭義の意味での記録）と編纂物・著作物（広義の意味での記録としては、日記とともにこれも記録に含まれる）の、おおむね３分類に区分される。文書とは、「特定の対象に伝達する意思をもってするところの意思表示の所産」「甲から乙という特定の者に対して、甲の意志を表明するために作成された意思表示手段」「古文書には（中略）必ず差出者と受取者がある」[*1] といわれている。一般的な公式文書はじめ私的な書状もこの分類に区別される。様式的には第一者（本人）の差出人名があり、第二者（相手）の受取人名（宛所）が記載される。

　狭義の意味での記録（日記）は「特定の対象を有しないところの」「主格（日記を記す主体、記主と呼ぶ）の一方的な意思表示の産物」[*2] とされる。『御堂関白記』『小右記』『明月記』をはじめ古代・中世の日記などが代表的なものである。また近世・近代における大福帳はじめ金銭の勘定帳なども日次に記録されていくので、記録（日記）の一つといえよう。さらに備忘録（現代でいうメモ）もここに含まれよう。様式的には第一者（本人）の作成者名が記載されるが、これが記載されない場合もある。

　広義の意味での記録は「一般の著述・編纂物・備忘録・日記」[*3] とされ、上記日記・備忘録のほか、編纂物・著作物も含まれる。編纂物は、文書・記録（日記）などの史料をもとに、さらに記憶・聞き書きなども加えて、事件・内容の発生時期からのちに、編纂・書き直されたものをいう。『古事記』『日本書紀』『続日本記』などの六国史、『吾妻鏡』『徳川実紀』など枚挙にいとまない。自治体史（誌）などもこの類いに入るであろう。著作物には小説などの文学作品などのフィクション、あるいは研究論文などもこの類いに入るであろうか（後述）。いずれも作成者のほかに、発行者（所）がわかるようになっている。

---

*1　佐藤進一『古文書学入門』法政大学出版局、1971年。
*2　*1に同じ。
*3　*1に同じ。

●機能論

　一方では、差出人・受取人・作成者の有無による様式から文書・記録などを考えるのではなく、その文書・記録などがもつ機能から考えることがいわれている*4。たとえば中世の土地売買証文には差出人のみ書かれ、受取人（宛所）の書かれていない証文がある*5。これは様式からいえば文書としては不完全ではあるが、証文をもっている者がその土地の所有者ということであり、文書の機能として考えると実際には受け取る相手が存在するので、やはり文書となる。

　しかしこの機能論を念頭におくと前項3分類は、実際にはそう簡単には区別できるものではなくなる。たとえば文書として扱われる原文書の写（控）*6も文書といえるかどうかというと、たしかに様式的には差出人も受取人も記載されており一見すれば文書といえるかと思われるが、機能的には文書の差出人または受取人が自分のために作成しているだけであり、そこには「特定の対象に伝達する意思」は存在しておらず、その意味では「特定の対象を有しない」記録と似ている。では「記録」かというと、その写が誰かに渡すために作成されたのであれば、「特定の対象に伝達する意思」が存在しており、この場合は機能論的には文書として扱われるだろう。またその写が誰かに渡すものではないにしろ、後世子孫が参照するために残されたとすれば、これも「特定の対象に伝達する意思」が存在しており、「記録」とはいいがたい。

　記録（日記）といわれるものについてみても、前近代の日記、特に古代・中世の武家や公家の日記は、機能的には後に何かの事案があった際、以前はどのように対応していたかを調べる際にも利用され、後の用に立てるものであり、その意味では不特定多数ではあるが第二者を意識しては書かれている。同様に著作物・編纂物も第二者（読者）を意識している。このように、本来は第一者の「一方的な意思表示の産物」である日記といっても、実際の場においては第二者の利用に供することがあると、第一者も本当に一方的な意思表示ではなく、第二者のために作成しているとも思えなくもないのである。

---

*4　＊1に同じ。

*5　拙稿「中近世移行期における土地売買と村落」渡辺尚志編『新しい近世史』第4巻、新人物往来社、1996年。

*6　ここでいう「写」とは、紛失や破損を想定した場合、あるいは回状など受け取った文書が受取人の手元に残らない場合など、文書の受取人が複製を作成して手元に置いておく場合をいい、同じく「控」とは文書の差出人が、差し出した文書が差出人の手元に残らないので、覚などとして文書の差出人が複製を作成して手元に置いておく場合をいう。

また通・通帳<ruby>通<rt>かよい</rt></ruby>・<ruby>通帳<rt>かよいちょう</rt></ruby>というものがある。買い物をした際に現金で支払わず、この通に
いわゆる「付け」をしておいて、盆と暮れに精算するものである。常設店の販売
者などであれば、販売者の手元に置かれるので「記録」の類いになるが、行商な
どの場合は、販売者が作成し、購入者に渡され、購入者の手元に置かれるので文
書ともいえるが、日次に「付け」られている点に注目・重視すれば、やはり「記
録」といえるかもしれない。

　以上、文書と記録と編纂物・著作物とは、おおまかには区別できそうである
が、機能論を考え、時間軸や対象者の設定を変えるなどして、微に入り細に入り
細かな部分に注目すると、その区別は非常にむずかしくなることがわかる。

●1次史料と2次史料

　1次史料とは、事件・内容がおきた時期とそれが記録作成された時期がほぼ同
時期、リアルタイムのものをいい、2次史料とは、1次史料をもとに後に写された
り、編纂し直したものをいう[7]。多くの原文書や日記の原本は1次史料といえる。
これに対し、文書の写（控）、日記の写本、編纂物などは、2次史料といえよう。

　しかし、2次史料と1次史料の区別もこれも厳密にはむずかしいものがある。
たとえば、大宝律令・養老律令はどちらともそれ自体は残っていない。『令義解』
『令集解』や唐の律令から復元したものである。その意味からすれば、律令自体
1次史料はなく、2次史料しかないといえる。戦国家法（分国法）もその多くは
江戸時代の写本として残存しているものであり、戦国時代につくられた原本はほ
とんど残っていない。どちらも正確には2次史料であるが、慎重な校訂を経て、
1次史料と同様な扱いとなり、編纂物のような2次史料扱いはされていないと
いってよかろう。

　別の事例として、近世の村入用帳は、1年間その村の公的費用を記した帳簿で
あるが、①使途があったたびごとに、その金額をリアルタイムに書き記し続けて
いく「日次入用帳」、②①をもとに、年末に決算を行ってまとめた「年末寄入用
帳」、③②をもとに、領主に差し出すために②をまとめ直した「差出入用帳」の
3種類が作成される場合がある[8]。厳密に考えると①のみが1次史料であり、②

---

* 7　2次史料をさらに写したり編纂したものを3次史料、さらに4次5次へとなっていくが、
　　ここではこれらも2次史料と同じ扱いとみなし、すべて2次史料の表記で統一しておく。
* 8　拙稿「村入用帳にみる山方・浦方と尾張藩支配」『知多半島の歴史と現在』No.7、日本福
　　祉大学知多半島総合研究所、1996年。

③は①をもとにまとめ直された2次史料となる。しかし、②が村の記録として、③が領主宛に差し出された文書として作成されたものでもあるので、その時点を重視すれば1次史料と考えられなくもない。

　また偽文書という文書がある。文字どおり内容は真実ではない偽の文書であり、普通に考えれば歴史学の対象とはなりえないと思われる。しかし近年はこの偽文書がなぜ、どのような理由で、当該時期に作成されたか、その意味を問う研究が進んでいる。このような場合、偽文書も1次史料とみなすこともできよう。

　さらに小説をはじめ、歌舞伎・浄瑠璃・芝居などの台本（脚本）という文学作品も同様に、内容にはフィクションが多く含まれており、歴史史料として扱うことはできないと思われている。しかし、文学作品にも当時の時代状況が反映されている場合もあり、たとえば青木美智男の『深読み浮世風呂』[*9]や吉田伸之「髪結い新三の世界」[*10]など、文学作品を歴史史料として扱ったきちんとした著作物・研究論文もある。その意味では偽文書も文学作品も、2次史料として、編纂物と同様な位置づけができる。

　以上、文書と記録と同じく、1次史料と2次史料の区別も、やはりおおまかには区別できそうであるが、機能論を考え、歴史的時間軸や対象者の設定を変えるなどして、微に入り細に入り細かな部分に注目すると、その区別は非常にむずかしくなることがわかる。

●研究論文・史料整理と歴史的時間軸

　歴史的時間軸については、研究者は謙虚にならなければならない。たとえば、研究論文もそれ自体が歴史史料になるという認識があるであろうか。史学史というものがあるが、それはある程度時間が経った研究を扱うが、先行研究を批判する場合、内容ばかりを対象とし、その研究論文自体が書かれた時代状況を反映したものである＝史料にもなりうるという意識をあわせもって批判をしているであろうか。かつそれは自分自身の研究論文にもあてはまるということも心得ているであろうか。研究論文も執筆当時の状況・条件、あるいはそれに規定された筆者の歴史認識に基づいて作成されており、その意味で1次史料とみることもでき

＊9　青木美智男『深読み浮世風呂』小学館、2003年。
＊10　吉田伸之「髪結い新三の世界」高木昭作責任編集『週刊朝日百科 日本の歴史 別冊 歴史の読み方 文献史料を読む 近世』朝日新聞社、1989年。

る*11。

　史料整理についても時間軸の設定を動かすと、その整理方法は変わってくる。現在の記録史料学では現状保存・現状記録が強く主張され、分類をせず、現状記録をもととした整理番号順に並べるのが主とされている。パソコンの普及による史料検索が簡単にできるようになったことも、これを後押ししているかと思われる。ところで文書が保存されていく過程で、近世や近代期に誰かによって一度整理されたり、また何らかの事情でもともとは一つであった文書や記録がばらばらとなるなど、原状が改変されることがある。現在の記録史料学はこれも歴史を経た現状として扱い、原状より現状を重視し、原状には戻さず、その現状を崩さないようにする。しかし、数十年前に誰かによって行われた整理で、現状が破壊されているとして、その整理番号を無視して再整理が行われる場合がある。この場合の再整理は前の整理を歴史の経過を経た現状とみておらず、実は現状保存にはならないのである。

　以上のように時間軸の設定を変えると、研究論文も1次史料となり、現状記録をしていなかった史料整理も、その整理結果自体は現状となる。史料の3分類・1次史料と2次史料も含め概念規定・分類区別というのは、おおまかに押さえておき、そこで止めておく方がよりよいかと思われるのである。　　［神谷　智］

＊11　拙稿「名古屋大学における『大学紛争』の期間について──大学史の記述と史料」『名古屋大学史紀要』第7号、名古屋大学史資料室、1999年。

3　個人蔵書と図書館

　図書館の社会的役割とは何だろうか。図書館にはいろいろな種類があるが、そ
れぞれが本当に必要なものであることを、歴史を通じてその重要さを解き明かし
ていくことにする。

●日本の図書館の時代区分

　時代区分ごとに図書館史を追っていく。貴族が活躍した、飛鳥、奈良、平安時
代（古代）。僧侶が活躍した、鎌倉、南北朝、室町時代（中世）。武家が活躍し
た、江戸時代（近世）。そして一般人のための図書館として動き始めた、明治時
代（近世、現代）と区分することができる。

●図書館史

古代　538 年仏教伝来、577 年寺院の建立、610 年高句麗の僧侶曇徴により紙の
製造が可能になった。611 〜 615 年に図書室が始まり、701 年「大宝律」が完
成、図書寮（国立図書館）が、中務省の 6 寮の一つとして設置された。当時の
図書寮の役割は、装潢・手書写であり、紙・墨・筆の製造である。奈良時代に
は、百万塔陀羅尼経（10 万基ずつ、法隆寺、東大寺、興福寺、薬師寺、四天王
寺等 10 寺）で木製の印刷物が出版され、世界最古の印刷物と言われている。
石上宅嗣の芸亭は、日本で最も古い公開図書館と言われている。仏教の図書を集
めた弘文院文庫、北野天満宮にも図書が集められ北野天満宮文庫と言われてい
る。空海が創設した綜芸種智院は、公開図書館として知られている。菅原道真の
図書は、紅梅殿として図書が集められていた。9 世紀には、私学校や文庫として、
弘文院、勧学院が知られている。

中世　鎌倉時代には、三善康信の個人文庫である名越文庫があり、北条実時がつ
くった金沢文庫には、総数 2 万巻の蔵書がある。上杉憲実がつくった足利学校
文庫には、国書、漢籍、仏典等、4,000 冊以上の蔵書がある。新興宗教である禅
宗や鎌倉五山、また五山文化、五山版と言われる京都五山、東福寺の東福寺普門
院書庫、弁円のつくった東福寺海蔵院文庫、公家の文庫で有名なのは桃華坊文
庫、朝廷の文庫で有名なのは蓮華王院宝蔵である。

近世　近世になると、愛書家である徳川家康が集めてつくった、駿河文庫・富士

見亭文庫が有名である。家康が亡くなった後、家康の蔵書を徳川御三家の三つの文庫に分けた。徳川御三家の文庫とは、尾張藩の蓬左文庫、水戸藩の彰考館文庫、紀州藩の南葵文庫である。また、大名たちも多くの文庫を設けていた。有名な大名の文庫としては、加賀前田家の尊経閣文庫、豊後の佐伯毛利家の紅栗斎文庫、松平定信の楽亭文庫である。武士の有名な文庫として、書誌学者である近藤重蔵の近藤重蔵文庫、屋代弘賢の不忍文庫がある。さらに、お寺や神社でも文庫を設けていた。有名なものとして、真福寺の真福寺文庫、増上寺の増上寺文庫、伊勢神宮の伊勢神宮文庫、上賀茂神社の上賀茂神社文庫、羽田八幡の羽田八幡文庫がある。

　そのほかとして、是非、知っておいてほしい文庫を次のとおり記載しておく。1792 年の加賀藩の藩校の文庫である明倫堂、1797 年には、昌平坂学問所に用意された昌平坂学問所文庫、1831（天保 2）年には、青柳文蔵がつくった仙台藩校にあった、養賢堂の青柳文庫がある。青柳文蔵は、約 1 万冊の蔵書をもちその図書を他人に貸し出しをしていた。図書は貴重なものであるので、通常貸し出しはしないが、文蔵は多くの人に学習をさせることを目的にした。同時に、図書は大事なものであるので、貸し出しの際には、「墨で汚すな」「唾をつけてめくるな」と注意書きがされていた。図書の貸し出しをしていたという意味で、日本で最初の公共図書館と言われている。

江戸時代　江戸時代には、庶民が読書を好んだことがうかがわれるのが、貸本屋である。大きな貸本屋として、1767 年名古屋に大野屋惣八、「大惣」と言われる貸本屋があった。明治中期まで営業し、廃業時には 2 万 1,401 種の蔵書数あった。19 世紀初頭には、江戸に約 800 軒、大阪で約 300 軒の貸本屋が営業していた。

明治時代　明治時代になると、図書館は市民図書館時代になる。1872（明治 5）年文部省は、博物局書籍館（湯島）を設立する。1877（明治 10）年に東京府に移管され、東京府書籍館に改称される。同時に、「図書館」という名称を採用し始める。1880（明治 13）年 7 月 1 日に東京府書籍館が東京図書館になり、文部省に戻る。1873（明治 6）年に、京都市は集書会社設立を許可して、書物の貸出しや閲覧をする。1882（明治 15）年まで存続するが、あくまでも臨時措置であり、府立の集書院を設置する。1885（明治 18）年に東京図書館は東京教育博物館に合併され、上野公園内に 10 月 2 日に東京図書館が開館される。1892（明治 25）年日本文庫協会が結成される。ちなみに、海外では、米国図書館協会が

1876 年、英国図書館協会が 1877 年に結成された。1897（明治 30）年東京図書館は、帝国図書館と改称する。4 月 27 日帝国図書館官制が公布され、1899（明治 32）年図書館令が公布された。この時点で、図書館数 38 館（官公立 13 館、私立図書館 25 館）を数えた。1900（明治 33）年関西文庫協会を結成した。1906 年帝国図書館の開館式が行われ、1908（明治 41）年日本文庫協会をもとに日本図書館協会が設立された。1919 年の時点で、図書館数は 157 館に上っていた。

大正時代　1915（大正 4）年東京電機（東芝）が図書室を創設する。第一次世界大戦が勃発してから、アメリカは特にドイツからの商品を輸入できなくなり、自前で商品開発することが必要になった。アメリカの企業は専門図書館を設置し、その影響で日本でも専門図書館が発達していくことになる。1918（大正 7）年旭硝子は、試験所を開設し外国の図書・雑誌を収集するための図書館を設置する。さらに、図書館に関する情報のために、1925（大正 14）年『図書館雑誌』が間宮不二雄氏（間宮商店社長）を中心に編集・発行が行われた。

昭和時代　1927（昭和 2）年に官立医科大学附属図書館協議会が結成（日本医学図書館協会の前身）された。1933（昭和 7）年に改正図書館令が施行される。1943（昭和 18）年文部省は各地の図書館に貴重書の疎開を指示する。民間情報教育局（Civil Information Education）の CIE ライブラリーは、旧 NHK ビルに設置された。1951（昭和 26）年慶應義塾大学に Japan Library School（慶應義塾大学文学部図書館学科）を開講した。1957（昭和 32）年日本科学技術情報センター（Japan Information Centerfor Science and Technology：JICST）を発足した。1962（昭和 37）年イギリスに科学技術貸出専門図書館（The National Lending Library for science and Technology：NLL）が開館される。1963（昭和 38）年には、公共図書館の方向性として、蔵書の充実、無料貸出を中心に発展させることを主張し、図書館問題研究会が『中小都市における公共図書館の運営』を日本図書館協会から刊行した。類縁機関の一つとして 1971（昭和 46）年国立公文書館が設立された。さらに 1976（昭和 51）年には JOIS（JICST Online Information Service）サービスが開始された。書誌ユーティリティーとして、1986（昭和 61）年東京大学文献情報センターを改組して学術情報センターが設置された。1992（平成 4）年相互貸借として、NACSIS-ILL が開始された。1996（平成 8）年 JICST が新技術事業団と統合され、科学技術振興事業団（JST）が発足する。2000（平成 12）年学術情報センターが国立情報

学研究所に改組される。2001（平成 13）年国立公文書館が独立行政法人化された。同時に、文部省が文部科学省として発足する。2002（平成 14）年国立国会図書館国際子ども図書館が上野に開館される。2003（平成 15）年地方自治法の改正が行われ、指定管理者制度により法的に民間や NPO の図書館運営が可能になった。2011（平成 23）年 CiNii Books が公開された。2015（平成 27）年JST が国立研究開発法人科学技術振興機構に改組された。

●米国の個人蔵書と図書館

図書と図書館　ピアス・バトラー（Pierce Butler、1886-1953）は『図書館学序説』の中で次のとおり語っている。

> 「図書は人類の記憶を保存する一種の社会的メカニズムである。図書館は近代文明が実質的に必要なものとしてつくってきたものである。それは、今日の社会の仕組みの中に欠くべからざるものとなっている。どの世代の人々も、それぞれの前の世代の人々が経験的に学び、覚えてきたことのすべてを、少なくとも潜在的には、所持している。文化は、基本的には、そうした経験の社会的な集積であり、それゆえに文化は一人ひとりの個人を超える存在でなければならない。書物は人類の記憶を保持する社会的作用の一つである。図書館はそれを現在に生きる人々の一人ひとりの意識の中に伝達するための社会装置の一つである。」

米国の会員制図書館から公共図書館そして議会図書館　民主主義の中心は公共図書館である。民主主義体制とは主権在民にある。賢明な市民を育て、市民の自己教育を支援し、その生涯教育の中心としての教育と施設が重要な役割・目的である。会員制の個人図書館が公共図書館に発展していくなかで、米国においていかに図書館が重要であるかを理解することができる。

　1731 年、ベンジャミン・フランクリンが、50 人の会員から寄付金を集めて運営を始めたフィラデルフィア図書館会社は、寄付金による蔵書構築や図書館の利用、さらに貸出を行った点で、まさに米国で一番古い公共図書館とも言える。18 世紀半ばになると、会員制のソーシャルライブラリーが増えてきた。現在の無料の公共図書館はまだ設置されていなかった。その後、1848 年マサチューセッツ図書館法により、税金による運営になり無料のフリーライブラリーを実施

する。1848年にボストン公共図書館が設立される。1876年アメリカ図書館協会（ALA：American Library Association）が設置されアメリカの図書館もいよいよ充実する。

1800年に米国議会図書館（LC：Library of Congress）が設立されたが、当時は蔵書が少ない時代であった。LCの創設期はまだ混乱しており、当初、LCには十分な蔵書がなかった。第3代大統領のトーマス・ジェファーソン（1743-1826）は愛書家であり、政治、経済、哲学、歴史等、各主題にわたる豊富な内容のある個人蔵書を所蔵していた。ジェファーソンは、1801年から1809年まで大統領で、1819年にはバージニア大学を設立する。大統領後、大学運営など資金が必要であったため、ジェファーソン側とLCからの申し出が合致し、1814年にLCはジェファーソンから6,487冊の蔵書を購入した。このことで、議会図書館は蔵書構築の基礎をつくることができた。第8代LC館長ハーバード・パトナム（1861-1955）は1930年代大恐慌の時代に、LCの戦略とは「LCは、世界に誇れる文化遺産をもつべきだ」「議会図書館は、研究者をワシントンに呼びよせるだけではない、通信手段を使い合衆国全土の研究をも促進しているのである」「資料のあるものは、後世に残せなくなるかもしれない。しかし、我々自身が結局は後の世代だったのである。むしろ、尊敬の念を払わなければならないのは、我々が利用できるように資料を残してくれた祖先に対してであろう」と述べている。

●米国議会図書館の歴史

以下に主な出来事を列挙してみる。

① 創設期の混乱：当初、議会図書館には十分な蔵書がなかったため、第3代大統領のジャファーソンから1814年に6,487冊の蔵書を購入することによって、蔵書構築の基礎が完成。

② 国立と国会の図書館への道：1848年図書館法制定。1870年新著作権法制定。

③ アメリカの夢：チャールズ・カッター「展開分類法」完成。

④ 図書館の組織改革：機構の基礎を作成。1939年に収書方針策定。蔵書冊数635万冊。図書館員1,300人。

⑤ 図書館のネットワーク：新時代への自己点検、書誌コントロールのオンライン化。

⑥　21世紀の議会図書館：1988年電子情報立国「古い皮袋に新しい酒」。
⑦　議会図書館のコレクション：文化の宝庫「グーテンベルク42行聖書」ほかインキュナビュラ4,600冊。

なお、図書館の主な組織は次の通りである。
　　組織：執行委員会：最高決議機関（Executive Committee）、図書館長（Librarian）、館長公室：組織管理（Office of Librarian）、副図書館長（Deputy Librarian）、議会調査局（Congressional research Service）、著作権局（Copyright Office）、法律図書館（Law Library）、図書館サービス（Library Service）、戦略企画室（Office of Strategic Initiative）。

●図書と図書館

　図書は人類の記憶を保存する一種の社会的メカニズムである。図書館は近代文明が実質的に必要なものとしてつくってきたものである。それは、今日の社会の仕組みの中に欠くべからざるものとなっている。「どの世代の人々も、それぞれの前の世代の人々が経験的に学び、覚えてきたことのすべてを、少なくとも潜在的には、所持している。文化は、基本的には、そうした経験の社会的な集積であり、それゆえに文化は一人ひとりの個人を超える存在でなければならない。書物は人類の記憶を保持する社会的作用の一つである」。

　図書館はそれを現在に生きる人々の一人ひとりの意識の中に伝達するための社会装置の一つである。

●個人文庫と図書館：蔵書票と蔵書印の発祥と発達の相違

　西洋では、蔵書票が15世紀ドイツにおいて誕生した。最古のものはグーテンブルクが1450年に発明した42行聖書の影響を得て、1450年から1470年のころにつくられたヨハネス・クナペンスベルクの木版のもので、「ハリネズミ書票」と言われている。これと同様のもので、1480年ごろの蔵書票がある。16世紀になるとアルブレヒト・デューラー、ルーカス・クラナッハ等、蔵書票の巨匠が出現する。

　蔵書票とは書票とも言われる。本の見返し部分に貼って、その本のもち主を明らかにするための小紙片である。国際的にはExlibris（エクスリブリス）と呼ばれる。Exlibris（エクスリブリス）はラテン語で「誰それの蔵書から」の意味で

ある。英語では、bookplate と呼ばれている。

　一方、エンブレムについても紹介しておく。エンブレム（Emblem）とは、「象徴」あるいは「シンボル」と同じ意味で使われている。中世の巡礼者が帽子や服に縫いつけていた。フランスのルイ14世の「太陽」、イングランド王リチャード3世の「イノシシ」は、一般の紋章と区別した Personal Device（私的意匠）と呼ばれていた。さらに、文学におけるエンブレム・ブックが出版された。1531年アウクスブルグでイタリアのアンドレーア・アルチャートンが出版した「エンブレマタ」である。これから2世紀にわたってはヨーロッパでは、エンブレムが流行した。このエンブレムは、見出し、絵、図像、エピグラムの形式をとった象徴・寓意の解説が付いている。

　蔵書印は、中国の宋代から本格的に始まり、明・清の時代に広まっていった。蔵書印はさらに、日本、朝鮮に広まり東アジアの国々に伝来した。日本での蔵書印の広まりは、中世以降宋元版の書物が輸入されたことから始まる。日本最古の蔵書印は、光明皇后の『杜家立成雑書要略』の蔵書印「積善藤家」「内家私印」と『金剛場陀羅尼経』の蔵書印「法隆寺一切経」だと言われている。本格手になるのは、鎌倉時代であり文庫印として金沢文庫、足利学校の「野之国学」、寺社として「高山寺」印がある。江戸時代になると、大名、藩校、国学者は個人の独自の意匠、印文を用いた。林羅山は数十個の蔵書印を使い分けたと言われている。

　蔵書印の形態としては、印の色（墨色、黒色、藍色、青色等）浮き出し印、空押し印を使うこともある。印文では、所有者の名前や号の後に、「蔵書」「蔵」「架蔵」「図書」「之印」「文庫」などの語句を加える印文が多い。印材として、銅、鉄、金、銀、玉、石、陶、木、竹などさまざまである。近代の図書館では、木印、水牛印、ゴム印も用いられる。

　蔵書印の場合、捺印の位置も重要である。位置としては、表紙、見返し（表紙の裏）、遊紙（表紙の次に入れられることのある白紙）、巻頭、巻末などがある。

　和漢書では、巻頭付近、巻頭紙にある書名の下または欄の上部、欄外の余白である。洋装本では、標題紙の表、裏、もしくは遊紙に捺すことが一般的である。ただし、標題紙の内容が隠れないようにすることも重要である。　　　［加藤好郎］

4 出版と流通

●出版の倫理綱領とその定義と機能そして特徴

出版倫理綱領1957（昭和32）年（一部省略）

① 出版物は、学術の進歩、文芸の興隆、教育の普及、人心の高揚に資するものでなければならない。

② 出版物は、知性と情操に基づいて、民衆の生活を正しく形成し、豊富ならしめるとともに、清新な創意を発揮せしめるに役立つものでなければならない。

③ 文化と社会の健全な発展のためには、あくまで言論出版の自由が確保されなければならない。

④ 報道の出版にあたっては、報道倫理の精神にのっとり、また評論は、真理を守るに忠実にして節度あるものでなければならない。

⑤ 出版物の普及には、秩序と公正が保たれなければならない。

出版の定義とは 文書、図表、写真などの著作物を印刷術その他の機械的方法によって複製し、各種の出版物の形態にまとめ、多数の読者に頒布する一連の行為の総称である。

出版の機能とは 書籍の効率的頒布を考え、表現の自由を制度的に保証することである。

出版物の特徴とは ①独自の価値：代替性が少ない。②価値評価が多様である。③影響力の測定が困難である。④量より質である。⑤反復購入が少ない。⑥文化性と商品性をもつ。⑦多数の読者と一人の読者の両面性がある。

出版と流通の関係とは 出版についての定義を理解したなかで、流通との関係をここに示す。出版流通業界では、出版者（社）は「大名」、取次は「侍」、書店は「百姓」と言われていた。取次店という名称は「取次会社は、卸す機能よりも取り次ぐ機能（全国の書店に出版物を配送）が強かったため問屋とは呼ばず取次店という呼称が定着した」ためである。

取次店あるいは取次会社の機能は、 ①物流機能：配送など出版物の移動。②金融機能：請求、支払いの代行。③仕入機能：販売と仕入れ。④販売機能：流通機能の中心として、出版者と書店の生命線。以上にまとめることができる。

●現代社会のコミュニケーションとは

コミュニケーションの第四革命と言われている状況において、インターネット時代の流通システムの大きな変化は、読者、利用者、消費者がインターネットで検索し、注文し、直接商品を受け取ることが可能になり、そのことで出版と流通に大きな変化をもたらしている。

現在の出版市場とは　出版市場における「紙の世界」では、収入の減少が続いているが、ネット販売は増えている。ルート別の販売額を日本出版販売「出版物販売額の実態」から 2007 年から 2013 年の 6 年間を比較すると次のとおりである。

　　　{2013 年の販売額}
　　　① 　コンビニ販売　3,100 億円（2007 年から 4 割減）
　　　② 　書店での販売　1 兆 2,300 億円（2007 年から 2 割減）
　　　③ 　ネットの販売　1,600 億円（2007 年から 7 割増）

大手書店のこれからの戦略　上記の状況において、大手書店が一つの挑戦を始めた。その方法は、出版社から直接本を買い取ることで、ネット書店からの供給を制限する戦略である。出版市場からネット販売への挑戦と言える。

① 　委託販売制度

通常の流通ルートは、出版社⇒取次会社⇒ネット書店および書店を含むシステムである。書店から出版社への委託することによるその売れ残りは、ネット書店および書店から出版社に返品される。現在、返品率は、40％であるが、この制度は、委託販売制度と言われ、「出版社＋取次店」が、どの本を何冊程度の書店に卸すのかを決め、「出版社＋取次店＋書店」の 3 者で契約をするものである。この返品率が多いことが問題になっている。

② 　紀伊國屋書店の取り組み

村上春樹氏の新刊『職業としての小説家』（スイッチ・パブリッシング社）の初版 10 万部のうち 9 万部を紀伊國屋書店が出版社から直接購入した。このことで、ほかのネットや書店には 1 万部しか在庫が置けなくなり、販売に影響が出ることになる。紀伊國屋の戦略は、売れ残りの在庫の危険性があるが、ライバルのネット書店への供給を絞り込むこと、取次店を通さない利益率も大きいことになる。紀伊國屋書店のミッションは「本来、本は（本）（店員）（消費者）の出会いがあって本を選ぶことにある」である。それは読書人口の増加につながる。ネット販売だけで本を選ぶことは、「現物を読めない」「人の評価にゆだねる」「本のブラウジングができない」等の危険性もある。

書店ゼロの自治体の数　現在書店がまったくない自治体も出てきている。出版業界の売り上げは、2014年時点で1兆6,000億円であるが、もし消費税が2％上がり、10％になっても出版業界の税収は320億円に過ぎない。このことは図書が「文化の所産」であるとう観点から見ても大きな影響が出ている。本が売れない理由はいくつかある。消費者のスマートフォンの購入が増加している点、また、国道沿いの書店、商店街の書店が撤廃することで、消費者が購入できない現状がある。買い物難民も増えている。このことは、大人の世界だけでなく子供たちも、本屋で実際に本に触れる機会が少なくなっている。書店関係者は「本は薄利多売であるが、そのことが大きく崩れた。書店の取り分を増やさないと廃業が続く。単行本を売った代金は、出版社、出版の取次店、著者に配分される。書店に入るのは、定価の20％である。街の書店は、月に300万〜500万円売り、ようやく60万〜100万円の利益が出る。店の賃料や人件費などがあり利益は少ない」と経営の苦しさを述べている。以下は「書店ゼロの自治体数」（日本書籍出版協会。2015年5月1日調査）である。

　　合計332（北海道47、青森9、岩手5、宮城6、秋田9、山形9、福島22、茨城3、栃木1、群馬12、埼玉5、千葉7、東京6、神奈川2、新潟3、富山1、石川1、福井1、山梨8、長野35、岐阜4、静岡2、愛知2、三重4、滋賀2、京都4、大阪4、兵庫2、奈良15、和歌山6、鳥取3、島根2、岡山3、広島1、山口3、徳島4、香川0、愛媛2、高知13、福岡13、佐賀2、長崎3、熊本13、大分1、宮崎5、鹿児島8、沖縄19）。

●日本出版販売（日販）の戦略

　委託販売制度とは、前述したとおり出版社と取次店が、どの本を何冊書店に卸すかを決め書店と契約をする制度であるが、書店の選書は、出版社と取次店に任せているので特徴のある書店経営ができない。一方、返品ができるので、現在の返品率40％と高いにもかかわらず、売れ残っても書店が責任をとる必要はない。このことは書店の甘えを生じさせ、本の品揃えが十分でなくなり、利用者に魅力を感じさせないものにもなっている。ちなみに、フランスでは返品率は25％にとどまっている。また、日本の消費税は8％、フランスの付加価値税（消費税）は、19％であるが、軽減税率により書籍は7％、雑誌は2.1％である。イギリスの軽減税率は、書籍・雑誌とも0％である。

日本出版販売（日販）の戦略　現行の委託販売制度は以下のとおりである。

① 無条件返品（売れ残りは返却できる）。

② 買い切り制、責任販売制。

③ 書籍返品率の高さ。

これに対して日販は、

① 責任販売制：返品に制限を設ける。

② 時限再販：一定期間後は、書店が自由に価格を決める。

③ 買い切り制：返品を認めない。売り上げの3割を買い切りに移行する
予定。

として、新しい委託販売制度の変更を求めている。大手書店は「低い利益率には
悩んできたので、一部買い切りによる利益向上は歓迎すべき」と述べ、中堅書店
は「仕入れのリスクは生じるが、書店が責任をもって注文するのは正しい方向」
と述べている。

●書籍・雑誌と電子書籍の出版販売の相違について

出版と流通の変化だけでなく、電子書籍の書籍・雑誌との販売にも大きな影響
が出てきている。特に、書籍・雑誌には過去最大の販売の減少をもたらしてい
る。

　{2015年の書籍・雑誌・電子書籍の市場}

① 書籍・雑誌　1兆5,220億円（前年度比5.3％減）

② 書籍　7,419億円（前年度比1.7％減）

③ 雑誌　7,801億円（前年度比8.4％減）

④ 月刊誌　6,346億円（前年度比7.2％減）

⑤ 週刊誌　1,454億円（前年度比13.6％減）

⑥ 定期誌、ムック、コミックも落ち込んでいる。

⑦ 電子書籍　1,502億円（前年度比31.3％増）。

上記のとおり、紙の書籍・雑誌から、電子書籍市場に少しずつ販売が移動して
おり、このままでは、「紙の世界」業界はさらに経営困難に陥る可能性がある。
大事なのは、「文化の所産」としての「紙の世界」の継続性の内容の充実かもし
れない。

●再販制度について

再販制度とは再販売価格維持契約制度と言われ、出版社が決めた価格は勝手に

変更することができないという制度である。独占禁止法23条において規定されている。公正取引委員会は、再販制度において再三審議されながらも、現在、再販制度を守っている。その要因は、書籍が文化性と商品性の両面をもつことに起因する。書籍出版の特性とは、一部前述したがほかの書物と同じように代わりになるものがない。つまり代替性がない。書物は、ある人には興味のあるものであり、ある人にはまったく興味をもたない。つまり、評価に多様性がある。多くの著作物が出版されているが、部数は基本的には少ない。多品種であるが少量生産である。消費者が、同じ本を何冊も購入することはない。何度も購入しないと生活に困る、生活必需品とは異なるのである。つまり、本は反復購入しない。本は、「文化の所産」としての文化性が強く、一般の商品と大きく異なる。同じ本を書店ごとに定価を変えて競争するような市場原理には適さないといえる。再販商品には、定価を表示している。再販制度の弾力運用は以下のとおりである。

① 出版社の意志で再販か非再販かを選択することができる。（部分再販）

② 一定期間後は出版社の意志で再販から外すことができる。（時限再販）

③ 値段を決めて再販することができる。（値幅再販）。

そのほかの例として、書店ではポイントサービス行っている。本を購入するごとにポイントが付き、ポイントが貯まれば「おまけの商品」をサービスし、飲み物をサービスしてくれる書店もある。さらに、「新古本」がある。これは新品の本だが、売り残りの本が、出版社に戻され本来なら廃棄してしまうのだが、中古の書店に再販商品とせずに売るものがある。これは、再販のものではないので廉価にして売ることができる。消費者は、売れ残った古い本だが新品の本として廉価に購入することができる。

再販制度を廃止されたらどのような影響がでてくるだろうか。本の自由競争になり、値引き競争が始まるであろう。出版社は、薄利多売の本を出版することになるだろう。多くの人が買いやすい売れ筋本をたくさん発行し、廉価の本や雑誌を発行し、書店も売れ筋本を店頭に並べることになる。このことで、学術書や専門書が出版されなくなり、結果的に文化的な役割の欠如になりかねない。外国の例では、英国、韓国がそれであるが、学術書、専門書の出版が少なくなり、価格が2倍、3倍は当たり前となってしまった。日本の公正取引委員会はこのことを心配している。

●学術出版における、資料取集と出版流通

市場における学術出版　学術情報を出版する行為を「学術出版」と呼ぶ。学術情報の利用者が学術情報の発信者でもある。

シリアルズ・クライシス（Serials crisis）大学図書館の危機　雑誌の価格が高騰し毎年5〜8％のペースで上昇している。紙媒体と電子媒体の両方を発行することで出版社の制作コストが上昇していることもある。また洋雑誌の出版社が寡占化され、価格が自由に決めることができるようになっている。2,000の出版社が、2万以上の洋雑誌を発行している。このことで日本の大学の外国雑誌購入費用は334億円。これは日本の大学の雑誌購入額の半分である。出版社は「研究者が新分野を開拓し、論文を量産する。研究者は論文を投稿して雑誌の権威と価格を支えている。」と述べている。アメリカでは、研究者の世界では、Publish or Perish と言われているが、日本では Publish and Perish とも言われる。

大学図書館コンソーシアム連合（JUSTICE：Japan Alliance of University Library Consortia for E-Resources）　平成22（2010）年10月13日締結。

国公私立大学図書館協力委員会と国立情報学研究所との間で「連携・協力の推進に関する協定書」の趣旨に基づき平成23（2011）年4月1日発足。

これは国立大学図書館協会（JANUL）と公私立大学図書館コンソーシアム（PULC）との連合による。世界の主要な図書館コンソーシアムには、ICOLC（International Collation of Library Consortia）、LYRASIS（米国）、CALIS（中国）、KESULI（韓国）、NEICON（ロシア）、JISC（英国）がある。JUSTICEの運営体制は、運営委員会と協力員、コンソーシアム内外の事務局で運用している。

オープンアクセス　1988年米国 SPARC（Scholarly Publishing and Academic Resource Coalition）によって最初に立ち上げられた。発信者（研究者）が、商業出版社を通さずに学術論文を発表することができる。2002年には欧州 SPRAC Europe 欧州研究図書館連盟、2003年には日本 SPARC/JAPAN 国際学術情報流通基盤整備事業、2006年には国立情報学研究所（NII）機関リポジトリ推進、次世代学術コンテンツ基盤協同構築事業が立ち上げられた。

●出版文化と流通の広がり

出版の歴史　8世紀の後半の奈良時代には、百万塔陀羅尼経が木版で印刷される。中世になると、京都の禅宗寺院で禅籍、漢籍類。16世紀後半には、西洋活字印

刷機キリスト教宣教師のキリシタン版。近世初期には、嵯峨の豪商角倉素庵の協力により本阿弥光悦の制作による「嵯峨本」。

情報の商品化　識字人口増、読書人口増、出版書の盛況。売れるものしか出版しない、売れないものは筆写しかない。

出版の商品価値　名所案内：「都名所図録」「東海道名所記」。遊里の手引書、芸能者の人名禄：「吉原細見」「平安人物志」。

文化の大衆化　井原西鶴：浮世草子の売れっ子。俳諧、能楽、謡曲、茶道、華道。浄瑠璃⇒家元制⇒稽古手本の大量出版。

庶民の教養と古典の成立　近世庶民の教養⇒初版 1615 ～ 24 年（元和年間）「太平記」「平家物語」。公家知識人層⇒「徒然草」「伊勢物語」「源氏物語」「万葉集」「古今和歌集」「枕草子」。

往来本の出版　往来物とは手習塾の手本類⇒往復返信から往来物と言われた⇒ 11 世紀⇒最古のもの「明衡往来」「庭訓往来」⇒標準的な往来物「商売往来」「実語教」「童子教」「農人往来」「百姓往来」「職人往来」。

学問のテキスト　江戸時代の学問とは儒学のこと⇒儒学とは経書（四書五経などの中国古典漢籍）のこと⇒日本で出版された漢籍⇒和刻（訓読のため訓点が付される）。

経書の学習書　1786（天明 6）年、渓百年が『経典余師』を出版。

●貝原益軒の思想と出版メディア

　江戸時代の本草学者、儒学者、読書家であったが、実証主義的な面もあった。

貝原益軒の著作　タイトル数 100 点以上、巻数 200 巻以上。

益軒本とは　経学（儒学）：近思録備考（39 歳）、歴史・資料：黒田家譜（42 歳）、地理・地誌・紀行：筑前国続風土記（59 ～ 81 歳）、本草学：大和本草（79 歳）、教訓類：君子訓（74 歳）、事典類：日本釈名（70 歳）、ほか：日本歳時記（58 歳）、益軒本：「大和俗訓」衣類、言語、応接の道徳本、「養生訓」心身養成術の書⇒人間形成の書。　　　　　　　　　　　　　　　　　　　　[加藤好郎]

帳簿というメディア

「イタリア式簿記とも呼ばれる複式簿記は、帳簿をつけるための技術であり……（中略）……すべての取引の最終的な損益を示してくれる。これにより、推進すべき事業と撤退すべき事業が明らかになる」と、W・トンプソンは1777年に出版した『会計士の託宣』の中で述べている。つまり、トンプソンは、複式簿記によって記録された帳簿（というメディア）があるからこそ、扱っている商品ごとの損益を知ることができ、商売の中で注力すべき点とそうでない点を判断することができる、と示唆しているのである。もし帳簿がなければ、商売は商人の推量（勘）で進めるしかなくなり、効率的な資源配分に寄与することもなく、また、今日これ程までの大規模な商取引を可能にしたかどうかについても疑問がもたれるところである。

ドイツの経済学者W・ゾンバルトは、『近世資本主義』のなかで「複式簿記のない資本主義はありえない。両者はちょうど型と中身のようなものである」と述べ、資本主義の出現と複式簿記には、密接な関係があると指摘している。ゾンバルトの説は、その因果関係を明確に示していないものの、複式簿記が資本主義社会を生み出したと示唆するものとできる。複式簿記によって商人は、利益を貨幣単位で計算できるようになったため、利益の追求と富の蓄積が可能となり、その中の大商人が資本家になった、というわけだ。この複式簿記（の発明）と富の蓄積の関係には、興味深い符合が見られるので、複式簿記の歴史を少し紐解いてみたい。

複式簿記は、13世紀初めのイタリア北方諸都市で誕生したとされている。当時のイタリアは統一されておらず、ヴェネツィア、フィレンツェ、ミラノといった各都市が、各々の政治・経済体制を保っていたため、当初、帳簿は商取引に伴う債権債務を書き留めるためのメモに過ぎなかった。言うなれば文書証拠として（のみ）機能していたわけだが、帳簿がもつ潜在的な損益計算機能に目を付けたのが、彼の商人たちであった。彼らが、知的活動をとおして単なる債権債務の'メモ'を、企業の損益を明示してくれる'帳簿'にまでに昇華させたのである。ここに北イタリアが繁栄した理由を見ることができる。先にあげたイタリア北方諸都市では、メディチ家などが統治者として商業を推し進めたことで栄華を極めた。その根幹を支えたのが、複式簿記を活用した帳簿というメディアと言っても過言ではない。

一方で、複式簿記が推し進めた利益（優先）の考え方は、我々の社会に悪影響を及ぼす側面ももつに至る。2001年にアメリカで起こったエンロン事件は、不正会計によって粉飾決算を行っていた企業不祥事の代表的なケースである。経営者が会計の専門的知識を悪用して、自己利益を追求した事件と要約できる。人類の欲望が、言うなれば'負の知的活動'を引き起こし、帳簿という信頼性の高いメディアを利用して、それゆえに多くの人を騙すことになった皮肉な事件である。

［冨村 圭］

楽譜と演奏

　世界の音楽文化を見わたしても、カラオケ等の身近な音楽文化を見ても、音楽の行われる場に、ふつう、書かれた楽譜は存在しない。それは、身近な場所を歩くとき、人が地図をもっていないのと同じである。ところが自動車での遠出になると、地図やカーナビ（car navigation）の音声案内が必要不可欠という人もいる。楽譜は、音楽にとっての地図でありカーナビである。

　世界中には、紙に書かれていない楽譜もある。楽器の音を「ツタラック」のように、言葉の音節を声に出して唱える、インドや日本で発達している「唱歌（しょうが）」も、旋律の動きを手の動きによってなぞる中近東に広がるキロノミー（chironomy）や、オーケストラ指揮者の身ぶりの空間的軌跡も、もともとの音の流れを別の流れにうつしているという点で、また演奏を止まらせずに適切に持続させるための指令、誘導、示唆の道具になっているという点で、楽譜であると言える。

　書かれた楽譜に対して、我々はまずは、そこに音楽のリズムや旋律がうつされていることを期待する。うつし方は、大まかには、アナログ（analog）的・図像的・直感的なやり方と、デジタル（digital）的・象徴的・体系的なやり方に分けられる。日本の仏教音楽で言うと、前者は、音の流れを長い曲線で描く「回旋譜」に代表される。後者は、音の流れを短い単位に切り刻み、一つひとつに「宮・商・角・徴・羽」等の音階名を付与したり、旋律の特徴あるまとまりを「捲り（マクリ）」「廻し（マワシ）」などの特別な名称や、それを表す抽象度の高い図形で表すやり方に代表される。

　楽譜に使われる記号は、陰陽五行等などの宇宙観を背景にもつ記号の借用であることも多い。また、15世紀に朝鮮で生まれた「井間譜（チョンガンボ）」は、拍子を定量的に図示した世界初の楽譜だが、数理的合理性を基礎とする世界観を表出している。楽譜は、音楽の宇宙観や世界観をも表示する。

　体系的規則が発達し、それを正確に解読できる共同体が成立すると、楽譜は、遠く離れた場所でも音楽伝達を可能にする媒体となり、さらには、そこから旋律やリズムが流れ出す自動装置となる。しかし、そこまでいってはならないと、現代の演奏家や美学者らは言う。楽譜は演奏者によって読まれるべきものだ。そして、優れた楽譜には、音符間の隙間の取り方などの書き方そのものに、読み手を演奏へと誘う身ぶりが込められている。演奏したいという気を生み出さない楽譜は、楽譜とは言えない。

　左図に『八拍子』（安永8年刊行）の例を示した。○や▲の記号は鼓の打音を、中央の「ツタラック」というシラブルは太鼓の打音を表す。1拍1拍の進行を、連続する升目で表すのは、朝鮮の「井間譜」に似ており、当時としては画期的な表現である。　［藤田隆則］

思考の抽象化と形式化：数式の世界

　現在までに発見された数学の文書の中で最古のものは、エジプト中王国時代の紀元前 20 〜 19 世紀頃に成立した「モスクワ数学パピルス」とされる（著名なリンドパピルスは紀元前 17 世紀頃の成立）。この時代から、数学的な発見は書物として後世に伝わり、知識の堆積が始まった。アリストテレスが論理学をまとめたことに起因して、紀元前 3 世紀頃エウクレイデス（ユークリッド）が著した「原論」の中で公理と定義に基づいた証明がなされるようになった結果、数学の知識の堆積はいよいよ浸食を受けなくなる。というのは、証明できた事実のみが定理や命題として後世に遺り、証明できない数理現象は予想や問題として引き継がれたため、一度正しいとされた事実が覆ることがなくなったからである。中世以降の多くの数学書や 1826 年から刊行が続く数学雑誌「Journal für die reine und angewandte Mathematik」などの中に「原論」の流儀は現在もなお連綿と受け継がれている。

　このような長い数学の歴史の中で、数式を表すための数学記号の歴史は意外なほど浅い。足し算や引き算を表す「＋」と「−」の記号を書籍上で初めて確認できるのは 16 世紀初頭、等号「＝」は 16 世紀半ばのことである。この後、多くの数学記号が生み出され、それらの淘汰と改良が行われた結果、現在のように数学記号を用いて数式を表現できるようになった。この結果として、$\angle C$ が直角である直角三角形 ABC の対辺の長さをそれぞれ a、b、c とするとき、

$$a^2 + b^2 = c^2$$

という数式で三平方の定理を表現できるのである。このように数式で考察する長所は大きく 2 つある。一つは思考の抽象化であり、もう一つは思考の形式化である。

　辺や面積といった言葉を用いなくても定理が説明できるようになったことで、言葉による紛れがなくなり、より直接的に数学的事実のみと向き合えるようになる。さらに、極論ではあるが、数学記号は世界共通であり、数学的事実を数式だけで表現すればもはや言語さえ要らないのである。これが抽象化のもたらす恩恵である。

　また、三角形という枠組みを離れて数式を捉え直すことで、具体的対象から解放され、考察する数学的対象をより広範に拡張できる。実際、上の数式 $a^2 + b^2 = c^2$ を、円の方程式と捉えることも、複素数の世界で考えることも容易であり、発想の自由度や着想の幅が増える。これが形式化のもたらす成果である。

　17 世紀のフランスの数学者フェルマーが提案した「$n \geq 3$ のとき方程式

$$a^n + b^n = c^n$$

には自明な解を除いて整数解がない」という予想は、三平方の定理の式と酷似している。しかし、この問題は深淵な数理現象を内包しており、解決までに 300 年以上の時を要した。その間に創造された数々の重要な理論を鑑みると、現在の数学の著しい発展は数式による抽象化・形式化の寄与が大であるといえる。　　　［梅垣敦紀］

看板文字の誘惑

　大宝律令に藤原京の東西市の店舗には看板を掲示する旨の指示がある。日本最古の看板はこれだと言われているが、それは行政による管理上の指導の結果であり、商店が創意工夫を凝らしたものではなかったようだ。鎌倉時代には暖簾が一般化し、室町時代の洛中洛外図にも看板や商品の軒先陳列による宣伝行為が確認できるが、看板への文字の掲示が顕在化するのは、識字率が向上した江戸時代から。

　看板に文字が登場してから、宣伝の可能性は大きく広がった。越後屋の「現金掛け値なし」のキャッチフレーズも、店先に掲示され、引き札（チラシ）として流布されなければ、歴史の教科書に載ることもなかっただろう。どんな優れたアイデアも、文字化されて流通し、記録・記憶されなければ消えてしまう。

　ところが、広告の「文字革命」は、表現の可能性を高め、工夫次第での高利を可能にした一方、商業者への災厄にもなった。これまでは商品を置いていれば、それなりに買ってもらえていたのに、少しでも目立って宣伝合戦に勝たないと売れないし、頑張ってつくった広告やコピーも、すぐに陳腐化して忘却される地獄車。膨大な看板文字が死屍累々、生まれては消費されていった。

　勢い、経済規模が拡大し、都市が人間の生活スケールを超えて膨張していくと、看板やポスターなどの広告と文字が街中に溢れていく。佐伯祐三の絵画などを見ると、世界中の都市が広告に溢れていたようだが、多くの国々では屋外広告規制派が勝利を収め、「美しい」都市が希求されていった。例外的に、日本や、チャイナタウンなども鑑みればアジアでは、概ね看板の氾濫に社会が寛容なようで、今日でも膨大な看板と文字に会うことができる。このような都市を美しいと取るか醜いと取るかは問わない。ただ、個々の看板にとっては、「皆が目立とうと飾り付けた結果、却って個々の区別がつかなくなってしまう」というジレンマがあるのは否めない。

　そんなわけで、最近は差別化の一環か、自ら「ネタ」化を狙った看板が散見される。この写真、当然店舗までの距離は777 mではない。筆者が物好きに計測した結果、店舗までの距離は713 mだった。64 m分距離を損し、看板に不正確な情報を載せてまでフィーバーしたかったつくり手の情熱の前を、ドライバーは一瞬で通り過ぎていく。

［近藤曉夫］

参考文献

第1章　3（2000 年以後）

[1]　井上進『中国出版文化史—書物世界と知の風景』名古屋大学出版会，2002 年.
[2]　井波良一『知の座標—中国目録学』白帝社，2003 年.
[3]　倪其心原著，橋本秀美・鈴木かおり翻訳『校勘学講義—中国古典文献の読み方』アルヒーフ，2003 年.
[4]　會谷佳光『宋代書籍聚散考—新唐書藝文志釋氏類の研究』汲古書院，2004 年.
[5]　工藤一郎『中国図書文献史攷』明治書院，2006 年.
[6]　井上進『書林の眺望—伝統中国の書物世界』平凡社，2006 年.
[7]　工藤一郎『中国の図書情報文化史—書物の話』柏植書房新社，2007 年.
[8]　浅見洋二『中国の詩学認識』創文社，2008 年.
[9]　坂出祥伸『中国古典を読む はじめの一歩—これだけは知っておきたい』集広舎，2008 年.
[10]　大木康『中国明末のメディア革命』刀水書房，2009 年.
[11]　内山精也『蘇軾詩研究—宋代士大夫詩人の構造』研文出版，2010 年.
[12]　大澤顕浩『東アジア書誌学への招待 第 1 巻』東方書店，2011 年.
[13]　原田愛『蘇軾文學の継承と蘇氏一族—和陶詩を中心に』中国書店，2015 年.
[14]　内山精也『南宋江湖の詩人たち—中国近世文学の夜明け』勉誠出版，2015 年.
[15]　永冨青地編訳『中国書籍史のパースペクティブ—出版・流通への新しいアプローチ』勉誠出版，2015 年.
[16]　明星聖子・納富信留『テクストとは何か—編集文献学入門』慶応義塾大学出版会，2015 年.
[17]　甲斐雄一『南宋の文人と出版文化—王十朋と陸游をめぐって』九州大学出版会，2016 年.

第1章　4

[1]　川瀬一馬『増補古活字本の研究（上・中・下）』古書籍店協会，1967 年.
[2]　金斗鍾『韓国古印刷技術史』韓国探求堂，1974 年.
[3]　韓国図書館学研究会『韓国古印刷史』翻訳版，同朋舎，1978 年.
[4]　金聖洙『無垢浄光大陀羅尼経の研究』韓国清州古印刷博物館，2000 年.
[5]　李成市・尹龍九・金慶浩「平壌貞柏洞三六四号墳出土竹簡『論語』について」『中国出土資料研究』14，2010 年.
[6]　山本信吉『貴重典籍・聖教の研究』吉川弘文館，2013 年.
[7]　小林芳規「日本平安初期の訓読法と新羅華厳経の訓読法との親近性—副詞の呼応による」『新村出記念財団設立三十五周年記念論文集』，2016 年.

第3章　1

＜欧文＞

[1]　Allen, J. P. 2014: *Middle Egyptian. Introduction to the Language and Culture of Hieroglyphs*, 3rd. ed., Cambridge: Cambridge University Press.
[2]　Baines, J. 2007: *Visual & Written Culture in Ancient Egypt*, Oxford and New York:

Oxford University Press.

［3］　Eyre, C. 2013: *The Use of Documents in Pharaonic Egypt*, Oxford: Oxford University Press.

［4］　Gardiner, A. 1994: *Egyptian Grammar. Being an Introduction to the Study of Hieroglyphs*, Oxford: Griffith Institute Ashmolean Museum.

［5］　Loprieno, A. 1995: *Ancient Egyptian. A linguistic introduction*, Cambridge: Cambridge University Press.

［6］　Redford, D. (ed.) 2000: "Scripts," *Oxford Encyclopedia of Ancient Egypt* III, Oxford: Oxford University Press, pp. 192-218.

＜和文＞

［7］　デイヴィス，V.『エジプト聖刻文字』（塚本明廣訳）学藝書林　1996 年

［8］　周藤芳幸『ナイル世界のヘレニズム—エジプトとギリシアの遭遇』名古屋大学出版会，pp.92-102.

第3章　2

［1］　J. ボテロ．1998．「身代わり王とその定め」ジャン・ボテロ著，松島英子訳『メソポタミア—文字・理性・神』法政大学出版局，206-232（原書：J. Bottéro, *Mésopotamie. L'écriture, la raison et les dieux*, Paris, 1987）.

［2］　前島礼子．2011．「新アッシリア王政と占星術—紀元前 7 世紀天体報告書についての一考察」『オリエント』第 54 巻第 2 号，1-17.

［3］　吉川守．1990．「楔形文字の展開」吉川守責任編集『メソポタミア・文明の誕生』（NHK 大英博物館 1 ）日本放送出版協会、374-375.

［4］　Akerman. K. and H. D. Baker. 2011. "Šaddûnu" in H. D. Baker (ed.), *The Prosopography of the Neo-Assyrian Empire*, Vol. 3/2, Helsinki, 1181.

［5］　Biggs, R. D. 1967. "Semitic Names in the Fara Period," *Orientalia* Nova Series 36, 55 -66.

［6］　Charpin, D. 2010. *Reading and Writing in Babylon*, Cambridge, MA, （原書：*Lire et écrire à Babylone*, Paris, 2008）.

［7］　Cooper, J. S. 2004. "Babylonian Beginnings: the Origin of the Cuneiform Writing System in Comparative Perspective," in S. D. Houston (ed.), *The First Writing. Script Invention as History and Process*, Cambridge, 71-99.

［8］　George, A. 1999. *The Epic of Gilgamesh. A New Translation*, New York.

［9］　George, A. 2003. *The Babylonian Gilgamesh Epic. Introduction, Critical Edition and Cuneiform Texts*, 2 volumes, Oxford.

［10］　Fales, F. M. and J. N. Postgate. 1992. *Imperial Administrative Records*, Part 1: *Place and Temple Administration*, State Archives of Assyria (SAA) 7, Helsinki.

［11］　Fincke, J. C. 2003-2004. "The Babylonian Texts of Nineveh. Report on the British Museum's Ashurbanipal Library Project," *Archiv für Orientforschung* 50, 111-149.

［12］　Frame, G. and A. R. George. 2005. "The Royal Libraries of Nineveh: New Evidence for King Ashurbanipal's Tablet Collection," *Iraq* 67, 265-284.

［13］　Hunger, H. 1968. *Babylonische und assyrische Kolophone*, Alter Orient und Altes Testament 2., Neukirchen-Vluyn.

［14］　al-Jadir, W. 1993. "Le quartier de l'É.BABBAR de Sippar (Sommaire des fouilles de

1985-1989, (8-11èmes campagnes)," in *Mésopotamie et Elam*, CRRAI 36, 193-196.

［15］ Lambert, W. G. 2014. *Babylonian Creation Myths*, Mesopotamian Civilizations 16, Winona Lake.

［16］ Larsen, M. T. 1996. *The Conquest of Assyria: Excavations in an Antique land, 1840-1860*, London.

［17］ Layard, A. H. *Discoveries in the Ruins of Nineveh and Babylon*. London, 1853.

［18］ Naveh, J. 1982. *Early History of the Alphabet*, Leiden.

［19］ Nakahara, Y. 1928. *The Sumerian Tablets in the Imperial University of Kyoto*, Memoirs of the Research Department of the Toyo Bunko (the Oriental Library), No. 3, Tokyo.

［20］ Oates, J. and D. 2001, *Nimrud. An Assyrian Imperial City Revealed*, London.

［21］ Oppenheim, A. L. 1964. *Ancient Mesopotamia. Portrait of a Dead Civilization*, Chicago.

［22］ Parpola, S. 1983a. "Assyrian Library Record," *Journal of Near Eastern Studies* 42, 1-29.

［23］ Parpola, S. 1983b. *Letters from Assyrian Scholars to the Kings Esarhaddon and Assurbanipal*, Part II: *Commentary and Appendices*, Alter Orient und Altes Testament 5/2, Neukirchen-Vluyn.

［24］ Pedersén, O. 1998. *Archives and Libraries in the Ancient Near East 1500-300 B.C.*, Bethesda, Maryland.

［25］ Reiner, E. 1985. *Your Thwarts in Pieces. Your Mooring Rope Cut. Poetry from Babylonia and Assyria*, Michigan.

［26］ Robertson, J. S. 2004. "The Possibility and Actuality of Writing," in Stephen D. Houston (ed.), *The First Writing. Script Invention as History and Process*, Cambridge, 16-38.

［27］ Taylor, J. 2011. "Tablets as Artifacts, Scribes as Artisans," in K. Radner and E. Robson (eds.), *The Oxford Handbook of Cuneiform Culture*, Oxford, 5-31.

［28］ Veenhof, K. R. 1986. "Cuneiform Archives. An Introduction," in Veenhof, K. R. (ed.), *Cuneiform Archives and Libraries*. Papers read at the 30th RAI, Ledien, 4-8 July 1983, Istanbul, Leiden, 1-36.

第4章　1

［1］ 箕輪成男『パピルスが伝えた文明―ギリシャ・ローマの本屋たち』, 出版ニュース社, 2002年.

［2］ 箕輪成男『紙と羊皮紙・写本の社会史』, 出版ニュース社, 2004年.

［3］ 箕輪成男『中世ヨーロッパの書物―修道院出版の九〇〇年』, 出版ニュース社, 2006年.

［4］ F・G・ケニオン著 高津春繁訳『古代の書物』, 岩波新書, 1953年.

［5］ L・カッソン著 新海邦治訳『図書館の誕生―古代オリエントからローマへ』, 刀水書房, 2007年.

［6］ ホルスト・ブランク著 戸叶勝也訳『ギリシア・ローマ時代の書物』, 朝文社, 2008年.

［7］ ベルンハルト・ビショップ著 佐藤彰一・瀬戸直彦共訳『西洋写本学』, 岩波書店, 2015年.

［8］ ホメロス著 松平千秋訳『イリアス（上)』, 岩波文庫, 1992年.

［9］　ヘロドトス著 松平千秋訳『歴史（中）』，岩波文庫，1972 年.

［10］　中野定男・中野里見・中野美代共訳『プリニウスの博物誌 II』，雄山閣，1986 年.

［11］　根本和子・川崎義和共訳『キケロー選集 第 13・第 14 巻』，岩波書店，2000-2001 年.

［12］　大西英文・谷栄一郎・西村重雄共訳『キケロー選集 第 4 巻』，岩波書店，2001 年.

［13］　今林万里子・田中美知太郎・松永雄二共訳『プラトン全集 第 1 巻』，岩波書店，1975 年.

［14］　國原吉之助訳『プリニウス書簡集―ローマ帝国一貴紳の生活と信条』，講談社学術文庫，
　　　　1993 年.

［15］　ストラボン著飯尾都人訳『ギリシャ・ローマ世界地誌 II』龍渓書舍，1994 年.

［16］　スエトニウス著國原吉之助訳『ローマ皇帝伝（上）』岩波文庫，1986 年.

［17］　セネカ著大西英文訳『生の短さについて 他二編』岩波文庫，2010 年.

［18］　新共同訳『聖書』，日本聖書協会，2000 年.

［19］　Wattenbach (W.), "Das Schriftswesen im Mittelalter", 4. Auflage, Akademische
　　　　Druck-und Verlagsanstalt, Graz, 1958.

［20］　Whimbley (Leonard), "A Companion to Greek Studies", Hafner Publishing Company,
　　　　New York and London, 1968.

［21］　"Der Neue Pauly―Enzyklopädie der Antike", herausgegeben von Hubert Cancik und
　　　　Helmuth Schneider, Verlag J.B.Metzler, Stuttgart/Weimar, 1997, Band 3.

［22］　Roberts (Colin H.) and Skeat (T.C.), "The Birth of the Codex", published for The
　　　　British Academy, by The Oxford University Press, London, 1989.

［23］　MacCulloch (Diarmaid), "A History of Christianity―The First Three Thousand
　　　　Years", Penguin Books, London, 2010.

［24］　Martial, *Épgirammes tome II 2me partie* (*Livres XIII-XIV*), texte établi et traduit par
　　　　H.J.Izaac, troisième tirage, collection des universités de France publié sous le
　　　　patronage de l'Association Guillaume Budé, Société d'édition « Les Belles Lettres »,
　　　　Paris, 1973.

［25］　"Corpus Iuris Civilis I Institutiones et Digesta", edited by Theodor Mommusen,
　　　　reedited by Paulus Krüger, reprinted at Berlin, Weidmann1963.

［26］　Blanchard (Alain) (éd.), *Les débuts du codex* (*Bibliologia 9―Elementa ad librorum
　　　　studid pertinentia*), Brepols, Turnhout, 1989.

［27］　Schubart (Wilhelm), "Das Buch bei den Griechen und Römern", zweite umgearb
　　　　eitete Auflage, Walter de Gruyer & Co., Berlin und Leibzig, 1921.

第 4 章　2

［1］　C・H・ハスキンズ著 青木靖三・三浦常司共訳『大学の起源』，現代教養文庫，1977 年.

［2］　C・H・ハスキンズ著 別宮貞徳・朝倉文市共訳『十二世紀ルネサンス』，みすず書房，
　　　1989 年.

［3］　H・ラシュドール著 横尾荘英訳『大学の起源―ヨーロッパ中世大学史（上）』，東洋書館，
　　　1966 年.

［4］　ヌルシアのベネディクトゥス著 吉田暁訳「戒律」（上智大学中世思想研究所／野町啓編
　　　集・監修『中世思想原典集成 5 後期ラテン教父』，平凡社，1993 年，pp.240-328 に所
　　　収）.

［5］　カッシオドルス著 田子多津子訳「綱要」（前掲『中世思想原典集成 5 後期ラテン教父』，
　　　pp.329-417 に所収）.

［6］　グイゴ著　高橋正行・杉崎泰一郎共訳「シャトルーズ修道院慣習律」（上智大学中世思想研究所／矢内義顕編集・監修『中世思想原典集成 10 修道院神学』，平凡社，1997 年，pp.219-290 に所収）.

［7］　箕輪成男著『紙と羊皮紙・写本の社会史』，出版ニュース社，2004 年.

［8］　箕輪成男著『中世ヨーロッパの書物—修道院出版の 900 年』，出版ニュース社，2006 年.

［9］　グイド・ザッカニーニ著　児玉義仁訳『中世イタリアの大学生活』，平凡社，1990 年.

［10］　児玉義仁著『イタリアの中世大学—その成立と変容』，名古屋大学出版会，2007 年.

［11］　ベルンハルト・ビショップ著　佐藤彰一・瀬戸直彦共訳『西洋写本学』，岩波書店，2015 年.

［12］　クラウディア・ブリンカー・フォン・デア・ハイデ著　一條麻美子訳『写本の文化誌—ヨーロッパ中世の文学とメディア』，白水社，2017 年.

［13］　MacCulloch (Diarmaid), "A History of Christianity", Penguin Books, London, 2010.

［14］　Friedrich Karl von Savigny, „Geschichte des römischen Rechts im Mittelalter", Band 3, unveränderter Neudruck der 2.Ausgabe 1834, Darmstadt, 1986.

［15］　Lange (Hermann), "Römisches Recht im Mittelalter Band I (Die Glossatoren)", Verlag C.H.Beck, München 1997.

［16］　Destrez (Jean), La *'Pecia', dans les manuscrits universitaires du XIIIe et du XIVe siècle*, Éditions Jacques Vautrain, Paris, 1935.

［17］　*La production du livre universitaire au Moyen Age—Exemplar et Pecia (Actes du symposium tenu au Collegio San Bonaventura de Grottaferrata en mai 1983)*, textes réunis par Louis J. Batallon, Bertrand G.Goyot, Richard H. Rouse, Éditions du Centre national de la recherche scientifique, Paris, 1988.

［18］　Wattenbach (W.), "Das Schriftswesen im Mittelalter", 4. Auflage, Akademische Druck-und Verlagsanstalt, Graz, 1958.

［19］　Zink (Michel), *Le Moyen Âge à la lettre—un abécédaire médiéval*, Tallandier édition, Paris, 2004.

第 4 章　3

［1］　富田修二『さまよえるグーデンベルグ聖書』慶應義塾大学出版会，2002 年，p.55.

［2］　高宮利行『グーデンベルグの謎—活字メディアの誕生とその後』岩波書店，1998 年，p.133.

［3］　ロデリック・ケイヴ，サラ・アヤド『世界を変えた 100 の歴史図鑑—古代エジプトのパピルスから電気書籍まで』樺山紘一監修，大山晶訳，原書房，2015 年，p.100.

［4］　ブリュノ・ブラセル『本の歴史』荒俣宏監修，木村恵一訳，創元社，1998 年，p.58.

［5］　同上書，p.78.

［6］　マーティン・ライアンズ『本の歴史文化図鑑—5000 年の書物の力』倉持不三也監訳，三芳康義訳，柊風舎，2012 年，p.70.

［7］　ブリュノ・ブラセル，前掲書，p.80.

［8］　マーティン・ライアンズ，前掲書 p.67.

［9］　同上書，p.67.

［10］　同上書，p.67.

［11］　ロデリック・ケイブ，サラ・アヤド，前掲書 p.122.

［12］　マーティン・ライアンズ，前掲書，p.67.

［13］　ブリュノ・ブラセル，前掲書，p.155.
［14］　マーティン・ライアンズ，前掲書．p.82
［15］　ブリュノ・ブラセル，前掲書，p.97.
［16］　同上書，pp.157-158.
［17］　同上書，p.98.
［18］　マーティン・ライアンズ，前掲書，p.96.
［19］　ブリュノ・ブラセル，前掲書，p.114.
［20］　ロデリック・ケイヴ，サラ・アヤド，前掲書，p.159.
［21］　ブリュノ・ブラセル，前掲書，p.118.
［22］　ロデリック・ケイヴ，サラ・アヤド，前掲書，p.155.
［23］　イギリス文化事典編集委員会編『イギリス文化事典』丸善出版，2014 年，p.124.
［24］　マーティン・ライアンズ，前掲書，p.62.
［25］　高宮利行，前掲書，p.ix.
［26］　ロデリック・ケイヴ，サラ・アヤド，前掲書．p.190.
［27］　イギリス文化事典編集員会編，前掲書，p.142.
［28］　マーティン・ライアンズ，前掲書，p.174.
［29］　同上書，p.174.

第 5 章　1
［1］　西野嘉章編 1996『歴史の文字―記載・活字・活版』東京大学総合研究博物館（電子書籍）．
［2］　周其厚 2004 传教士与中国近代出版．
［3］　胡国祥 2008 传教士与近代活字印刷引入．
［4］　蘇精 2014『鑄以代刻―傳教士與中文印刷變局』台灣大學出版中心．

第 5 章　2
［1］　アメリカ大統領科学諮問委員会編，日本原子力研究所技術情報部訳『科学と政府と情報―米国政府に対するワインバーグ報告』日本ドクメンテーション協会，1966 年，50p.

第 5 章　3, 4
［1］　森芳久ほか『音響技術史』東京芸術大学出版会，2011 年．
［2］　伴野孝治，望月信夫『世界アニメーション映画史』ぱるぷ，1986 年，376p.
［3］　岡俊雄『レコードの世界史―SP から CD まで』音楽之友社，1986 年．
［4］　杉山勇司『レコーディング／ミキシングの全知識』改訂版，リットーミュージック 2015 年．読売新聞 1952.05.28：「電子計算機」時代へ 日本は 2 年後
［5］　Saenger, P., Space between Words: The Origins of Silent Reading, Stanford, 1997.
［6］　山岸広太郎『パソコンを使いこなす―ハードディスクを増設する』日経パソコン（343），298-303，1999 年．
［7］　盛屋邦彦，三浦孝夫「個人情報の管理環境」情報処理学会全国大会講演論文集 第 39 回（ソフトウェア），945-946，1989-10-16.

第 6 章
［1］　高山正也ほか『図書館概論』樹村房，2011 年．

［2］　高山正也『歴史に見る日本の図書館—知的精華の受容と伝承』勁草書房，2016 年.
［3］　藤野幸雄『アメリカ議会図書館—世界最大の情報』中央公論社，1998 年.

第 6 章　3
［1］　長沢規矩也『古書のはなし—書誌学入門』富山房，1977 年.
［2］　樋田直人『蔵書票の魅力』丸善出版，1992 年.
［3］　小野則秋『日本の蔵書印』臨川書店，1977 年.
［4］　堀川貴司『書誌学入門—古典籍を見る・知る・読む』勉誠出版，2010 年.

第 6 章　4
［1］　古賀節子ほか『図書館資料論』樹村房，1989 年.
［2］　平野英俊ほか『図書館資料論』樹村房，2004 年.

参考書ガイド：さらに深く学ぶために

1．書物の文化史の立場から
・『読書の文化史―テクスト・書物・読解』R. シャルチエ（1992 年 新曜社）
・『書物から読書へ』R. シャルチエ編（1992 年 みすず書房）
・『書物の秩序』R. シャルチエ（1993 年 文化科学高等研究院出版局）
・『スイユ―テクストから書物へ』ジェラール・ジュネット（2001 年 水聲社）

―・―・―・―

・『書物の出現』L. フェーブル，H. ジャン・マルタン（1985 年 筑摩書房，ちくま学芸文庫）
・『読書と読者』R. シャルチエ（1994 年 みすず書房）
・『読むことの歴史』R. シャルティエ，G. カヴァッロ（2000 年 大修館書店）
・『グーテンベルクの銀河系―活字人間の形成』M. マクルーハン（1986 年 みすず書房）
・『記憶術と書物―中世ヨーロッパの書物文化』メアリー・カラザース（1997 年 工作舎）
・『記憶術』フランセス・A・イエイツ（1993 年 水声社）
・『声の文化と文字の文化』W-J. オング（1991 年 藤原書店）
・「テクスト・印刷物・讀書」ロジェ・シャルチエ『文化の新しい歴史学』（1993 年 岩波書店）

2．中国の書物に関して
〇おおきく書物の歴史に関わるもの
・『中国目録学』清水 茂（1991 年 筑摩書房）
・『知の座標―中国目録学』井波陵一（2003 年 白帝社）
・『中国古代書籍史―竹帛に書す』銭存訓（1980 年 法政大学出版局）
・『中国出版文化史―書物世界と知の風景』井上進（2002 年 名古屋大学出版会）

―・―・―・―

・『古書のはなし―書誌学入門』長澤規矩也（1976 年 富山房）
・『書誌学序説』長沢規矩也（1960 年 吉川弘文館）
・『中国書物物語』劉 国鈞・鄭 如斯（1983 年 創林社）
・『中国の紙と印刷の文化史』銭 存訓（2007 年 法政大学出版局）
・『中国の印刷術―その発明と西伝』1・2（東洋文庫 315/316）T. F. カーター（1977 年 平凡社）
・『日本における書籍蒐蔵の歴史』川瀬一馬（1990 年 ぺりかん社）
・『書林の眺望―伝統中国の書物世界』井上進（2006 年 平凡社）
・「蔵書と読書」井上進（『東方学報』京都 62）
・「紙と印刷からみた漢語史断代」平田昌司（山口大学「文学会志」39）
〇伝統的文献学の立場から
＜目録学＞
・『目録学』倉石武四郎（1979 年 汲古書店）
・『漢籍整理法』長沢規矩也（1974 年 汲古書院）
・『中國目録學史』姚名達（1938，1981 年 台北）
・『目録學發微』余嘉錫（1991 年）
＜版本学＞
・『書誌学序説』山岸徳平（1977 年 岩波全書）

・『漢籍版本入門』陳国慶（1984 年 研文出版）
・『漢籍版本のてびき』魏隠儒・王金雨（1987 年 東方書店）
・『図解和漢印刷史』長沢規矩也（1976 年 汲古書院）
・『図解書誌学入門』長沢規矩也（1976 年 汲古書院）
・「注疏本考」長沢規矩也『長沢規矩也著作集 第 1 巻』（1982 年 汲古書院）
・『藏園群書經眼録』傅増湘（1983 年 中華書局）
＜版本／鈔本に関係する図録・データ集＞
・『文化財講座日本の美術 15 典籍』（1983 年 第一法規）
・『重要文化財 19 書籍・典籍・古文書』（1976 年 毎日新聞社）
・『唐鈔本』大阪市立博物館編（1981 年 同朋舎）
・『正史宋元版の研究』尾崎康（1989 年 汲古書院）
・『唐抄本鄭氏注論語集成』金谷治編（1978 年 平凡社）
・「本邦現存漢籍古写本類所在略目録」阿部隆一『阿部隆一遺稿集 第 1 巻』（1993 年 汲古書院）
・「日本国見在宋元版本志経部」阿部隆一『阿部隆一遺稿集 第 1 巻』（1993 年 汲古書院）

3. 日本の書物に関して

・『日本古典書誌学総説』藤井隆（1991 年 和泉書院）
・『入門講話日本出版文化史』川瀬一馬（1983 年 日本エディタースクール出版部）
・『和本入門』橋口侯之介（2005 年 平凡社）
・『江戸の本屋さん』今田洋三（2009 年 平凡社）
・『江戸の出版』中野三敏監修（2005 年 ぺりかん社）
・『書誌学談義―江戸の板本』中野三敏（2010 年 岩波書店）
・『江戸時代の書物と読書』長友千代治（2001 年 東京堂出版）
・『日本印刷技術史』中根勝（1999 年 八木書店）
・『日本出版文化史』小林善八（1978 年 青裳堂書店）
・『日本書誌学概説』川瀬一馬（1972 年 講談社）
・『日本図書館史』小野則秋（1981 年 玄文社）
・『書誌学談義江戸の版本』中野三敏（1995 年 岩波書店）
・『日本書誌学を学ぶ人のために』廣庭基介・長友千代治（1998 年 世界思想社）
＜雑誌＞
・「メディアは変わる　近世の出版―本屋と作者」（『国文学』第 42 巻第 11 号）
・「実録」（『江戸文学』第 29 号）
・「文庫のドラマをよむ」（『文学』第 2 巻第 3 号）
＜調べるときに使う本＞
・『日本古典書誌学辞典』（岩波書店）
・『国書総目録』（岩波書店）
・『国書人名事典』（岩波書店）
・『増補古活字版之研究（上・中・下）』（川瀬一馬／ABAJ）
・『五山版の研究（上・下）』（川瀬一馬／日本古書籍商協会）

4. 西洋の書物に関して

・『パピルスが傳えた文明』箕輪成男（2002 年 出版ニュース社）

- 『紙と羊皮紙の社会史』箕輪成男（2004 年 出版ニュース社）
- 『読むことの歴史』ロジェ・シャルティエほか編（2000 年 大修館書店）
- 『書物の本』ヘルムート・プレッサー（1973 年 法政大学出版局）
- 『書物としての新約聖書』田川健三（1997 年 剄草書房）
- 『本の都市リヨン』宮下志朗（1989 年 晶文社）
- 『印刷博物誌』凸版印刷（2001 年 凸版印刷）
- 『活字文化の誕生』香内三郎（1982 年 晶文社）
- 「書物の宇宙」小野二郎『小野二郎著作集 第 2 巻』（1986 年 晶文社）
- 『書物の狩人』ジョン・ヒルバート（1983 年 図書出版社）
- 『図版 本と人の歴史事典』高宮利行・原田範行（1997 年 柏書房）
- 『書物の敵』ウィリアム・ブレイズ（2004 年 八坂書房）
- 『さまよえるグーテンベルク聖書』宮田修二（2002 年 慶應義塾大学出版会）
- 『本を読む本』M. J. アドラー，C. V. ドーレン（1997 年 講談社学術文庫）
- 『図書館の興亡』M. バトルズ（2004 年 草思社）
- 『古代アレクサンドリア図書館』M. エル゠アバディ（1991 年 中公新書）
- 『ヨーロッパの歴史的図書館』V. レーシュブルク（1994 年 国文社）
- 『ロンドン図書館物語』ジョン・ウェルズ（1993 年 図書出版社）
- 『アメリカ議会図書館』藤野幸雄（1998 年 中公新書）
- 『図書館史概説』ヨリス・フォルシュティウス，ジークフリート・ヨースト（1980 年 日外ア ソシエーツ）
- 『大英図書館』N. バーカーほか（1996 年 大英図書館・ミュージアム図書）
- 『印刷革命』E. L. アイゼンステイン（1987 年 みすず書房）
- 『テクストのぶどう畑で』I. イリイチ（1995 年 法政大学出版局）
- 『理想の書物』W. モリス（1992 年 晶文社）
- 「文化と集団の論理」中井正一『中井正一著作集 第 4 巻』（1981 年 美術出版社）

5. よみもの

- 『なぜ古典を読むのか』イタロ・カルヴィーノ（1997 年 みすず書房）
- 『英語学とは何か』中島文雄（1991 年 講談社学術文庫）
- 『狩谷棭斎』梅谷文夫（1994 年 吉川弘文館）
- 『キャクストン印刷の謎』L. ヘリンガ（1991 年 雄松堂出版）
- 「梅雨晴」永井荷風『荷風全集』第 15 巻（1972 年 岩波書店）
- 『物語における読者』ウンベルト・エーコ（1993 年 青土社）
- 『文化の新しい歴史学』リン・ハント編（1993 年 岩波書店）
- 『美しい書物の話』アラン・G・トマス（1997 年 昌文社）
- 『本の美術誌―聖書からマルチメディアまで』中川素子（1995 年 工作舎）
- 『出版事始―江戸の本』諏訪春雄（1983 年 毎日新聞社）
- 『江戸の蔵書家たち』岡村啓二（1996 年 講談社選書メチエ）
- 『江戸の本屋（上・下）』鈴木敏夫（1980 年 中公新書）
- 『活版印刷紀行』青山敦夫（1999 年 印刷学会出版部）
- 『グーテンベルクの謎』高宮利行（1998 年 岩波書店）
- 『御書物同心日記』出久根達郎（1999 年 講談社）
- 『ボドニ物語』田中正明（1998 年 印刷学会出版部）

・『ライティングスペース』ジェイ・デイビッド・ボルター（1994 年 産業図書）

・『ペンギン・ブックス』J. E. モーバーゴ（1989 年 中公文庫）

・『ガストン・ガリマール』ピエール・アスリーヌ（1986 年 みすず書房）

・『ある書誌学者の犯罪』高橋俊哉（1983 年 河出書房新社）

・『読書の歴史あるいは読者の歴史』アルベルト・マングェル（1999 年 柏書房）

・「さし絵の空間戦略」中野美代子『龍の住むランドスケープ』（1991 年 福武書店）

索　引

書物の文化史
メディアの変遷と知の枠組み

平成 30 年 4 月 25 日　発　　　行
令和 5 年 4 月 30 日　第 2 刷発行

編　者　　加　藤　好　郎
　　　　　木　島　史　雄
　　　　　山　本　　　昭

発 行 者　池　田　和　博

発 行 所　丸善出版株式会社
　　　　　〒 101-0051 東京都千代田区神田神保町二丁目 17 番
　　　　　編集：電話(03)3512-3264／FAX(03)3512-3272
　　　　　営業：電話(03)3512-3256／FAX(03)3512-3270
　　　　　https://www.maruzen-publishing.co.jp

組版印刷・株式会社 日本制作センター／製本・株式会社 松岳社

ISBN 978-4-621-30106-7　C1000　　　　Printed in Japan